三聯學術

推何演董

董仲舒《春秋》学研究

黄 铭 著

Classics & Civilization

生活·讀書·新知 三联书店

Copyright © 2023 by SDX Joint Publishing Company.
All Rights Reserved.
本作品版权由生活·读书·新知三联书店所有。
未经许可，不得翻印。

图书在版编目（CIP）数据

推何演董：董仲舒《春秋》学研究／黄铭著．—北京：生活·读书·新知三联书店，2023.1
（古典与文明）
ISBN 978-7-108-07465-2

Ⅰ.①推… Ⅱ.①黄… Ⅲ.①董仲舒（前179～前104）-哲学思想-研究 Ⅳ.①B234.55

中国版本图书馆 CIP 数据核字（2022）第 139212 号

本课题的研究获得中国博士后科学基金（2014M561522）资助

责任编辑	钟　韵
装帧设计	薛　宇
责任校对	陈　明
责任印制	宋　家
出版发行	生活·讀書·新知 三联书店
	（北京市东城区美术馆东街 22 号 100010）
网　　址	www.sdxjpc.com
经　　销	新华书店
印　　刷	三河市天润建兴印务有限公司
版　　次	2023 年 1 月北京第 1 版
	2023 年 1 月北京第 1 次印刷
开　　本	880 毫米 × 1092 毫米　1/32　印张 11.375
字　　数	218 千字
印　　数	0,001－4,000 册
定　　价	68.00 元

（印装查询：01064002715；邮购查询：01084010542）

"古典与文明"丛书
总 序

甘阳 吴飞

古典学不是古董学。古典学的生命力植根于历史文明的生长中。进入21世纪以来,中国学界对古典教育与古典研究的兴趣日增并非偶然,而是中国学人走向文明自觉的表现。

西方古典学的学科建设,是在19世纪的德国才得到实现的。但任何一本写西方古典学历史的书,都不会从那个时候才开始写,而是至少从文艺复兴时候开始,甚至一直追溯到希腊化时代乃至古典希腊本身。正如维拉莫威兹所说,西方古典学的本质和意义,在于面对希腊罗马文明,为西方文明注入新的活力。中世纪后期和文艺复兴对西方古典文明的重新发现,是西方文明复兴的前奏。维吉尔之于但丁,罗马共和之于马基雅维利,亚里士多德之于博丹,修昔底德之于霍布斯,希腊科学之于近代科学,都提供了最根本的思考之源。对古代哲学、文学、历史、艺术、科学的大规模而深入的研究,为现代西方文明的思想先驱提供了丰富的资源,使他们获得了思考的动力。可以说,那个时期的古典学术,就是现代西方文明的土壤。数百年古典学术的积累,是现代西方文明的命脉所系。19世纪的古典学科建制，只不过是这一过程的结果。随着现代研究性大学和学科规范的确立，一门规则严谨的古典学学科应运而生。但我们必须看到，西方大学古典学学科的真正基础，乃在于古典教育在中学的普及，特别是拉丁语和古希腊语曾长期为欧洲中学必修，才可能为大学古典学的高深研究源源不断地提供人才。

19世纪古典学的发展不仅在德国而且在整个欧洲都带动了新的一轮文明思考。例如，梅因的《古代法》、巴霍芬的《母权论》、古朗士的《古代城邦》等，都是从古典文明研究出发，在哲学、文献、法学、政治学、历史学、社会学、人类学等领域带来了革命性的影响。尼采的思考也正是这一潮流的产物。20世纪以来弗洛伊德、海德格尔、施特劳斯、福柯等人的思想，无不与他们对古典文明的再思考有关。而20世纪末西方的道德思考重新返回亚里士多德与古典美德伦理学，更显示古典文明始终是现代西方人思考其自身处境的源头。可以说，现代西方文明的每一次自我修正，都离不开对其古典文明的深入发掘。正是在这个意义上，古典学绝不仅仅只是象牙塔中的诸多学科之一而已。

由此，中国学界发展古典学的目的，也绝非仅仅只是为学科而学科，更不是以顶礼膜拜的幼稚心态去简单复制一个英美式的古典学科。晚近十余年来"古典学热"的深刻意义在于，中国学者正在克服以往仅从单线发展的现代性来理解西方文明的偏颇，而能日益走向考察西方文明的源头来重新思考古今中西的复杂问题，更重要的是，中国学界现在已经超越了"五四"以来全面反传统的心态惯习,正在以最大的敬意重新认识中国文明的古典源头。对中外古典的重视意味着现代中国思想界的逐渐成熟和从容,意味着中国学者已经能够从更纵深的视野思考世界文明。正因为如此,我们在高度重视西方古典学丰厚成果的同时,也要看到西方古典学的局限性和多元性。所谓局限性是指,英美大学的古典学系传统上大多只研究古希腊罗马,而其他古典文明研究例如亚述学、埃及学、波斯学、印度学、汉学,以及犹太学等,则都被排除在古典学系以外而被看作所谓东方学等等。这样的学科划分绝非天经地义,因为法国和意大利等的现代古典学就与英美有所不同。例如,著名的西方古典学重镇,韦尔南创立的法国"古代社会比较研究中心",不仅是古希腊研究的重镇,而且广泛包括埃及学、亚述学、汉学乃至非洲学等各方面专家,在空间上大大突破古希腊罗马的范围。而意大利的古典学研究,则由于意大利历史的特殊性,往往在时间上不完全限于古希腊罗马的时段,而与中世纪及文艺复兴研究多有关联(即使在英美,由于晚近以来所谓"接受研究"成为古典学的显学,也使得古典学的研究边界越来越超出传统的古希腊罗马时期)。

从长远看,中国古典学的未来发展在空间意识上更应参考法国古典学,不仅要研究古希腊罗马,同样也应包括其他的古典文明传统,如此方能参详比较,对全人类的古典文明有更深刻的认识。而在时间意识上,由于中国自身古典学传统的源远流长,更不宜局限于某个历史时期,而应从中国古典学的固有传统出发确定其内在核心。我们应该看到，古典中国的命运与古典西方的命运截然不同。与古希腊文字和典籍在欧洲被遗忘上千年的文明中断相比较，秦火对古代典籍的摧残并未造成中国古典文明的长期中断。汉代对古代典籍的挖掘与整理，对古代文字与制度的考证和辨识，为新兴的政治社会制度灌注了古典的文明精神，堪称"中国古典学的奠基时代"。以今古文经书以及贾逵、马融、卢植、郑玄、服虔、何休、王肃等人的经注为主干，包括司马迁对古史的整理、刘向父子编辑整理的大量子学和其他文献，奠定了一个有着丰富内涵的中国古典学体系。而今古文之间的争论，不同诠释传统之间的较量，乃至学术与政治之间错综复杂的关系，都是古典学术传统的丰富性和内在张力的体现。没有这样一个古典学传统，我们就无法理解自秦汉至隋唐的辉煌文明。

从晚唐到两宋，无论政治图景、社会结构，还是文化格局，都发生了重大变化，旧有的文化和社会模式已然式微，中国社会面临新的文明危机，于是开启了新的一轮古典学重建。首先以古文运动开端，然后是大量新的经解，随后又有士大夫群体仿照古典的模式建立义田、乡约、祠堂，出现了以《周礼》为蓝本的轰轰烈烈的变法；更有众多大师努力诠释新的义理体系和修身模式，理学一脉逐渐展现出其强大的生命力，最终胜出，成为其后数百年新的文明模式。称之为"中国的第二次古典学时代"，或不为过。这次古典重建与汉代那次虽有诸多不同，但同样离不开对三代经典的重新诠释和整理，其结果是一方面确定了十三经体系，另一方面将四书立为新的经典。朱子除了为四书做章句之外，还对《周易》《诗经》《仪礼》《楚辞》等先秦文献都做出了新的诠释，开创了一个新的解释传统，并按照这种诠释编辑《家礼》，使这种新的文明理解落实到了社会生活当中。可以看到，宋明之间的文明架构，仍然是建立在对古典思想的重新诠释上。

在明末清初的大变局之后，清代开始了新的古典学重建，或可称为"中国的第三次古典学时代"：无论清初诸遗老，还是乾嘉盛时的各位大师，虽然学问做法未必相同，但都以重新理解三代为目标，以汉宋两大古典学传统的异同为入手点。在辨别真伪、考索音训、追溯典章等各方面，清代都取得了巨大的成就，不仅成为几千年传统学术的一大总结，而且可以说确立了中国古典学研究的基本规范。前代习以为常的望文生义之说，经过清人的梳理之后，已经很难再成为严肃的学术话题；对于清人判为伪书的典籍，诚然有争论的空间，但若提不出强有力的理由，就很难再被随意使用。在这些方面，清代古典学与西方19世纪德国古典学的工作性质有惊人的相似之处。清人对《尚书》《周易》《诗经》《三礼》《春秋》等经籍的研究，对《庄子》《墨子》《荀子》《韩非子》《春秋繁露》等书的整理，在文字学、音韵学、版本目录学等方面的成就，都是后人无法绕开的，更何况《四库全书总目提要》成为古代学术的总纲。而民国以后的古典研究，基本是清人工作的延续和发展。

我们不妨说，汉、宋两大古典学传统为中国的古典学研究提供了范例，清人的古典学成就则确立了中国古典学的基本规范。中国今日及今后的古典学研究，自当首先以自觉继承中国"三次古典学时代"的传统和成就为己任，同时汲取现代学术的成果，并与西方古典学等参照比较，以期推陈出新。这里有必要强调，任何把古典学封闭化甚至神秘化的倾向都无助于古典学的发展。古典学固然以"语文学"（philology）的训练为基础，但古典学研究的问题意识、研究路径以及研究方法等，往往并非来自古典学内部而是来自外部，晚近数十年来西方古典学早已被女性主义等各种外部来的学术思想和方法所渗透占领，仅仅是最新的例证而已。历史地看，无论中国还是西方，所谓考据与义理的张力其实是古典学的常态甚至是其内在动力。古典学研究一方面必须以扎实的语文学训练为基础，但另一方面，古典学的发展和新问题的提出总是与时代的大问题相关，总是指向更大的义理问题，指向对古典文明提出新的解释和开展。

中国今日正在走向重建古典学的第四个历史新阶段，中国的文明复兴需要对中国和世界的古典文明做出新的理解和解释。客观地说，这一轮古典学的兴起首先是由引进西方古典学带动的，刘小枫和甘阳教授主编的"经典与解释"丛书在短短十五年间（2000—2015年）出版了三百五十余种重要译著，为中国学界了解西方古典学奠定了基础，同时也为发掘中国自身的古典学传统提供了参照。但我们必须看到，自清末民初以来虽然古典学的研究仍有延续，但古典教育则因为全盘反传统的笼罩而几乎全面中断，以致今日中国的古典学基础以及整体人文学术基础都仍然相当薄弱。在西方古典学和其他古典文明研究方面，国内的积累更是薄弱，一切都只是刚刚起步而已。因此，今日推动古典学发展的当务之急，首在大力推动古典教育的发展，只有当整个社会特别是中国大学都自觉地把古典教育作为人格培养和文明复兴的基础，中国的古典学高深研究方能植根于中国文明的土壤之中生生不息茁壮成长。这套"古典与文明"丛书愿与中国的古典教育和古典研究同步成长！

2017年6月1日于北京

目 录

序一　　徐洪兴　I

序二　　曾　亦　VI

引言　1
　　一　董仲舒的生平及其时代　1
　　二　董仲舒的著作及其分类　10
　　三　董仲舒《春秋》学研究综述　16
　　四　本书的研究方式与框架　22

第一章　董仲舒《春秋》学的方法论：辞　31
　　一　辞的重要性：因辞见义　31
　　二　辞的重要性：因辞起事　38
　　三　董仲舒论辞　41
　　四　小结　103

第二章　董仲舒《春秋》学的基础：天　104
　　一　天的不同意涵　104

二　大一统 110

三　灾异 133

四　小结 146

第三章　董仲舒《春秋》学中的大义 147

一　居正与让国 148

二　经权之义 166

第四章　董仲舒《春秋》学中的微言：改制 193

一　董仲舒改制思想来自《春秋》 195

二　改制的层次 198

三　改制应天中的三正、三统 203

四　改制中的"再而复""三而复""四而复" 208

五　"《春秋》当新王"与"王鲁" 224

六　董仲舒的改制理论与"辟秦" 233

第五章　董仲舒的"《春秋》决狱" 240

一　拾道旁弃儿养以为子 241

二　乞养子杖生父 268

三　殴父 275

四　私为人妻 280

五　小结 288

第六章 《春秋》学中的董何之异 290
　一 问题的提出 290
　二 董、何不同的学术谱系 299
　三 董、何义理之异 301
　四 董、何纯粹师法之异 323
　五 小结 332

参考书目 333
后记 338

序 一

徐洪兴

黄铭的博士论文《董仲舒〈春秋〉学研究》，在经历了这些年来的沉浸打磨后，终于要以《推何演董——董仲舒〈春秋〉学研究》为题由三联书店正式出版了，真为他高兴，也顺致祝贺！

黄铭的本科、硕士和博士学位都是在复旦大学哲学系就读的，而硕、博又是在我名下的学生，现在其就读时的研究成果出版在即，他让我写个序，于理于情我都是无法推脱的，但我还是觉得略有为难。之所以会为难，主要是因为就"《春秋》学"而言，我并没有做过系统深入的专门研究，对之充其量只能说仅识门径之大概，离登堂入室尚远，更遑论窥其堂奥了，故而觉得很难做出有真正学术价值的点评。这当然是与我们这代学人在学术上的先天不足相关联的。

自五四新文化运动之后，作为中国传统学问正宗的儒家经学早已失去了以往的"光环"，以后更是每况愈下，近乎凋零，唯剩下少之又少的几位学者还在艰难地做一些经学史研究的坚持，如我的师祖周予同先生那样。上世纪50代，周予同先生还坚持在复旦开设经学史课程，这在当时的高校中绝对属于凤毛麟角了，我的老师朱维铮先生、许道勋先生就是随周先生治经学史的。但好景不长，到60年代初，复旦的"中国经学史"课程就被取消了。至十年浩劫之时，不仅传统经学被视如"洪水猛兽"，连经学史研究居然也成了不能触碰的"雷区"。当年，作为周予同先生首届研究生的许道勋先生，只能私下里偷偷整理自己所记的周先生"中国经学史"的讲课笔记，并做了些注释，这竟成了周先生后来仅存的"中国经学史讲义"。[1]

我们这代恢复高考后进入大学的人还算幸运，终于又能上经学史课了。但严格说来，经学史还只是学术史范畴的，与真正的经学有着本质上的区别。所以，纯经学的训练，对我们这代学人说来是缺失的。当然，同辈中人也有靠自己硬啃而进入纯经学研究领域的，但人数绝对少之又少。

我们下一代的学人比我们幸运了许多，学术研究的禁区更少，尤其是那些属于古代中世纪领域的学问。他们比我们这代人的优势，在于最基本的中学训练完整，进大学的时间没被耽误，思想开放的氛围更浓。于是在不少高校中涌现一批相当优秀的青年学人，他们已不满足于原有课程体系的畛域，自己组织起一些小型的读书会，找一些课程中没有、过去不敢碰的中外经典原著进行研读，通过讨论争辩，集众人的智慧增进学问，比如说我们复旦哲学系的孙向晨、丁耘、曾亦、郭晓东等的读书会就是一例。所以，在我看来，

---

[1] 按："讲义"现已收入业师朱维铮先生所编《周予同经学史论著选集（增订版）》中，上海人民出版社1996年出版。

他们这代人在学术的专精度上胜过了我们这一代，当然这也是应该的。

黄铭是又下一代学人了。他跟我读研，我私心是希望他能做哲学史或思想史方面研究的，但没有规定方向。这也是我一贯的风格，不想让学生限在老师的思考范围内，而是应该找自己真正有兴趣的题目去研究。他参加了曾亦他们的读书会，很快就被经学牢牢地吸引住了，决定以后的研究方向就是经学，具体落实下去就是"《春秋》学"和"《礼》学"。当他向我汇报时，我没有反对，只是提醒他这一课题对他这个年龄的人可能会遇到的研究上的难度，希望他能有充分的思想准备。没想到的是，他还真有点"扎硬寨，打呆仗"的精神，一点点地去啃这块"骨头"，硬是把它啃下来了。他最终确定博士论文做董仲舒的"公羊学"，我也只是在论文的框架、章节的编排、文字的表达方面做了点工作，具体内容都是他自己研究的结果。如真要说具体的指点方面，曾亦和郭晓东倒是给了黄铭不少帮助，那是不能不提的，否则就掠人之美了。

博士毕业后，黄铭到同济大学跟曾亦做博士后，继续做他的经学研究。这以后他就到重庆大学去任教了。工作这些年来，黄铭除讲授经学课程外，继续着他的研究，学问又有了精进，在《复旦学报》《哲学研究》等重要学术刊物上发表了不少新的研究成果。在此过程中，其博士论文也得到了进一步润色，增添了一些新的内容，如添加了本书的第五章"《春秋》决狱"、新引用了一些出土简牍材料等。

不好意思，上面拉拉杂杂地讲了些本书以外但又与本书相关的内容，或有点"跑题"了。最后总得对此书的内容讲点什么吧？那我只能勉为其难，姑妄讲几句我读后的感觉。在我看来，黄铭此书具有如下一些特点：

首先，这是一部从纯经学角度审视董仲舒《春秋》学的专著，与我们以往见到的从经学史、思想史或哲学史角度入手的研究作品有很大不同，这无疑有助于我们拓展对董氏学的认识。这方面的研究成果目前尚不多见，而此书恰恰又是最原汁原味的董氏学。

其二，《礼记·经解》有"属辞比事，《春秋》教也"之说，本书对于《春秋》"属辞比事"的方法论有详尽论述。书中将文辞的"常""变"做了细致分疏，特别是在"变辞"中又细分出"辞随事变""辞以决嫌疑""辞与情俱"，可圈可点，读后能长学问。而本书对于董仲舒的各种"辞论"，也进行了分类阐述，体系清晰明了。

其三，本书确认了从何休的角度推演董仲舒思想的路径，对于董、何二人的"大同小异"做了详细论述，认为两者在公羊学的核心观点上一致，仅在解经方式上有区别。同时又能够通过大量例证，揭示由"以例解经"和"以义说经"带来的巨大的义理差异。许多分析堪称细腻精到，如关于赵盾、逢丑父的论述。同时，本书对何休的功过也有自己的评判，见解公允合理。

最后，本书值得称道的还有将《春秋》学与礼法之学的结合，第五章论述《春秋》决狱便是典型。《春秋》是礼义之大宗,既是礼书,也是刑书。《春秋》与礼法的结合,不仅对经学研究有益,对其他学科的研究也不无裨益,如中国法制史的研究。

我真心为青年学者的成长感到高兴。一代人有一代人的使命和工作,儒家经学近百年来命途多舛,几成"绝学",然而到黄铭这代学者手里又开始露出勃勃生机,这正是"重整河山待后生"!

是为序。

序 二

曾 亦

汉人治经,首辨家法,洎乎永嘉南渡,师说泰半散佚。浸演至于近世,唯《礼·丧服》与《公羊》尚得以条例求之。昔孔子既不得行道于当世,乃颇事剟述古书,唯于《春秋》,则有制作焉,盖以存素王之志耳。汉人称《春秋》为"五经之管钥",欲以网罗众经,以为非此不得其门而入也。近十数年,经学日显,不独吾国数千年学统赖以接续,且以经义能济世,非若哲学向壁虚造、不切实用之比也。

余尝读《魏书·张吾贵传》,颇叹其强勉好学。吾贵少聪惠,其后治诸经,读书一遍,即能"别构户牖",并多出新异之说,遂致世人竞归之。尝闻人为其说《左氏》,乃能开讲授徒,不出三旬,便得隐括服、杜两家之说矣。吾贵素又口辩,及其为学,常强辩以饰其非,且好为诡说,不本先儒之旨,其学遂不得久传矣。今亦有一等人,常效吾贵为学,博而寡要,又能倚马而成书,然性好毁人自夸,谰言欺世,则又斯其下矣。《汉志》称俗儒"安其所习,毁所不见,终以自蔽",正谓此辈也。

黄君则不然。昔者黄君从余读《公羊》与《丧服传》,积日累年,乃有所成,可谓好学笃志,乐以忘忧者也。日下治经学者愈众,其中固有影附而从者,然能为时辈所畏者,则黄君殆其人耶?黄君所撰博士论文,即以董仲舒为题。近百年来,传统经学日渐凋落,吾国之学术范式莫不为西学所主导,而治中学者亦多蚁聚其间,可谓异尚而同归也。董子殆为汉儒所宗,其书又颇涉天人、阴阳及人性之说,极富思想,故中学之徒亦多善其学。余观近人研究董子之书论固夥,然少有由经学门径而入者,至其善者亦不过捃摭綦详,而发明则殊鲜。今既入不由户,又焉能观董书中宫室之美哉!盖董子本《公羊》冢嗣,其学俱传在学官,虽未尝若汉末何邵公为章句条例之学,然观其所论,犹同道相继,常有若合符节者。今黄君治董子学,乃直探其说之本源,即立足于《公羊》传注,寻根而溯源,推何而演董,迥不同于通常治董子学者。

黄君此书,余尝颇读之,以为其所优长者,殆有二事:其一,对《春秋繁露》所贼书法之推究。《礼记·经解》云:"属辞比事,《春秋》教也。"故历代学者莫不重视《春秋》之辞,而元赵汸《春秋属辞》、清庄存与《春秋正辞》,殆其著者也。今人治董子书,几无有系统寻绎其辞者,而黄君之书,余以为开先河者,洵不虚焉。该书总结《春秋》之辞约二十余种,而其所论温辞、婉辞、诡辞、微辞等,尤细腻透辟,足见黄君沉潜日久之功也。

其二,黄君又素擅丧服之学,近年尤颇用功于此。是书盖本其博士论文而成,其后数经修订,颇见其近年学术之思考,令人常有瞻望弗及之感焉。黄君近又涉足唐律研究,种种心得于是书中时有呈现。案,《论语》中有"父子相隐"一条,素为今日学者所重视。然《公羊》之旨正在"亲亲",则"父子相隐"实属其应有之义也。尝考《公羊》一书,所论"亲亲相隐"者有数事,如季友治其兄狱、季札避居延陵、子叔姬讳淫等,黄君皆一一剖析其义。然历来研究者囿于所学之偏狭,多徒事于伦理层面之往复辩诘,其论难免浮泛彷徨之失。黄君又立足于汉晋以降中国法律之儒家化,尤其结合唐律及今人相关法律学成果,左右采获,于是其议论之精博,迥非一般纯哲学研究之谀闻肤见可比。凡此,足见黄君所论诚踔绝于同侪也。

是书之撰,颇已有年矣。今值此锓板之际,黄君嘱余作序,乃欣然相从,以尽余所期盼之殷焉。

是为序。

辛丑岁末序于沪上四漏斋

引 言

一 董仲舒的生平及其时代

董仲舒是中国思想史上的重要人物,关于他生平的记录主要见于《史记·儒林列传》与《汉书·董仲舒传》。《史记·儒林列传》云:

> 董仲舒,广川人也。以治《春秋》,孝景时为博士。下帷讲诵,弟子传以久次相受业,或莫见其面,盖三年董仲舒不观于舍园,其精如此。进退容止,非礼不行,学士皆师尊之。今上即位,为江都相。以《春秋》灾异之变推阴阳所以错行,故求雨闭诸阳,纵诸阴,其止雨反是。行之一国,未尝不得所欲。中废为中大夫,居舍,著《灾异之记》。是时辽东高庙灾,主父偃疾之,取其书奏之天子。天子召诸生示其书,有刺讥。董仲舒弟子吕步舒不知其师书,以为下愚。于是下董仲舒吏,当死,诏赦之。于是董仲舒竟不敢复言灾异。
>
> 董仲舒为人廉直。是时方外攘四夷,公孙弘治

《春秋》不如董仲舒，而弘希世用事，位至公卿。董仲舒以弘为从谀。弘疾之，乃言上曰："独董仲舒可使相胶西王。"胶西王素闻董仲舒有行，亦善待之。董仲舒恐久获罪，疾免居家。至卒，终不治产业，以修学著书为事。故汉兴至于五世之间，唯董仲舒名为明于《春秋》，其传公羊氏也。[1]

以上是《史记》关于董仲舒生平的记载，《汉书·董仲舒传》的记录与此大同小异。根据《史记》的记载，董仲舒起初为景帝朝的博士，专注于治经。后来汉武帝即位，董仲舒有三次对策，之后出仕为江都相。建元六年（公元前135），因言辽东高庙灾异之事下吏，险遭不测。后又相胶西王，因胶西王残暴，"恐久获罪"，辞官回家，居于陋巷，修学著书终老。董仲舒为人正直，不满"希世用事"之徒，故而两次出仕时间都很短，他把大多数的时间用在了治学之上，韦政通先生认为董仲舒的一生是"一般像样儒者典型的生涯"[2]。关于董仲舒生平的考证，有两个问题学界有争论，一是生卒年，二是对策之年。

关于董仲舒的生卒年，《史记》和《汉书》都没有明确的记载，苏舆《董子年表》云："董子生卒年月无可考。要生于景帝前，至武帝朝，以老寿终，无疑。"[3] 根据《汉

---

[1]《史记》卷一二一，中华书局，1959年，第3127—3128页。
[2] 韦政通，《董仲舒》，东大图书公司，1996年，第3页。
[3] 苏舆，《春秋繁露义证·董子年表》，中华书局，1992年，第491页。

书·食货志》"仲舒死后,功费愈甚,天下虚耗,人复相食。武帝末年,悔征伐之事,乃封丞相为富民侯"[1]之语,则董子"至武帝朝,以老寿终"是可信的。

而苏舆谓董子"生于景帝前"则失之笼统。很多学者做了更加精细的推论。《汉书·匈奴传》赞云:"仲舒亲见四世之事,犹复欲守旧文,颇增其约。"[2]其中的"四世"应该是"惠帝、文帝、景帝、武帝",根据"四世"的记载,则董仲舒生年可信的说法只有两种,一是生于高帝时,一是生于惠帝时。周桂钿先生认为董仲舒于元狩元年(公元前122)"悬车致仕",根据"七十致仕"之制往上推七十到七十九年,则董仲舒生于高祖七年(公元前200)至惠帝四年(公元前191)。周先生又援引《春秋》"三世"理论,昭公元年为"所见世"之始,当时孔子十岁,则董仲舒所见的"四世",也应该从董仲舒十岁开始算起,故而周先生认为董仲舒生于高祖九年,十岁时正当惠帝六年,故见"四世之事"。[3]王永祥先生则不同意周先生以《春秋》三世的断代来解读董仲舒的"亲见四世之事",认为应依据"七十悬车致仕"之制,从元狩元年、二年向上推,则董仲舒约生于惠帝三年到四年(公元前192—公元前191)。[4]林苏闽则认

---

[1] 王先谦,《汉书补注》卷二四上,上海古籍出版社,2008年,第1593—1594页。
[2] 王先谦,《汉书补注》卷九四下,第5711页。
[3] 详见周桂钿,《董学探微》,北京师范大学出版社,1989年,第4—5页。
[4] 王永祥,《董仲舒评传》,南京大学出版社,2011年,第56—57页。

为，七十致仕的制度在汉代不一定真实存在，而且董仲舒的"老病致仕"也只是借口，并不一定要满七十岁，实际情况更可能是小于七十岁，由此推测董仲舒约生于惠帝六年至七年（公元前189—公元前188），如此则董仲舒在四十七八岁的时候进入武帝朝，正好处于人生的鼎盛年。[1]这三种解释都有道理，都是根据"亲见四世之事"以及"悬车致仕"做的推论，从董仲舒的致仕原因，以及鼎盛年的角度考虑，似乎林氏的说法更加可信。

关于董仲舒对策之年也有不同的说法，主要有建元元年（公元前140）和元光元年（公元前134）两说。[2]《汉书·武帝纪》记载董仲舒的对策是在元光元年，《资治通鉴》则为建元元年（公元前140）。主建元元年之说者，其理由是建元五年立五经博士，那么董仲舒建议汉武帝"诸不在六艺之科、孔子之术者，皆绝其道，勿使并进"的对策，应该在建元五年之前，如在元光元年，则董仲舒的对策就成了空话。如果这样，那么董仲舒对于"罢黜百家，独尊儒术"就有直接的影响。然而这个说法经不起推敲。据朱维铮先生的考证，黄老之学与儒学之争，其背后是"窦田两家外戚集团争夺王朝最高统治权的火并"[3]，建元元年，窦太皇太后尚未去世，董仲舒如果发出"罢黜百家，独尊儒术"的声音，肯

---

[1] 林苏闽，《西汉儒学的自然主义转型：董仲舒哲学研究》，复旦大学博士论文2011年，第19—20页。
[2] 齐召南又有建元五年之说，然未被认可。
[3] 朱维铮，《中国经学史十讲》，复旦大学出版社，2002年，第78页。

定会受到政治上的打压。而且据《汉书·董仲舒传》的记载，董仲舒于对策之后出任江都相，但"那时的江都相还有郑当时"[1]，故而董仲舒的对策不可能在建元元年。

如果将对策的时间定在元光元年，就要解释为什么在立了五经博士之后，董仲舒还要提出"罢黜百家，独尊儒术"的主张。杨济襄先生认为："由立五经博士之后，田蚡仍然在隔年'黜黄老刑名百家之言，延文学儒者以百数'来看，建元五年立五经博士，不代表诸子百家之言在当时已经'不并进'。在田蚡黜黄老刑名百家之言的隔年，也就是元光元年，窦太皇太后崩之后，第一次的诏举贤良，董仲舒再次向君上呼吁，'诸不在六艺之科，孔子之术者，皆绝其道，勿使并进'，唯有如此才能'邪辟之说灭息，然后统纪可一，法度可明，民知所从矣'，应该是可以被理解的。"[2] 杨先生的说法是非常有道理的，"罢黜百家，独尊儒术"是一个长期的事件，不可能一蹴而就，故而将董仲舒对策提前至建元元年的做法，是不符合事实的，董仲舒的对策之年应该如《汉书》所云，在元光元年。如此，则董仲舒对于实际政治中的"罢黜百家，独尊儒术"所起到的作用是不大的，朱维铮先生云："由于田蚡早已选择用儒术取代黄老术作为统治学说的形式，因而倘说董仲舒对策所起的作用，充其量

---

[1] 朱维铮，《中国经学史十讲》，第70页。
[2] 杨济襄，《董仲舒春秋学义法思想研究》，花木兰出版社，2011年，第19页。

不过是对既定政策作出理论说明。"[1]我们认为,虽然董仲舒"罢黜百家,独尊儒术"的对策的确与现实政治有关联,但其指向其实是"大一统"王朝应有的意识形态,与具体的政治斗争关系不大。同时董仲舒的"大一统"思想的旨趣是以"天"来制约君王的肆意妄为,纯粹是儒家一以贯之的立场,至于后来董仲舒的学说被专制利用,则是另外一回事了。

董仲舒面对的时代问题是汉承秦制的现实与复古更化的理想之间的矛盾。自周代礼崩乐坏之后,诸侯国之间的兼并战争一直持续不断,为了在乱世之中谋求生存,一些国家就采用法家思想进行变法,摒弃礼乐制度而用法令治国。而秦国最终依靠商鞅变法的成果,统一了六国,建立起了强大的郡县制国家。然而秦朝却因其残暴的统治,二世而亡,可以说亡秦的教训是汉代思想家不得不面对的问题。为此,陆贾有"逆取而以顺守之"[2]之言,贾谊也有"仁义不施,攻守之势异也"[3]之论。陆贾与贾谊分别取天下与守天下两种情况,这无疑是明智的,秦国所行的法家的制度,在取天下时是很有效的,但是在守天下时,却出现了诸多的问题。陈苏镇先生认为,秦朝的统一有两个步骤,首先是军事上的统一,其次是文化上的统一,"秦朝统一文化的手段是向全国推广'秦法'",然而"秦法与东方各地固有的传统习俗发生

---

[1] 朱维铮,《中国经学史十讲》,第82页。
[2] 《史记》卷九七,第2699页。
[3] 阎振益、钟夏,《新书校注》,中华书局,2000年,第3页。

了冲突,其中尤以秦、楚之间的冲突最为严重"[1],秦朝覆灭的最终原因是文化统一的失败。同样地,汉朝也面临着取天下与守天下的问题。据陈先生的研究,刘邦之所以能够取得天下,靠的是"承秦",即"据秦之地、用秦之人、承秦之制"[2]。所以"汉承秦制"有其特定的历史渊源,但是秦制本身对于汉朝守天下来说是不利的,以秦制来完成文化上的统一,则会重走秦朝的老路。董仲舒对于秦制的批评可谓是不遗余力,同时又提出了"复古更化"的主张。董仲舒云:

> 至周之末世,大为亡道,以失天下。秦继其后,独不能改,又益甚之,重禁文学,不得挟书,弃捐礼谊而恶闻之,其心欲尽灭先王之道,而颛为自恣苟简之治,故立为天子十四岁而国破亡矣。自古以徕,未尝有以乱济乱,大败天下之民如秦者也。其遗毒余烈,至今未灭,使习俗薄恶,人民嚚顽,抵冒殊扞,孰烂如此之甚者也……今汉继秦之后,如朽木粪墙矣,虽欲善治之,亡可奈何。法出而奸生,令下而诈起,如以汤止沸,抱薪救火,愈甚亡益也。窃譬之琴瑟不调,甚者必解而更张之,乃可鼓也。为政而不行,甚者必变而更化之,乃可理也。当更张而不更张,虽有良工

---

[1] 陈苏镇,《〈春秋〉与汉道:两汉政治与政治文化研究》,中华书局,2011年,第8页。
[2] 陈苏镇,《〈春秋〉与汉道:两汉政治与政治文化研究》,第38页。

不能善调也。当更化而不更化，虽有大贤不能善治也。故汉得天下以来，常欲善治而至今不可善治者，失之于当更化而不更化也。古人有言曰："临渊羡鱼，不如捝而结网。"今临政而愿治七十余岁矣，不如退而更化，更化则可善治，善治则灾害日去，福禄日来。《诗》云："宜民宜人，受禄于天。"为政而宜于民者，固当受禄于天。夫仁、谊、礼、知、信，五常之道，王者所当修饬也。五者修饬，故受天之祐，而享鬼神之灵，德施于方外，延及群生也。[1]

汉初崇尚黄老之学，与民休息，国力得到了恢复，然而诸侯王的势力逐渐威胁到了中央的统治，景帝平定了吴楚七国之乱后，中央集权得到了增强，汉朝也面临着文化统一的任务。在这个时候，残暴的秦制显然不能作为文化统一的手段，故而董仲舒提出"复古更化"的主张，要求重新以儒家的伦常作为守天下的意识形态。"复古更化"有两个方向，一个是加强中央集权，削弱地方势力；另一个则是限制君王的肆意妄为，将君王纳入儒家的伦理价值体系之中[2]。强干弱枝是时代的要求，在秦始皇统一中国之后，西周的封建之制就不符合历史趋势了。秦朝用秦法进行文化统一，在某种程度上也是大势所趋，然而受到了东方各国的抵制，最终导

---

[1] 王先谦，《汉书补注》卷五六，第4028—4029页。
[2] 详见第二章中"大一统"一节的论述。

致了秦朝的灭亡。汉初考虑到亡秦的教训，而有郡国并行之制，但发展到后来，东方王国有尾大不掉之势，这显然不符合中央集权的历史趋势。另一方面，中央集权固然重要，但是集权的方式不能是法家的，故而韦政通先生认为："董仲舒面临的新课题是：既要适应大一统的专制，又要保持儒家的立场。"[1]

在董仲舒看来，"复古更化"的依据就是《春秋》之道。董仲舒云："《春秋》之道，奉天而法古。是故虽有巧手，弗修规矩，不能正方员。虽有察耳，不吹六律，不能定五音。虽有知心，不览先王，不能平天下。"[2]又云："孔子作《春秋》，先正王而系万事，见素王之文焉。"[3]"素"就是空的意思，"素王"就是空立一王之法，供后世王者取法。虽然董仲舒没有明言"《春秋》为汉制法"，但是结合上述两条材料来看，董仲舒确实认为《春秋》之法就是汉代平天下的规矩。董仲舒《春秋》学的目的，就是要通过《春秋》之义改善汉世之风俗，以"大一统"限制国君的肆意妄为，以《春秋》改制之微言确定汉朝的制度，以此三点完成"复古更化"的目标。

---

[1] 韦政通，《董仲舒·自序》，第3页。韦先生在这里将"大一统"理解为专制，然而董仲舒是根据《公羊传》中的"建五始"而言"大一统"的，"大一统"的精髓就在于"屈君以伸天"，限制君王的肆意妄为，所以"大一统"就是儒家的立场，详见第二章的论述。韦先生大概是从"统一"的角度来理解"大一统"的，此处我们还是沿用韦先生的说法。
[2] 苏舆，《春秋繁露义证》卷一，第14页。
[3] 王先谦，《汉书补注》卷五六，第4035页。

二 董仲舒的著作及其分类

关于董仲舒的著作,《汉书·董仲舒传》云:

> 仲舒所著,皆明经术之意,及上疏条教,凡百二十三篇。而说《春秋》事得失,《闻举》《玉杯》《蕃露》《清明》《竹林》之属,复数十篇,十余万言,皆传于后世。掇其切当世施朝廷者著于篇。[1]

《汉书·艺文志》中有"《董仲舒》百二十三篇"[2]和"《公羊董仲舒治狱》十六篇"[3]著录。这两种著作的原貌已不可见,如今存世的著作则有《春秋繁露》、《汉书·董仲舒传》中的贤良对策、《汉书·五行志》中关于灾异的论述、《汉书·食货志》中关于经济问题的言论、《汉书·匈奴传》中的言论、后人辑佚所得的若干条"《春秋》决狱"的材料[4]以及《艺文类聚》和《古文苑》中的《士不遇赋》。其中最重要的著作无疑是"贤良对策"和《春秋繁露》。

关于贤良对策的真伪,一般没有多大的争论,可以肯定是董仲舒的著作,然而《春秋繁露》(以下或简作《繁露》)一书的真伪却有争议。认为《春秋繁露》是伪书的论

---

[1] 王先谦,《汉书补注》卷五六,第4056页。
[2] 王先谦,《汉书补注》卷三〇,第2962页。
[3] 王先谦,《汉书补注》卷三〇,第2930页。
[4] 参见马国翰的《玉函山房辑佚书》,上海古籍出版社,1990年。

据主要有五点：第一，《春秋繁露》一书首见于《隋书·经籍志》，题名为《春秋繁露》，与《汉书》记载的"《闻举》《玉杯》《蕃露》《清明》《竹林》之属"不合。第二，《春秋繁露》"辞意浅薄"。第三，散见于古籍中的部分逸文，不见于《春秋繁露》之中。第四，《春秋繁露》中有大违义理之处。第五，《春秋繁露》中的部分内容与贤良三策不符。前三个论据是程大昌的观点，第四个是黄震的观点，第五个是戴君仁的观点。

然而这五个论据都是站不住脚的，首先《春秋繁露》作为书名首见于《隋书·经籍志》，与《汉书·董仲舒传》中提到的篇名不符，则说明《春秋繁露》并非是董仲舒手定的著作，而是后人编辑的。既然是后人编辑的，就有可能打乱原有的著作体例，也可能将《汉书》中提到的董仲舒的著作汇合在一起，而新的文集的起名，也不一定要遵照原来的篇名。况且我们也无法确切知道"闻举""玉杯""蕃露""清明""竹林"等篇名的意义，程大昌自己也认为："繁露也者，古冕之旒，似露而垂，是其所从假以名书也……《玉杯》《竹林》同为托物，又可想见也。"[1]既然篇名都是"托物"，与内容没有明显的、必然的联系，那么后人在编订董仲舒的著作时，同样托以"春秋繁露"之名也是有可能的，所以篇名之异并不足以证明今本《繁露》是伪书。

第二个论据是认为今本《繁露》"辞意浅薄"。所谓的

---

[1] 转引自苏舆，《春秋繁露义证·春秋繁露考证》，第501页。

"辞意浅薄",也是程大昌的泛泛之论,而且《春秋繁露》中涉及《春秋》的文辞极其深刻,楼钥就认为"其文词亦非后世所能到也"。[1]徐复观先生甚至认为:"说此书的辞意浅薄,这只证明程氏的粗疏无识……谁能找出在北宋理学及史学鼎盛时代,在周敦颐的《太极图说》及邵雍的《皇极经世》的创立时代,会出现像《春秋繁露》这种内容的著作?"[2]徐先生所论很有道理,可见所谓的"辞意浅薄"是站不住脚的。

第三个论据,程大昌认为古书中的《繁露》逸文不见于《春秋繁露》。这一点楼钥已经做了说明,程氏所举的逸文之例,均见于楼氏校订的《春秋繁露》之中,详见楼氏的跋文。[3]可见这条论据也站不住脚。

第四个论据,是认为《春秋繁露》中有大违义理之处。这是黄震的观点。黄氏云:"如云'宋襄公由其道而败,《春秋》贵之',襄公岂由其道者耶?如云'周无道而秦伐之',以与殷周之伐并言,秦果伐无道者耶?如云'志如死灰,以不问问,以不对对',恐非儒者之言。如以'王正月'之王为文王,恐《春秋》无此意。如谓'黄帝之先谥、四帝之后谥',恐隆古未有谥。如谓'舜主天法商,禹主地法夏,汤主天法质,文王主地法文',于理皆未见其有当。如谓'楚庄王以天不见灾而祷之于山川',不见灾而惧可矣,祷于山川以

---

[1] 转引自苏舆,《春秋繁露义证·春秋繁露考证》,第503页。
[2] 徐复观,《两汉思想史》第二卷,香港中文大学出版社,1975年,第192页。
[3] 详参苏舆,《春秋繁露义证·春秋繁露考证》,第502—503页。

求天灾，岂人情乎？"[1]关于黄氏的质疑，苏舆做了回应，认为宋襄公之事，是借事明义，借宋襄公之事，表明《春秋》贵仁之义，不可纯以胜负论轻重，于义理并无不妥之处；以"王正月"之"王"为"文王"，则是《公羊传》之明文，非董仲舒之创说；楚庄王的"祷灾异"，是从屈君以伸天的角度讲的，而且在董仲舒的灾异理论中，灾异是天对于君王的仁爱，用警戒的方式帮助君王不失天命，并非是要狠狠惩罚君王，故而从天命的角度来看，楚庄王之行倒是明君应有的气度。其他如"先谥""后谥""商夏文质之法"都是董仲舒改制理论中的概念，并非是历史的实际情况[2]，不可坐实了看待。但是"周无道而秦伐之""志如死灰"之论，前者近乎法家之论，后者则近乎道家之言，确实与董仲舒"辟秦"的言论，以及儒家的立场有矛盾之处，需要区别对待，详下文。

第五个论据是《春秋繁露》有超出贤良对策的内容，戴君仁先生认为《春秋繁露》言及五行，这是贤良对策中没有的，以此证明《繁露》是伪作[3]。关于五行的问题，徐复观先生已经有详细的分析，这里就不赘述了。[4]这里还有一个方法论的问题，就是贤良对策是否能够作为评判《春秋繁露》真伪的标准。我们认为对策是特殊的文体，其内容受到了策问的限制，董仲舒本人的思想肯定不局限于贤良对策之

---

[1] 转引自苏舆，《春秋繁露义证·春秋繁露考证》，第497—498页。
[2] 详见第四章中的相关论述。
[3] 转引自徐复观，《两汉思想史》第二卷，第193页。
[4] 详见徐复观，《两汉思想史》第二卷，第193—195页。

中的内容，所以韦政通先生认为："(贤良对策)不能视为仲舒全部思想的提要或总纲。"[1]

由上面的分析可知，《春秋繁露》大致上能确定并非是伪作，但是其中的某些内容与董仲舒的言论以及儒家的立场有矛盾之处，这也是不容忽视的。对于《春秋繁露》的真伪问题，除了从整体上看待之外，还需要结合《春秋繁露》内容的分类来看。

关于《春秋繁露》的分类，有二分法、三分法、四分法和五分法。持二分法观点的有胡应麟、苏舆。胡应麟云："今读其书(《繁露》)，为《春秋》发者仅仅十之四五。"[2]苏舆亦云："《繁露》非完书也。而其说《春秋》者，又不过十之五六。"[3]胡、苏二人均将《春秋繁露》分为《春秋》类与非《春秋》类两部分。持三分法观点的是徐复观先生，徐先生将《春秋繁露》分为"《春秋》学""天哲学""祭祀礼仪及杂文"三部分。[4]持四分法观点的是赖炎元先生，赖氏将

---

[1] 韦政通,《董仲舒》, 第6页。
[2] 胡应麟,《少室山房笔丛》, 上海书店出版社, 2009年, 第272—273页。
[3] 苏舆,《春秋繁露义证·自序》, 第1页。
[4] 详见徐复观,《两汉思想史》第二卷, 第190—191页。具体的篇目是:《春秋》学部分是《楚庄王》第一到《俞序》第十七, 加上《三代改制质文》第二十三、《爵国》第二十八、《仁义法》第二十九、《必仁且智》第三十、《观德》第三十三、《奉本》第三十四。天哲学部分是《离合根》第十八到《治水五行》第六十一, 其中去除论《春秋》学的五篇、《深察名号》第三十五、《实性》第三十六、阙文三篇, 再加上《顺命》第七十、《循天之道》第七十七、《天地之行》第七十八、《德威所生》第七十九、《如天之行》第八十、《天地阴阳》第八十一、《天道施》第八十二。其余各篇就属于祭祀礼仪及杂文的内容。

《春秋繁露》分为"发挥《春秋》微言大义""君主治理国家的原则和方法""天人相应""尊天敬祖"四部分。[1]持五分法观点的是美国学者桂思卓,桂氏将《春秋繁露》分为"经解编""黄老编""阴阳编""五行编""礼制编"五部分。[2]同时桂氏还认为《春秋繁露》非出自一人之手,故而里面有不同学派的思想。

上述五种分法都有一定的道理,值得注意的是,学者们都认可《春秋》学部分的真实性。徐复观先生认为:"此书之第一部分(《春秋》学部分)……决非后人所能依旁。"[3]桂思卓也认为:"对《公羊传》的如此贴切的解读只能出于一个公羊学者之手。"[4]《四库全书总目》认为:"今观其文,

---

[1] 赖先生的观点转引自韦政通,《董仲舒》,第5—6页。具体的篇目是:《春秋》学部分是《楚庄王》第一到《俞序》第十七。君主治国部分是《离合根》第十八到《诸侯》第三十七。天人相应部分是《五行对》第三十八到《五行五事》第六十四,以及《天地之行》第七十八到《天道施》第八十二。尊天敬祖部分是《郊语》第六十五到《祭义》第七十六。
[2] 桂思卓,《从编年史到经典:董仲舒的春秋诠释学》,中国政法大学出版社,2010年,第86页。具体的篇目是:解经编为第一至第六、第七至第十七、第二十三至第三十七。黄老编为第十八至第二十二、第七十七、第七十八。阴阳编为第四十一、第四十三至第五十七、第七十九至第八十二。五行编为第三十八、第四十二、第五十八至第六十四。礼制编为第六十五至第七十六。
[3] 徐复观,《两汉思想史》第二卷,第195页。
[4] 桂思卓,《从编年史到经典:董仲舒的春秋诠释学》,第89页。桂氏此语仅针对第一到第七篇,而认为其他论《春秋》学的篇目的文体与前七篇不同,故而是董仲舒后学的著作。我们认为文体之异也只能是猜测,不足以证明其是董门后学的著作,董仲舒本人也可以使用散文的方式诠释《春秋》,但不管怎样,论《春秋》学部分的真实性是能够确定的。

虽未必全出仲舒，然中多根极理要之言，非后人所能依托也。"[1]我们认为，"根极理要之言"应该指的就是《春秋》学的部分，这部分的内容能够确定出自董仲舒之手。那么其他部分的内容怎样处理呢？我们认为《春秋繁露》中的天哲学部分，虽然不直接是《春秋》学的内容，但是可以看作董仲舒《春秋》学的基础，因为董仲舒《春秋》学的特色，就在于引入了"天"的概念，认为天是一切价值的根源，如果抽掉了天哲学，那么董仲舒的《春秋》学就不能成立了。[2]所以我们也可以从这个角度，将天哲学与《春秋》学结合在一起。所以我们在研究董仲舒《春秋》学的时候，以第一部分为主[3]，同时也兼及天哲学的部分。

三 董仲舒《春秋》学研究综述

董仲舒作为中国哲学史的重要人物，几乎每一本中国哲学通史类的著作都要提及董仲舒的思想，所论述的内容大多集中在董仲舒的天哲学。然而除了哲学家的身份之外，董仲舒还是《春秋》学的大师，相对来说，对于董仲舒《春

---

[1] 永瑢等，《四库全书总目（经部）》，广西师范大学出版社，2019年，第759页。
[2] 详见第二章的论述。
[3] 我们采取徐复观先生的分法，认为《春秋》学部分的具体篇目是：《楚庄王》第一到《俞序》第十七，加上《三代改制质文》第二十三、《爵国》第二十八、《仁义法》第二十九、《必仁且智》第三十、《观德》第三十三、《奉本》第三十四。

秋》学的研究是比较少的[1]。就笔者极其有限的阅读范围而言，研究董仲舒《春秋》学的著作主要有两类，一类是专门以《春秋》学作为研究对象的专著，如康有为的《春秋董氏学》、重泽俊郎的《春秋董氏传》、邓红先生的《董仲舒的春秋公羊学》、杨济襄先生的《董仲舒春秋学义法思想研究》、许雪涛先生的《公羊学解经方法：从〈公羊传〉到董仲舒春秋学》、余治平先生的《董子春秋义法辞考论》、美国学者桂思卓的《从编年史到经典：董仲舒的春秋诠释学》等；另一类是全面研究董仲舒思想的著作，而《春秋》学只是其中的一部分内容，如徐复观先生的《两汉思想史》、韦政通先生的《董仲舒》、周桂钿先生的《董学探微》[2]、刘国民先生的《董仲舒的经学诠释及天的哲学》、张实龙先生的《董仲舒学说内在理路探析》、余治平先生的《唯天为大：建基于信念本体的董仲舒哲学研究》等。此外还有不少单篇的论文。

这些研究著作各有特色。如康有为的《春秋董氏学》，

---

[1] 杨济襄先生云："海峡两岸对于董仲舒学术思想之研究，各有所执；令人讶异和不解的是，二岸学者同样都只是从'思想论辨'上去探讨董学，竟同时避开了董氏最主要的儒学成就——春秋学的探讨；这当然和当代经学的落寞，有极大关系。如此一来，关于董学的研究，便呈现出：即便未读过《春秋》，甚至无须论及《公羊传》，同样也可全面对董氏学术大发议论，甚至盖棺论定的怪异现象。"（见杨济襄，《董仲舒春秋学义法思想研究》，第40页。）杨先生所云虽然刺耳，但是反映出董仲舒《春秋》学研究的缺乏，也大体是事实。

[2] 周桂钿先生的《董学探微》一书中虽然没有以"《春秋》学"作为标题的章节，但是其中的贵志论、名讳论、辞指论、常变论、大一统论等都涉及《春秋》学的具体内容。

是将《春秋繁露》中有关《春秋》学的部分按照旨、例、礼、口说、改制、微言大义等条目进行分类。虽然主要是对《春秋繁露》原文的重新整合,兼以零星的阐释,但是正如段熙仲先生所云,此书是董理董学之最有条理者。而重泽俊郎的《春秋董氏传》则是把《春秋繁露》中的材料,按照相应事件的年份附于《春秋经》之后,非常便于读者检索。徐复观先生是从天哲学的角度来看待董氏的《春秋》学,认为《春秋》学是通向天哲学的阶梯。周桂钿先生则通过辞指论、常变论等命题,集中探讨董仲舒《春秋》学中的具体问题。此外,许雪涛先生的"隐微书写"概念,刘国民先生的"间距化"概念,对于理解董仲舒《春秋》学的诠释方式有很大的启发。杨济襄先生则完全从经学的角度考察董仲舒的《春秋》学,并且试图突破何休的解释体系,以求"以董解董"。前辈学者的观点不可能在这里一一展开介绍,但我们可以试着从问题的角度梳理前人的研究。

第一,董仲舒学说中,《春秋》学与天哲学的关系问题。韦政通先生认为:"董仲舒即使没有另创思想系统,仅凭他的《春秋》学,也能在中国学术思想史上占一席相当独特的地位。"[1]徐复观先生则认为:"(董仲舒)不仅是把《公羊传》当作构成自己哲学的一种材料,而且是把《公羊传》当作是进入到自己哲学系统中的一块踏脚石。由文字以求事故之端;由端而进入于文义所不及的微眇,由微眇而接上了

---

[1] 韦政通,《董仲舒》,第33页。

天志；再由天志以贯通所有的人伦道德，由此以构成自己的哲学系统，此时的《公羊传》反成为刍狗了。"[1]徐先生认为《公羊传》仅仅是董仲舒天哲学的"踏脚石"，在完成了天哲学的构建之后，《公羊传》就成了"刍狗"，如此则董仲舒的《春秋》学完全是天哲学的附庸，毫无独立性可言。这个观点与韦政通先生的观点产生了强烈的反差。

徐先生之所以得出这样的结论，一方面是纯粹从哲学的角度考虑问题，另一方面，则是将董仲舒的思想与《公羊传》严格区分了开来。他认为：《公羊传》的用辞极其严格，而董仲舒则认为"《春秋》无达辞"，故而可以借着《春秋》的文辞发挥自己的哲学思想，并据此认为《公羊传》本身并没有所谓的"非常异义可怪之论"，诸如改制、建五始等观念都是董仲舒创造的，并非是《公羊传》的本意。但是我们认为，徐先生对于"《春秋》无达辞"的理解是错误的。"无达辞"的基础是《春秋》有"常辞"，"常辞"固然需要随着事情以及情感的变化而变化，但是变化的依据是事情本身体现的义理，所以"无达辞"并不是随意的发挥，要遵从《春秋》以及《公羊传》本身的义例。[2]所以我们认为，说天哲学是董仲舒《春秋》学的基础是可以的，但是如果说《公羊

---

[1] 徐复观，《两汉思想史》第二卷，第210页。
[2] 详见第一章中有关"《春秋》变辞"的论述。刘国民先生讲的"间距化"的概念，其实与徐复观先生对"《春秋》无达辞"的解释有相近的地方，认为董仲舒在解释《春秋》的时候有随意性，但是我们认为董仲舒的诠释，都是基于《春秋》的"常辞"，且是通过严格的"属辞比事"得来的，并非是随意诠释。

传》仅仅是"踏脚石""刍狗"则是不恰当的,我们同意韦先生的观点,认为董仲舒的《春秋》学具有独立性。

第二,《公羊传》本身的义理问题。董仲舒的《春秋》学是对于《公羊传》的阐发,那么怎样理解《公羊传》本身的义理也是一个很大的问题。徐复观先生认为《公羊传》本身没有所谓的"非常异义可怪之论",这些言论出自董仲舒。徐先生这个论断的前提是对《公羊传》的观念进行了还原,他以最朴素的标准,甚至是史学的眼光来审视《公羊传》的性质。这种还原是否合适,也是可以商榷的。因为《公羊传》很多义理是经师口耳相传的,如果仅从文字表面理解《公羊传》,同时从最符合"常理"的角度来解释《公羊传》,可能会遗漏很多义理。比如说,《公羊传》本身有"借事明义"的宗旨,即重视事件背后的义理,而不重视事件本身。如果不明白这点的话,就很难理解《公羊传》。例如邓红先生在论及齐襄公复仇之事时,认为《公羊传》是褒奖齐襄公能复九世之仇,而《春秋繁露》则称赞纪侯之死义,两者所赞成的对象是敌对的双方,故而董仲舒是"在政治立场上否定了《公羊传》的说法"。[1]这是对于董仲舒的误解。按照《公羊传》"借事明义"的宗旨,一个事件可以体现多个道理,正如杨树达先生所云:"《春秋》经传,文约而义博。一传之中,往往包含数义。"[2]如此,则齐襄复仇是可许的,纪

---

[1] 邓红,《董仲舒的春秋公羊学》,中国工人出版社,2001年,第10页。
[2] 杨树达,《春秋大义述·凡例》,上海古籍出版社,2007年,第8页。

侯死国也是可许的，不能因为两者的敌对而认为事件背后体现的道理是矛盾的。所以我们在考察董仲舒对于《公羊传》的诠释的时候，尽量要从《公羊传》本身的义理出发，而不是将《公羊传》进行各种"还原"，如此才能更加清晰地看待董仲舒的《春秋》学。

第三，如何看待何休注文的问题。我们对《公羊传》的理解，很大程度上是依靠何休的注文，故而无论是凌曙还是苏舆，都援引了何休的《春秋公羊经传解诂》（以下或简作《解诂》）来注释《春秋繁露》。然而杨济襄先生却对这种"以何解董"的做法提出了质疑，认为《春秋繁露》的注释者们之所以"'于理仍多未明'，最主要的症结，便是由何休《解诂》与董氏之学的扞隔而来"[1]。杨先生还举了很多例子，如在"远近内外""灭国"等问题上，不能用何休的《解诂》来诠释董仲舒的思想。杨先生"分别董、何"的工作是很有意义的，然而我们认为董、何之间的差异并没有杨先生所说的那么大。杨先生所举的例子也有过度区分之嫌。[2]我们认为，虽然董仲舒与何休的思想有不同之处，但是两者对于公

---

[1] 杨济襄，《董仲舒春秋学义法思想研究》，第551页。
[2] 例如杨先生认为《春秋繁露·奉本》篇所云"当此之时，鲁无鄙疆，诸侯之伐哀者皆言我"之语不能按照何休的"三世"理论来解释，并怀疑"伐哀"当作"伐衰"。然而杨先生的改字没有文献学的依据，而且混淆"伐我"与"伐我东鄙"两条不同的书法。具体考证可以参见拙文《略论董仲舒春秋学研究的方法论问题：以"远近内外"为中心》，载《海南大学学报（人文社会科学版）》，2019年第1期。我们认为，与其生硬地分别董、何而改字，还不如依照何休的三世理论解释董仲舒这句话来得合理。

羊学最核心观点的阐释是一致的，如果要从公羊学内部来研究董仲舒的《春秋》学的话，就必须依靠何休的解释，才不至于误解《公羊传》和董仲舒的思想。

四　本书的研究方式与框架

本书试图从公羊学的理路，研究董仲舒的《春秋》学，具体的研究方式是将董仲舒论《春秋》的内容，放入到《公羊传》中进行考察，同时参考何休对于《公羊传》的解释，从某种程度上说，是"以何解董"的研究方式。我们认为，"以何解董"有其合理性。

首先，要考察董仲舒的《春秋》学，必须找出相关的《公羊传》传文，而何休的《解诂》是理解《公羊传》的重要阶梯，如果脱离了何休的注释，很难准确理解《公羊传》的意思。具体来说，《春秋》以及《公羊传》中的微言大义是通过"属辞比事"体现的，"属辞比事"的前提是要有一套特殊的书法体例。何休的《解诂》在解释《公羊传》时做了两方面的工作：第一，说明文辞本身的体例；第二，通过比较相似的文辞和事件，得出其中的义理。如果没有何休对《春秋》以及《公羊传》的"解码"[1]工作，《公羊传》是无法被准确理解的。所以我们在研究董仲舒的《春秋》学的时

---

[1] "解码"概念是许雪涛先生首先提出的，用来形容《公羊传》对于《春秋》的解释，我们在这里借用这个概念来说明何休对《春秋》以及《公羊传》所做的工作。

候，只要涉及《公羊传》的内容，就不可避免地会接触到何休的解释。而且《春秋繁露》的注释者，如凌曙、苏舆等，都直接引用何休的《解诂》来解释《春秋繁露》。可能在他们看来，这样的注释方式是很自然的，因为董仲舒与何休都是公羊学的大师，两者的学说可以互相印证。我们则进一步认为，这样的做法其实也是必要的。

其次，董仲舒与何休的公羊学大同小异。皮锡瑞云："《解诂》与董书义多同。"[1]特别在公羊学的核心概念上，董、何的看法是一致的。刘逢禄云："无三科九旨则无《公羊》，无《公羊》则无《春秋》。"[2]如此看来，"三科九旨"是公羊学最核心的概念。

关于"三科九旨"，徐彦的《公羊疏》中有两种说法，第一种是何休《文谥例》的说法："三科九旨者，新周、故宋，以《春秋》当新王，此一科三旨也。所见异辞，所闻异辞，所传闻异辞，二科六旨也。内其国而外诸夏，内诸夏而外夷狄，是三科九旨也。"[3]第二种是宋氏注《春秋说》的讲法："三科者，一曰张三世，二曰存三统，三曰异外内，是三科也。九旨者，一曰时，二曰月，三曰日，四曰王，五曰天王，六曰天子，七曰讥，八曰贬，九曰绝。时与日月，详略之旨也。王与天王、天子，是录远近亲疏之旨也。讥与

---

[1] 皮锡瑞，《经学通论》，中华书局，2018年，第370页。
[2] 刘逢禄，《刘礼部集·春秋论下》，《续修四库全书》，上海古籍出版社，2002年，第1501册，第58页。
[3]《春秋公羊传注疏》卷一，上海古籍出版社，2014年，第5页。

贬、绝则轻重之旨也。"[1]我们可以看到,何休的"三科九旨"实际上就是宋氏所言的"张三世、存三统、异外内",而宋氏所言的"时月日""王、天王、天子""讥贬绝"在何休的《解诂》中都有体现,只是何休未将其视为《公羊传》最核心的内容而已。

简单来说,"张三世"就是以孔子的见闻为标准,将春秋两百多年的历史分为"三世":隐、桓、庄、闵、僖为"所传闻世",文、宣、成、襄为"所闻世",昭、定、哀为"所见世"。之所以要将历史这样分期,是为了说明历史应然的进化过程,揭示后世若有王者兴起,治理乱世的三个阶段。"存三统"就是新的王者兴起,封前两代王者的子孙为大国,让他们作为"二王后",在其封国内实行原来的制度。新的王者自为"一统",连同"二王后"则为"三统"。"存三统"的学说表明,所有王者的政治合法性都来自于天,然而天命流转,不私一姓,故而王者有新旧之分。新的王者兴起之后,封"二王后"为大国,一方面是显示自身之得天命,另一方面也承认前朝曾经得天命的事实。新王朝的合法性,正是来源于天命流转的统绪,所以"存三统"学说解决的是王朝的政治合法性问题。"异外内"讲的是天下观的问题,天下由三个层次组成,先以礼义制度为标准,区分夷狄与中国,又在中国之内,区别鲁国与诸夏。之所以将天下分为三个层次,首先是为了突显礼义的重要性,将中国与

---

[1]《春秋公羊传注疏》卷一,第5页。

夷狄区分开来；其次是为了揭示王者治理乱世"自近者始"的次序，先治其国，再治诸夏，最后治夷狄，最终实现天下太平。

"三科九旨"作为公羊学的核心概念，虽然是何休总结的，然而"三科九旨"之义已见于《春秋繁露》。"张三世"之说见于《楚庄王》篇：

> 《春秋》分十二世以为三等，有见，有闻，有传闻。有见三世，有闻四世，有传闻五世。故哀、定、昭，君子之所见也。襄、成、文、宣，君子之所闻也。僖、闵、庄、桓、隐，君子之所传闻也。所见六十一年，所闻八十五年，所传闻九十六年。于所见微其辞，于所闻痛其祸，于传闻杀其恩。[1]

我们看到，董仲舒这里将《春秋》十二世分为"有见""有闻""有传闻"三等，并且"三等"的分期也与何休的"三世"相同，同时认为"三等"之中的书法有"微其辞""痛其祸""杀其恩"之别，则董仲舒也有"张三世"之说。

"异外内"之说亦见于《春秋繁露》。

> 内其国而外诸夏，内诸夏而外夷狄，言自近者

---

[1] 苏舆，《春秋繁露义证》卷一，第9—10页。

始也。[1]

> 故《春秋》之于偏战也，犹其于诸夏也。引之鲁，则谓之外；引之夷狄，则谓之内。[2]

董仲舒也认为天下分为鲁国、诸夏、夷狄三个层次，故有"内其国而外诸夏，内诸夏而外夷狄"之说，同时也指明，这种区别的目的是"自近者始"，即王者治理乱世的次序是由近及远的，这些内容与何休的"异外内"之说基本相同。

"存三统"之说也见于《春秋繁露》。可以说《三代改制质文》一篇专明"存三统"之义，其中最典型的，就是"王鲁……绌夏，亲周，故宋"[3]的说法。董仲舒的"存三统"有两方面的含义：首先就周朝的"存三统"而言，周是时王，自为"一统"，同时宋国（殷朝后代）和杞国（夏朝后代）则为"二王后"。其次，《春秋》假借鲁国为新的受命王，故而有"王鲁"《春秋》当新王"的说法，既然"王鲁"，那么周就成为新的"二王后"，宋国则延续其"二王后"的身份，杞国则丧失了原有的"二王后"身份而降为小国，这就是董仲舒所说的"亲周、故宋、绌夏"。我们认为，董仲舒的这些说法，符合何休"存三统"之义，甚至较何休更为系统。

---

[1] 苏舆，《春秋繁露义证》卷四，第116页。
[2] 苏舆，《春秋繁露义证》卷二，第50页。
[3] 苏舆，《春秋繁露义证》卷七，第187—189页。

由上可知，董仲舒虽然未有"三科九旨"的说法，但已有"三科九旨"之义，在公羊学的核心概念上与何休是相同的。苏舆《春秋繁露义证》引钱塘之说云："何氏三科九旨之说，实本仲舒。"[1]魏源甚至把"三科九旨"与董仲舒《春秋繁露》的篇章一一对应。[2]苏舆亦云："'五始''三科''九旨''七等''六辅''二类''七缺'之说，究其义，与此（即《春秋繁露》）合者十实八九。"[3]然而苏舆认为，董仲舒另有"六科十指"之说，与"三科九旨"的说法不同。[4]"六科"之说见于《春秋繁露·正贯》篇。

> 《春秋》，大义之所本耶？六者之科，六者之旨之谓也。然后援天端，布流物，而贯通其理，则事变散其辞矣。故志得失之所从生，而后差贵贱之所始矣。论罪源深浅，定法诛，然后绝属之分别矣。立义定尊卑之序，而后君臣之职明矣。载天下之贤方，表谦义之所在，则见复正焉耳。幽隐不相逾，而近之则密矣。[5]

"十指"则见于《春秋繁露·十指》篇。

---

[1] 苏舆，《春秋繁露义证》卷一，第23页。
[2] 魏源，《魏源集·董子春秋发微序》，中华书局，2018年，第133—134页。
[3] 苏舆，《春秋繁露义证·例言》，第2页。
[4] 苏舆云："然董自有六科十指，何自言用胡毋生《条例》，或不必尽同。"见《春秋繁露义证》卷一，第23页。
[5] 苏舆，《春秋繁露义证》卷五，第143页。

> 《春秋》二百四十二年之文，天下之大，事变之博，无不有也。虽然，大略之要有十指。十指者，事之所系也，王化之所由得流也。举事变见有重焉，一指也。见事变之所至者，一指也。因其所以至者而治之，一指也。强干弱枝，大本小末，一指也。别嫌疑，异同类，一指也。论贤才之义，别所长之能，一指也。亲近来远，同民所欲，一指也。承周文而反之质，一指也。木生火，火为夏，天之端，一指也。切刺讥之所罚，考变异之所加，天之端，一指也。[1]

董仲舒所云的"六科"语义略显含混，似乎不像"十指"那样是董仲舒《春秋》学的要旨。相对来说，"十指"更像是对董仲舒《春秋》学的概括。我们将"十指"与"三科九旨"相比较，除了"承周文而反之质"有类似"存三统"的意思之外，其他"九指"偏重的是《春秋》大义，而非《春秋》的微言。按照皮锡瑞的讲法，《春秋》有大义与微言之别，大义在于"诛讨乱贼以戒后世"，微言则是"改立法制以致太平"[2]。"三科九旨"中的"张三世""存三统""异外内"都指向太平之制，属于微言，而"十指"则更偏向于大义。皮锡瑞认为："三科、九旨尤为闳大。"[3] 则"三科九旨"相对于"十指"来说，更是公羊学中的核心概

---
[1] 苏舆，《春秋繁露义证》卷五，第145页。
[2] 皮锡瑞，《经学通论》，第365页。
[3] 皮锡瑞，《经学通论》，第372页。

念。故而"六科十指"与"三科九旨"只是用词上偶然相同，两者的义理层级并不一致。

综上所述，我们对《公羊传》的诠释离不开何休的《解诂》，同时董、何的公羊学说大同小异，故而要研究董仲舒的《春秋》学，"以何解董"的研究方式是可取的。在明确了研究方式之后，我们试图从下面几个方面来研究董仲舒的《春秋》学。

第一，孔子作《春秋》的目的是为了拨乱反正，然而拨乱反正之义并非是像法典一样明确地写出来的，而是通过文辞的褒贬体现出来的；同时，读者要体会《春秋》之义，也必须通过《春秋》的文辞，故而对于《春秋》文辞的理解就至关重要。董仲舒对于《春秋》之辞本身有诸多的论述，我们可以将董仲舒关于"辞"的论述，看作是董氏《春秋》学的方法论问题而加以考察。

第二，董仲舒作为一个哲学家，对于《春秋》的诠释很重要的一点，便是突显"天"的概念。《春秋》中的政治、伦理价值的根源都来自"天"，我们可以将"天"的哲学，视作董仲舒《春秋》学的哲学基础进行研究。同时董仲舒又根据《春秋》之义推演灾异之说，故而我们又可连带讨论董仲舒的灾异思想。

第三，《春秋》的大义在于诛讨乱臣贼子，董仲舒对于《春秋》的大义有诸多阐释，认为无论是君父还是臣子，都要明了《春秋》大义，否则会陷入不义之地而不自知。对于君王来讲，最重要的大义是安定整个国家；对于臣子来讲，最重要的大义是明辨"经权",故而我们从"大居正""贤让国"来讨论君王的大义,从"经权观"来讨论臣子的大义。

第四,孔子作《春秋》不仅仅在于诛讨乱臣贼子,更重要的是在制度上为万世立法,故而在公羊学中有孔子改制之说,这是《春秋》之"微言"。同时,汉武帝时代,有"复古更化"的要求,而董仲舒对于改制有详细的论述,故而我们将改制作为董仲舒《春秋》学的"微言"加以探讨。

第五,董仲舒的《春秋》学对于后世制度的影响,不仅体现在宏观的意识形态构建上,如"罢黜百家,独尊儒术",同时还将《春秋》经义融入具体司法实践中,即"《春秋》决狱",由此开启了中国法律"儒家化"的进程。故而我们结合出土简牍中的秦汉律令以及"一准乎礼"的《唐律》,来分析"《春秋》决狱"的特殊意义。另一方面,又可以展现经义法典化的复杂过程。

第六,我们研究董仲舒《春秋》学,采取的是"以何解董"的研究方式,虽然董、何之学大体相同,然而毕竟有相异之处,故而在最后一章集中探讨《春秋》学中的董、何之异,作为方法论上的反思与补充。

第一章 董仲舒《春秋》学的方法论：辞

一 辞的重要性：因辞见义

按照传统的说法，《春秋》一书为孔子所作。孔子修《春秋》依据的主要材料是鲁国的史记。而《春秋》之所以由"史"而成为"经"，是因为孔子在作《春秋》时加进了自己的观念，按照传统公羊学的讲法，就是"加王心于鲁史"。后人读《春秋》，最重要的是探求孔子加在《春秋》中的"王心"。那么问题就在于"王心"体现在何处，或者说"王心"是通过怎样的途径显现出来的。我们可以通过后世对于孔子修《春秋》的记录，来看这个问题。

一般认为，最早言及孔子作《春秋》的是孟子，孟子云：

> 世衰道微，邪说暴行有作，臣弑其君者有之，子弑其父者有之。孔子惧，作《春秋》。《春秋》，天子之事也。是故孔子曰："知我者其惟《春秋》乎！罪我者其惟《春秋》乎！"[1]

---

[1]《孟子·滕文公下》。

王者之迹熄而《诗》亡,《诗》亡然后《春秋》作。晋之《乘》,楚之《梼杌》,鲁之《春秋》,一也。其事则齐桓、晋文,其文则史。孔子曰:"其义则丘窃取之矣。"[1]

司马迁对于孔子作《春秋》之事,则有更加详细的表述。

是以孔子明王道,干七十余君,莫能用,故西观周室,论史记旧闻,兴于鲁而次《春秋》,上记隐,下至哀之获麟,约其辞文,去其烦重,以制义法,王道备,人事浃。[2]

子曰:"弗乎弗乎,君子病没世而名不称焉。吾道不行矣,吾何以自见于后世哉?"乃因史记作《春秋》,上至隐公,下讫哀公十四年,十二公。据鲁,亲周,故殷,运之三代。约其文辞而指博。故吴楚之君自称王,而《春秋》贬之曰"子";践土之会实召周天子,而《春秋》讳之曰"天王狩于河阳":推此类以绳当世。贬损之义,后有王者举而开之。《春秋》之义行,则天下乱臣贼子惧焉。

孔子在位听讼,文辞有可与人共者,弗独有也。至于为《春秋》,笔则笔,削则削,子夏之徒不能赞一辞。弟子受《春秋》,孔子曰:"后世知丘者以《春

---

[1]《孟子·离娄下》。
[2]《史记》卷一四,第509页。

秋》,而罪丘者亦以《春秋》。"[1]

按照孟子和司马迁的说法,孔子作《春秋》,包含"事""辞""义"三个方面的内容。而孔子所重的是《春秋》所表达的大义,所谓"其义则丘窃取之矣"。通过《春秋》大义,使得"乱臣贼子惧",进而达到"王道备,人事浃"的理想状态。但是《春秋》之义并不是直白、抽象的表达,而是依托于春秋两百多年的历史,即孔子所云的"我欲载之空言,不如见之于行事之深切著明也"。[2]而这两百多年的史实,被各国的史书记录着,如"晋之《乘》,楚之《梼杌》,鲁之《春秋》"等,然而这些史实记录本身,并没有孔子所要表达的大义,只有对其进行"笔削",才能体现大义。而"笔削"所针对的对象,就是"辞"。孔子通过对于"辞"的修改,使得"事"和"义"得以贯通。正是因为"辞"具有如此重要的作用,所以孔子修辞非常谨慎,"子夏之徒不能赞一辞"。

简单地说,"辞"就是对于事实的表现方式,而其中又蕴含了对于事实的价值判断。[3]具体说来,这里的"辞",

---

[1]《史记》卷四七,第1943—1944页。
[2]《史记》卷一三〇,第3297页。
[3] 对于辞的定义,周桂钿先生认为:"辞,即词,指语言文字、名词概念、定义命题,还可以引申为'说法'、'论点'或'实际事例'。"详见《董学探微》,北京师范大学出版社,1989年,第253页。周先生所言的辞的引申意义,即"说法""论点",正是《春秋》书法所要体现的。同时《春秋》书法不仅要体现价值判断,更通过一些看似不符合一般书法原则的表述,看出事实本身,即"实际事例"。这种表述,就是所谓的"起文"。

指的就是《春秋》书法。"辞"的作用主要有两个方面：一方面，对于作《春秋》的孔子来说，微言大义要通过"辞"来寄托。另一方面，对于读者来说，《春秋》之大义，需从《春秋》的修辞中探求。[1]所以公羊学大家段熙仲先生认为：

> 孔子之修《春秋》，修其辞也，故曰"属辞比事，《春秋》之教也"。孟子曰："其事则齐桓晋文，其文则史。孔子曰：其义则丘窃取之矣。"何谓其义？因鲁史加王心之谓也。何以见之？则于属辞见之。[2]

庄存与《春秋要指》云：

> 《春秋》以辞成象，以象垂法，示天下后世以圣心之极。观其辞，必以圣人之心存之，史不能究，游、夏不能主，是故善说《春秋》者，止诸至圣之法而已矣。[3]

---

[1]《春秋》因辞见例，所以辞与义的关系也可以看成是例与义的关系。阮芝生先生认为："圣人作《春秋》因义以起例，后人读《春秋》亦当由例'见'义。"见《从公羊学论春秋的性质》，华东师范大学出版社，2013年，第160页。戴君仁先生也认为："三传都讲例，古代的汉晋儒者，近代的清儒，都是如此。他们认为《春秋》是圣人示褒贬之书，而经中褒贬进退，都靠书法表达。书法是有例的，例有正例变例，于变例见义，可以看出圣人褒贬进退之意。可以说，圣人因褒贬而生凡例，后人由凡例以见褒贬。"（见戴君仁，《春秋辨例》，中华丛书编审委员会，1964年，第9页。）
[2] 段熙仲，《春秋公羊学讲疏》，南京师范大学出版社，2002年，第153页。
[3] 庄存与，《春秋要指》，载《思想史的元问题》，广西师范大学出版社，2005年，第219页。

由此可见,"辞"对于《春秋》非常重要。下面我们就司马迁所举的两个例子,看《春秋》之"辞""事""义"。其一为"吴楚之君自称王,而《春秋》贬之曰'子'"。案春秋时期,周天子失去了权威,周围的夷狄时刻威胁着中原的礼乐文明,很多诸侯国相继被夷狄灭亡,所谓"南夷与北夷交,中国不绝若线"[1]。夷狄具有了足够的力量,就不满于原先周天子所定的爵号,而僭称王。《史记》记载了吴、楚之君僭越称王之事。《吴世家》云:

> 寿梦立而吴始益大,称王。[2]

之后吴国称王的还有"王诸樊""王余祭""王余眛""王僚""王阖庐""王夫差"。《楚世家》云:

> 三十七年,楚熊通怒曰:"吾先鬻熊,文王之师也,蚤终。成王举我先公,乃以子男田令居楚,蛮夷皆率服,而王不加位,我自尊耳。"乃自立为武王。[3]

吴、楚之君僭称王是事实,但是这个事实却违反了王道之义。《春秋》作为拨乱反正之书,就不能对于吴、楚之君僭称王这个事实直书其事,必须要在文辞上有所变化,通

---

[1]《春秋公羊传注疏》卷一〇,第391—392页。
[2]《史记》卷三一,第1447页。
[3]《史记》卷四〇,第1695页。

过文辞对于这种僭越行为施加价值判断，直接的做法就是去其王号，改为子爵。[1]《春秋》对于名分是极其重视的，天子、诸侯、夷狄三者在名号上有很大的差别。唯周天子方可称王，诸侯有公、侯、伯、子、男五等之爵，而夷狄再大，只能称子。[2] 这种书法体现的大义就是严夷夏之防，坚守华夏自身的礼乐文明。可见将夷狄的称谓由"王"而贬至"子"，是孔子的特笔，目的是通过文辞体现"夷夏之防"的大义。而读者也可以将吴、楚之君称王之事，与《春秋》中称子之辞相比较，从中得出严"夷夏之防"的大义。

第二个例子，"践土之会实召周天子，而《春秋》讳之曰'天王狩于河阳'"。晋文公之召周天子，《春秋》如此记载：

（僖公二十八年）五月，癸丑，公会晋侯、齐侯、宋

---

[1] 将吴、楚之君的称号由"王"改为"子"，是孔子对于夷狄僭称王的最直接的笔削，《春秋》之中，与此相呼应的，就是"吴、楚之君不书葬，辟其号也"。因为按照《春秋》的书法，在国君去世的时候，依照其本爵书卒；而记录国君葬礼的时候，考虑到臣子有尊崇其君的意愿，故而可以用更加高的称谓。例如齐国本为侯爵，所以齐桓公去世时书"齐侯小白卒"；在书葬时，考虑到臣子尊崇君父之心，故而从臣子之辞，书"葬齐桓公"。所以依照"卒从本爵，葬从臣子辞"的常例，当时吴、楚僭称王，那么就不得不书葬吴王、楚王。故而《春秋》索性不记录吴、楚之君的葬礼，以避免书其僭号。

[2] 案《春秋》对于夷狄，有七等进退之法，即以"州""国""氏""人""名""字""子"七种不同的称号来称呼夷狄。其中"州"最贱；"子"为爵称，最贵。夷狄若进于中国，则依照这七等称号的次序，一一进行褒奖；反之，夷狄若有野蛮之行，则依次贬抑。对于夷狄的褒奖最多只能到子，而不能上及伯、侯、公之称。

公、蔡侯、郑伯、卫子、莒子盟于践土。公朝于王所。

冬，公会晋侯、齐侯、宋公、蔡侯、郑伯、陈子、莒子、邾娄子、秦人于温。天王狩于河阳。壬申，公朝于王所。[1]

按照《春秋》的记载，实际上晋文公分别于践土之会和温之会，召了周天子两次。当时的背景是晋国联合齐国、宋国、秦国在城濮之战中战胜了楚国，晋文公因此想成就霸业，但是考虑到自己年老，恐霸业不成，故而想到通过召周天子的方式大合诸侯。正如何休所云：

> 时晋文公年老，恐霸功不成，故上白天子曰"诸侯不可卒致，愿王居践土"，下谓诸侯曰"天子在是，不可不朝"。[2]

可见晋文公虽然有尊戴周天子之意，然而又夹杂着称霸的私心，使用两种说辞，促成了践土、温之会，并率领诸侯朝周天子。《春秋》记录这件事情，需要分别两层意义，首先诸侯朝周天子，是王法之正，需要肯定；其次，"召"是上对下之辞，而晋文公以臣召君，是僭越的行为，需要否定。所以《春秋》首先针对践土之会，书"公朝于王所"，

---

[1]《春秋公羊传注疏》卷一二，第480—484页。
[2]《春秋公羊传注疏》卷一二，第481页。

表示只有鲁君见了周天子。既回避了晋文公召见天子的事实，又表明诸侯朝周天子本身是天经地义之事。同样的，针对再召天子的温之会，《春秋》也书"公朝于王所"。同时，晋文公两次违礼召见周天子，那么第二次的性质就更加严重，需要更深的避讳，所以补充说明周天子是因为狩猎才来到了河阳。既然是这样，依照古礼，天子巡狩，有朝诸侯之礼，所以下面的"公朝于王所"就很自然了。通过这样的修辞，《春秋》理顺了君臣之义，同时又达到了为周天子和晋文公避讳的目的。[1]可见《春秋》大义要在"辞"中探求。

二 辞的重要性：因辞起事

上文论述了"辞"对于"义"的重要性，通过"事"与"辞"的比较，得出其中的"义"。给人的感觉似乎是修辞可以不顾事实，仅仅注重事件背后所蕴含的义理。其实并不是这样的，《春秋》同样重事，如果没有事实作为铺垫的话，修辞背后的义理是很难理解的。而且孔子认为《春秋》是"信史"。

【春秋经】（昭公）十有二年，春，齐高偃帅师纳

---

[1] 司马迁所言的"践土之会实召周天子，而《春秋》讳之曰'天王狩于河阳'"，践土之会是第一次召天子，而"天王狩于河阳"是第二次召天子，司马迁合而言之。

北燕伯于阳。

【公羊传】"伯于阳"者何?公子阳生也。子曰:"我乃知之矣。"在侧者曰:"子苟知之,何以不革?"曰:"如尔所不知何?《春秋》之信史也。其序,则齐桓、晋文;其会,则主会者为之也;其词,则丘有罪焉耳!"[1]

孔子作《春秋》,修辞是相当谨慎的。此条经文"伯于阳",孔子明知是"公子阳生"之讹而不改,理由是如果因为我个人知道当时的史实而改动文字,那么到后来就有可能连自己不知道的地方,也妄改文句。孔子在此处表明《春秋》是信史。既然是信史,那么《春秋》所记录的史实就应该让人知道,但是《春秋》重视对于事件所做的价值判断,故而有时不能直书其事,这个矛盾怎么解决呢?还是通过"辞"来解决。

"辞"从总体上讲,是针对事实做价值判断,具体来讲,针对不同的对象、不同的事情,有比较固定的书法,也就是经学家所言的"常辞""正例"。就上面提到的"践土之会实召周天子,而《春秋》讳之曰'天王狩于河阳'"这个例子来讲。《春秋》经文通过书"公朝于王所"和"天王狩于河阳"来隐讳晋文公两次召见周天子之事。但是隐讳的同时,也给了我们线索,去探求文辞背后的事实,《公羊传》

---

[1]《春秋公羊传注疏》卷二二,第942—944页。

关于《春秋》经文的问答,做的就是这方面的工作。

【春秋经】公朝于王所。
【公羊传】曷为不言公如京师?天子在是也。天子在是,则曷为不言天子在是?不与致天子也。[1]

【春秋经】天王狩于河阳。
【公羊传】狩不书,此何以书?不与再致天子也。[2]

按照《春秋》正常的书法,诸侯朝觐周天子的地点应该是京师,如成公十三年书"三月,公如京师"。此处虽然书"公朝于王所",回避了召天子之事,但是书"于王所"而不是"京师",则表明此时王不在京师,而是在践土,以此给人以线索,探求晋文公致天子之事实,所以"于王所"三字,便是"起事之辞"。同样地,按照《春秋》之常辞,天子正常的巡狩是不书的,此处书"天王狩于河阳",表达的就不是天子巡狩那么简单的事情了,而是让人思考背后的事实。所以"天王狩于河阳"这个修辞本身也是"起事之辞"。

《春秋》之辞,不仅明"义",而且在明"义"的同时,通过"起文"又涉及了"辞"背后的事实,通过"事"与

---

[1]《春秋公羊传注疏》卷一二,第481页。
[2]《春秋公羊传注疏》卷一二,第484页。

"辞"的对比,揭示《春秋》之义。可见"辞"这个概念对于《春秋》来讲是相当重要的,某种意义上说,是连接"事"与"义"的纽带,也是"事"与"义"之载体。故而《礼记·经解》云:"属辞比事,《春秋》教也。"[1]

三 董仲舒论辞

由上文可知,理解《春秋》之用辞,是探求《春秋》大义的关键。董仲舒作为《公羊》先师,精研经传,《春秋繁露》中有很多论述《春秋》之辞的内容。据段熙仲先生的统计,总共有二十二种辞,分别是:一、常辞,二、移其辞,三、况是之辞,四、用辞去著,五、婉辞,六、微辞,七、温辞,八、恶战伐之辞,九、辞与指,十、贵贱,十一、不君之辞,十二、不子之辞,十三、讳大恶之辞,十四、事辞同异,十五、诡辞,十六、慎于辞,十七、无达辞,十八、夺去正辞,十九、诛意不诛辞,二十、君子辞,二十一、内外,二十二、复辞。[2]

段先生归纳的这二十二种辞,有些已经涉及了"辞"

---

[1]《礼记正义》卷五八,上海古籍出版社,2008年,第1903页。
[2] 段熙仲,《春秋公羊学讲疏》,第158—161页。有学者认为董仲舒还有"诬辞"的讲法(见赵雅博,《秦汉思想批判史》,文景书局,2001年,第316页)。我们认为这是对于董仲舒的误解,董子以为"无比而处之,诬辞也","诬辞"针对的是后人对于《春秋》经传的错误解读,并非是圣人作经之法,且《春秋》为拨乱反正之书,没有使用诬辞的道理,故而我们不将"诬辞"纳入董子论辞的范围中。

与"事"、"辞"与"指"的关系[1],然而段先生并未对这些辞作具体的考察,辞与辞之间也没有明晰的区分。[2]本文试着将董仲舒对辞的这些论述进行分类,并从公羊学内部对这些辞进行考察。我们首先将辞分为"常辞"和"变辞"两类,"变辞"中又分"随事而变之辞"和"与情俱之辞"两种。所谓"常辞",就是《春秋》一般的书法,正常的书法。[3]不符合一般书法的都是"变辞",而导致"辞"发生变化的原因主要有两个:一个是所记的事情的性质发生了变化,那么相应的,"辞"要随事而变,以明其义;另一个原因是孔子作《春秋》时,对于特定的对象,融入了自己的情感,那么在记录特定对象的时候,不能用一般的书法,而是应该"辞与情俱"。董仲舒对于"辞"的诸多论述,大体上能按照上述标准进行分类。下面我们来进行具体的分析。

---

[1] 关于辞与指的关系,周桂钿先生的《董学探微》专门有一章"辞指论"来探讨这个问题。然而未遍及段熙仲先生所归纳的这二十二种辞。

[2] 余治平教授认为董仲舒是第一个对于《春秋》之辞有系统论述的学者,而且"离开董子,后人对于《春秋》之辞则几乎不得其门而入"(见《董子春秋义法辞考论》,上海书店出版社,2013年,第292页)。余教授敏锐地指出了董仲舒论"辞"的重要性,并且按照段熙仲先生的统计归纳一一进行阐释,本文则认为对于段先生总结的董子论"辞"的内容还可以进行系统的分类研究,若逐条解释,恐怕会流于琐碎。

[3] 学者对于"常辞"的界定,一般是没有异议的。如钟肇鹏先生认为:"常辞,指一般的书法。"(见《春秋繁露校释》,河北人民出版社,2005年,第76页)周桂钿先生亦认为:"常辞就是经常说法、一般原则。"(见《董学探微》,第256页)

1 常辞

董仲舒认为《春秋》有一般的书法,也就是"常辞"。《春秋繁露》中有三次明确提及"常辞"。

> 《春秋》之常辞也,不予夷狄而予中国为礼,至邲之战,偏然反之,何也?[1]
>
> 《春秋》常辞,夷狄不得与中国为礼。至邲之战,夷狄反道,中国不得与夷狄为礼,避楚庄也。[2]
>
> 《春秋》修本末之义,达变故之应,通生死之志,遂人道之极者也。是故君杀贼讨,则善而书其诛。若莫之讨,则君不书葬,而贼不复见矣。不书葬,以为无臣子也;贼不复见,以其宜灭绝也。今赵盾弑君,四年之后,别牍复见,非《春秋》之常辞也。[3]

以上三则材料可以看出《春秋》的两条常辞,一条是"夷狄不得与中国为礼",另一条是君杀,贼讨则书贼之诛;贼不讨则不书君之葬,且弑君之贼不复见。先看第一条。

《竹林》和《观德》所记录的"夷狄不得与中国为礼"的常辞,都是针对邲之战的。邲之战发生在鲁宣公十二年,

---

[1] 苏舆,《春秋繁露义证》卷二,第46页。
[2] 苏舆,《春秋繁露义证》卷九,第272页。
[3] 苏舆,《春秋繁露义证》卷一,第39页。

第一章 董仲舒《春秋》学的方法论:辞

《春秋》相关的记载是：

> 夏，六月，乙卯，晋荀林父帅师及楚子战于邲，晋师败绩。[1]

然而邲之战的文辞，与《春秋》之常辞相反，是董子所云的"偏然反之"之辞。并不能看出常辞具体的书法。然而《春秋繁露》中有"夷狄不得与中国为礼"的其他例子可供参照。

> 吴鲁同姓也，钟离之会不得序而称君，殊鲁而会之，为其夷狄之行也。鸡父之战，吴不得与中国为礼。至于伯莒、黄池之行，变而反道，乃爵而不殊。[2]

《春秋》认为，诸夏是有礼义的国家，而夷狄是无礼义的。吴与楚都是夷狄，而且力量都很强大，对于中原礼乐文明造成了巨大的威胁。《春秋》面对这种情形，要严夷夏之防，在记载诸夏与夷狄接触的事件时，使用"夷狄不得与中国为礼"之常辞。具体的书法就体现在"钟离之会"和"鸡父之战"上。"钟离之会"发生在鲁成公十五年，《春秋》是这样记载的：

---

[1]《春秋公羊传注疏》卷一六，第661页。
[2] 苏舆，《春秋繁露义证》卷九，第271页。

【春秋经】冬，十有一月，叔孙侨如会晋士燮、齐高无咎、宋华元、卫孙林父、郑公子鳍、邾娄人会吴于钟离。

【公羊传】曷为殊会吴？外吴也。曷为外也？《春秋》内其国而外诸夏，内诸夏而外夷狄。[1]

按照史实，是诸夏各国的大夫与吴国代表在钟离进行了会面，如果直书其事的话，应该书"叔孙侨如会晋士燮、齐高无咎、宋华元、卫孙林父、郑公子鳍、邾娄人、吴（人）于钟离"，而经文的书法好像诸夏各国的大夫先进行了会晤，然后再会吴，这样吴国就被孤立了，也就是《公羊传》所说的"殊会吴""外吴"。吴国是夷狄，如果不孤立吴国，使其直接与诸夏会盟的话，就是赞成"夷狄得与中国为礼"，只有孤立它，才能严夷夏之防。而对于涉及诸夏与夷狄的一般事件，都应该这样书写。"鸡父之战"也是这样的。

【春秋经】（昭公二十三年秋）戊辰，吴败顿、胡、沈、蔡、陈、许之师于鸡父。胡子髡、沈子楹灭，获陈夏啮。

【公羊传】此偏战也，曷为以诈战之辞言之？不与夷狄之主中国也。[2]

---

[1]《春秋公羊传注疏》卷一八，第757—758页。
[2]《春秋公羊传注疏》卷二四，第997页。

《春秋》对于战争有一整套的书法[1]，战争分为偏战和诈战。偏战，就是双方约定好时间、地点，各据一边，排好阵形，堂堂正正的战斗。诈战则是突然袭击，没有规则可言。偏战和诈战的书法也不一样。如果是偏战，则书"某日，某及某战于某地，某师败绩"，而且主导战争的一方被认为是正义的。如果是诈战，则书"某败某师于某地"，因为诈战是突然袭击，故而不书具体的日子。董仲舒认为，虽然"《春秋》无义战"[2]，但是偏战还是相对讲礼义的，能进行偏战，而且起主导作用的一方，自然算是正义的。

　　从史实看来，鸡父之战是偏战，《春秋》书"戊辰"，表明这是堂堂正正的战斗。然而接下来写的是"吴败顿、胡、沈、蔡、陈、许之师于鸡父"，这个明显是诈战之辞。事实上是偏战，而使用诈战之辞，就是因为"不与夷狄之主中国也"。

　　从以上两个例子可以看出，"夷狄不得与中国为礼"是《春秋》一般的书法，一般的原则。整部《春秋》都贯彻了这一原则。[3] 同样的，《玉杯》所云的君杀，贼讨则书贼之诛；贼不讨则不书君之葬，且弑君之贼不复见，也是一个基本的书法，这些书法是《春秋》的基本原则，其根本的立足

---

[1]《春秋》对于战争有详尽的书法，这些书法其实也是《春秋》之常辞，此处主要论述"夷狄不得与中国为礼"，故而不展开。
[2] 董仲舒认为除了复仇之外，其余的战争都是不义的，详见《春秋繁露·竹林》。
[3] 如果没有贯彻这一原则，则别有义理，如郯之战之类。

点是礼义。国君被弑是违反礼义的行为，弑君事件发生之后，臣子一定要为君父讨贼，而弑君之贼也必须受到惩罚。如果臣子讨贼成功，则要大书特书，如果臣子未能讨贼，那么他就不配当臣子，所以通过不书国君的葬礼来谴责臣子之不尽职；同时弑君之贼逍遥法外，并没有得到惩罚，但是《春秋》通过不再出现弑君之贼的名字的方式，从书法上将其诛杀。所以我们认为，凡是符合礼义要求的一般书法，都属于常辞的范畴。[1]

更进一步讲，"常辞"是以礼义作为标准的，但其中的对象是抽象的，以"夷狄不得与中国为礼"为例，其中的"夷狄"与"中国"都是预设的概念，有礼义者为中国，无

---

[1] 例如"恶战伐之辞"也应该是《春秋》之常辞。《春秋繁露·竹林》云："问者曰：其书战伐甚谨。其恶战伐无辞，何也？曰：会同之事，大者主小；战伐之事，后者主先。苟不恶，何为使起之者居下。是其恶战伐之辞已。"（详见苏舆，《春秋繁露义证》卷二，第47—48页）重视民众的生命，此为《春秋》大义，然而战争会夺去人的生命，所以哪怕再小的战争，《春秋》都要谨慎地记录下来，以表示对生命的重视。同时对于发动战争的人，则是表示厌恶。《春秋》对于战争的这种态度，在书法上就形成了"恶战伐之辞"这样一个常例，就是董仲舒所言的"战伐之事，后者主先"。何为"后者主先"？苏舆举了一个例子。庄公二十八年："齐人伐卫，卫人与齐人战，卫人败绩。"这条记载分为两个部分，一为"伐"，一为"战"。"齐人伐卫"，先言"齐"，后言"卫"，表明战争是由齐国挑起的。"卫人与齐人战"，先言"卫"，后言"齐"，表明卫人主导了这场战争。战争是齐国挑起的，但在具体开战的时候，却先言"卫人"，这就是"后者主先"，以此表明卫人为了保卫国家，主动抵抗，正义在卫国，同时也表达了对于战争挑起者齐国的厌恶。董仲舒认为，这就是《春秋》对于战争的一般态度，体现了《春秋》"应然"的价值体系，因而也是《春秋》之常辞。

礼义者为夷狄。而现实中的夷狄是可以进于中国的，当夷狄有礼义之行的时候，那么就不能用常辞来表述，而需要变化修辞以适应事实。而《春秋》中的文辞，往往变辞居多。虽然如此，"变辞"的根据还是在"常辞"，因为"常辞"体现的是"应然"之价值体系，是"人心之正"[1]。董仲舒云：

> 《春秋》之法，未逾年之君称子，盖人心之正也。（《精华》）[2]

按照《春秋》之常辞，旧君去世到新君即位期间，新君的称号是有变化的。《公羊传》庄公三十二年云：

> 君存称世子，君薨称子某，既葬称子，逾年称公。[3]

又文公九年云：

> 以诸侯之逾年即位，亦知天子之逾年即位也。以天子三年然后称王，亦知诸侯于其封内三年称子也。

---

[1]《春秋》之常辞，也就是常例。有学者从"礼"的角度论述《春秋》之例，如阮芝生先生认为："礼有经礼、变礼，故《春秋》有常例、变例。"（见阮芝生，《从公羊学论春秋的性质》，第161页）我们认为常辞、常例对应的是"经礼"，而"经礼"反映的是应然的价值体系，而变辞、变例对应的是"变礼"，因"变"而求义。
[2] 苏舆，《春秋繁露义证》卷三，第94页。
[3]《春秋公羊传注疏》卷九，第343—344页。

> 逾年称公矣，则曷为于其封内三年称子？缘民臣之心，不可一日无君；缘终始之义，一年不二君，不可旷年无君；缘孝子之心，则三年不忍当也。[1]

由此可见，新君在先君刚死的时候称"子某"；先君下葬之后称"子"；到了先君去世的第二年，则臣子称新君为"公"，而新君自称仍为"子"；等到新君服完三年丧之后，方称本爵。[2]这个是《春秋》之常辞。董仲舒认为这个常辞所体现的是孝子对于先君的思慕之情，不忍心在先君去世之后就马上"当父之位"，而是要等到父丧结束之后，才能成为真正的国君。而且这种思慕之情是人心之正，是礼义内在的要求，属"应然"的价值体系。

然而历史事件往往不尽符合这个"应然"的价值体系，所以"常辞"不能涵盖《春秋》所有的意义。董仲舒言"《春秋》无通辞"[3]也就是这个意思。那么"变辞"怎样体现背后的大义呢？"变辞"通过与"常辞"相比较，才能体现其意义。这里"常辞"起了发问的作用。以"不子之辞"为例，《春秋繁露·竹林》云：

> 问者曰：是君死，其子未逾年，有称伯不子法

---

[1]《春秋公羊传注疏》卷一三，第544页。
[2] 董仲舒对于新君不同时期的称谓亦有论述，基本和《公羊传》相同，这里就省略了。
[3] 苏舆，《春秋繁露义证》卷二，第46页。

辞，其罪何？曰：先王之制，有大丧者，三年不呼其门，顺其志之不在事也。《书》云："高宗谅暗，三年不言。"居丧之义也。今纵不能如是，奈何其父卒未逾年即以丧举兵也。《春秋》以薄恩，且施失其子心，故不复得称子，谓之郑伯，以辱之也。[1]

此处所谓的"称伯不子"，指的是《春秋》成公四年，"冬，郑伯伐许"这条记载。这里的郑伯，指的是郑悼公。郑悼公之父郑襄公卒于成公四年三月，同年冬天，郑悼公便出兵伐许。按照《春秋》之常辞，郑悼公在当时应该称"郑子"以体现孝子对于先君本应该具有的思慕之情。但是《春秋》却书其本爵，称"郑伯"，把郑悼公完全当作正式的国君，显示他没有一点孝子之心。就书法上来讲，《春秋》仅仅书"郑伯伐许"四个字，要理解这个变辞背后的意思，需要有常辞作为比较的对象，"问者曰：是君死，其子未逾年，有称伯不子法辞"即是通过与常辞的比较来发问的。

综上，常辞的意义有两个，一是体现《春秋》"应然"的价值体系，另一个则是作为变辞发问的根据，是变辞的基础。

2 辞随事变

由上文的论述可知，《春秋》之常辞表达的是"应然"的价值体系，所针对的对象也是抽象的，比如"中国"和

---

[1] 苏舆，《春秋繁露义证》卷二，第64—65页。

"夷狄"这两个概念，就是按照与周天子的血缘及亲疏关系分的，并且当然地认为，中国是有礼义的，而夷狄是无礼义的。但是当时的世道已乱，出现了诸多违反这套"应然"价值体系的行为，甚至出现了"中国亦新夷狄也"[1]的状况。同时，那些被认为是夷狄的国家，却有卓然君子之行。在这种情况下，"夷狄不得与中国为礼"这一"常辞"就不能完全适用了，董仲舒认为，此时需要"移其辞以从其事"。

> 《春秋》之常辞也，不予夷狄而予中国为礼，至邲之战，偏然反之，何也？曰：《春秋》无通辞，从变而移。今晋变而为夷狄，楚变而为君子，故移其辞以从其事。夫庄王之舍郑，有可贵之美，晋人不知其善，而欲击之。所救已解，如挑与之战，此无善善之心，而轻救民之意也，是以贱之，而不使得与贤者为礼。[2]

邲之战发生在鲁宣公十二年。《春秋》与《公羊传》的记载如下：

> 【春秋经】楚子围郑。夏，六月，乙卯，晋荀林父帅师及楚子战于邲，晋师败绩。
> 【公羊传】大夫不敌君，此其称名氏以敌楚子何？

---

[1]《春秋公羊传注疏》卷二四，第998页。
[2] 苏舆，《春秋繁露义证》卷二，第46—47页。

不与晋而与楚子为礼也。曷为不与晋而与楚子为礼也？庄王伐郑，胜乎皇门，放乎路衢。郑伯肉袒，左执茅旌，右执鸾刀，以逆庄王，曰："寡人无良边垂之臣，以干天祸，是以使君王沛焉，辱到敝邑。君如矜此丧人，锡之不毛之地，使帅一二耋老而绥焉。请唯君王之命。"庄王曰："君之不令臣交易为言，是以使寡人得见君之玉面，而微至乎此！"庄王亲自手旌，左右㧑军，退舍七里。将军子重谏曰："南郢之与郑，相去数千里，诸大夫死者数人，厮役扈养死者数百人，今君胜郑而不有，无乃失民臣之力乎？"庄王曰："古者杆不穿、皮不蠹，则不出于四方。是以君子笃于礼而薄于利，要其人而不要其土。告从不赦，不详。吾以不详道民，灾及吾身，何日之有？"既则晋师之救郑者至，曰："请战。"庄王许诺。将军子重谏曰："晋，大国也。王师淹病矣，君请勿许也。"庄王曰："弱者吾威之，强者吾辟之，是以使寡人无以立乎天下！"令之还师而逆晋寇。庄王鼓之，晋师大败。晋众之走者，舟中之指可掬矣。庄王曰："嘻！吾两君不相好，百姓何罪？"令之还师而佚晋寇。[1]

邲之战的起因是楚庄王攻打郑国，而晋国派大夫荀林父去救援，然而救兵未到，郑国已经降服，于是荀林父又主

---

[1]《春秋公羊传注疏》卷一六，第661—667页。

动挑起了战争,与楚庄王战于邲,晋军大败。董仲舒认为,楚庄王在这场战争中有君子之行。具体表现在守礼义,在占据绝对优势的情况下,不占有郑国的土地,接受郑伯投降时,言语也十分谦卑,无傲慢之气。当晋军来挑战的时候,也不因敌人的强大而避战,与敌人堂堂正正地进行偏战,大败晋军后,又怜悯晋军兵将,放他们离去。楚庄王可谓是"君子笃于礼而薄于利"。而荀林父在郑围已解的情况下,还坚持要开战,则是无视楚庄王的义举以及双方将士的生命,所谓"无善善之心,而轻救民之意"。这个时候,依照礼义的标准,楚庄王是君子,而荀林父是夷狄,那么《春秋》"不予夷狄而予中国为礼"的常辞就与事实以及事实背后的价值矛盾了。所以这时候《春秋》的修辞需要改变,通过书"乙卯,晋荀林父帅师及楚子战于邲,晋师败绩"来体现事实和价值。

在"常辞"一节我们已经通过"鸡父之战"[1]论述了"不予夷狄而予中国为礼"的具体书法,其要点有两处:一为诸夏的国君称爵位,如晋侯、郑伯等;而夷狄则但称国号,不称爵位,如吴、楚等。一为"不与夷狄主中国",不使夷狄主导战争,即使是偏战,也用诈战之辞言之。

而邲之战的书法,首先称楚庄王为"楚子",称其爵位,将其等同于诸夏之君。同时,其战争的书法,记录了具体的日期"乙卯",又以"及"字连接战斗的双方,属于

---

[1] 鸡父之战的书法是"戊辰,吴败顿、胡、沈、蔡、陈、许之师于鸡父"。

偏战之辞。偏战是堂堂正正的战斗，在战争中是有礼义的行为，将偏战之辞用在楚庄王身上，也把他等同于诸夏之国君。《春秋》通过这两方面的变动，认可楚庄王有君子之行，从而达到"移其辞以从其事"的效果。另一方面，荀林父之恶也要通过"移其辞"体现出来。具体的方式是通过"及"字，将"荀林父"与"楚子"并列，以见荀林父的非礼。因为荀林父是晋国的大夫，是人臣，而楚子则是楚国的国君，按照《春秋》之义，"大夫不敌君"，国君和大夫是不能并列的。在古人看来，君臣之分是最基本的伦常，如果泯灭君臣之分的话，是极度无礼义的表现。而《春秋》书荀林父"及"楚子，就显示了荀林父的无礼义，以此来"恶晋"。

"移其辞以从其事"所要突出的，是事件背后反映的大义，邲之战反映的大义就是，区分中国与夷狄的标准是礼义，并不是地域和血缘。能用中国之法则中国之，不用中国之法则夷狄之。苏舆云：

> 进夷狄而为君子，以其合于礼义耳……以此见中国夷狄之判，圣人以其行，不限以地明矣。[1]

然而关于诸夏与夷狄，虽然根本上是以礼义来分判，但是在名号上还是有所差别，苏舆又云：

---

[1] 苏舆，《春秋繁露义证》卷二，第46—47页。

> 然《春秋》于中国、大夷、小夷，各有名伦，不相假借，抑又谨于华夷之防。董子两明其义。[1]

可见董仲舒对于夷夏问题有两种不同的看法，一是以礼义区分夷夏，另一个是严夷夏之防。严夷夏之防是《春秋》之常辞，而以礼义区分夷夏则是"移其辞以从其事"。但是这里出现了一个问题，为什么《春秋》在邲之战的书法上，要通过称"楚子"以及"大夫敌君"的方式来体现夷夏关系的倒转？因为还有更简便的方式，即让楚子主导战争。在偏战的书法中，主导战争的一方就是正义的代表，如果书"乙卯，楚子及晋荀林父战于邲"，更加能体现夷夏关系的倒转。为什么《春秋》要用如此曲折的方式来表达？这就使我们有必要重新审视"移其辞以从其事"与"常辞"的关系。

如果书"乙卯，楚子及晋荀林父战于邲"，使楚子主导战争，就有"夷狄得以主中国"的嫌疑，与常辞"不与夷狄主中国"有明显的矛盾。所以为了"决嫌疑"，故而不能使楚子主导战争。有的公羊学者甚至认为，晋荀林父虽然是晋国的臣子，但还是把他放在楚子之前，使其主导战争，为的就是坚守"不予夷狄而予中国为礼"的常辞。徐彦《公羊疏》云：

> 内诸夏以外夷狄，《春秋》之常。今叙晋于楚子之上，正是其例。[2]

---

[1] 苏舆，《春秋繁露义证》卷二，第47页。
[2] 《春秋公羊传注疏》卷一六，第662页。

刘逢禄《穀梁申废疾》亦云：

> 邲之战，晋、楚皆客也，即楚独为客，亦不当以楚及晋，内外之辨也，故变例以大夫敌君起之。[1]

徐彦和刘逢禄都认为，即使是楚子有礼义，而荀林父无礼义，还是应该将晋序于楚之上，以体现"《春秋》之常"。刘逢禄说得更坚决，认为即使条件改变[2]，本应当使楚子为主的，也不能将楚序于晋之上。可见邲之战的书法，其主旨是为了体现礼义是判分夷夏的标准，故而"移其辞以从其事"，但是也不能完全与"常辞"相反，不能对于理解"常辞"造成嫌疑。[3]

综上所述，董仲舒认为《春秋》无通辞，应该随着

---

[1] 刘逢禄，《春秋公羊经何氏释例 春秋公羊释例后录》卷五，上海古籍出版社，2013年，第436页。
[2] 案刘逢禄"即楚独为客，亦不当以楚及晋"一语大体的意思是，即使按照正常的书法应该"以楚及晋"，但也不能这么书写，还得"以晋及楚"。然而按照文例，原文当作"即楚独为主"，才符合《春秋》"后者主先"的"恶战伐之辞"。此处文字恐有讹误。
[3] 根据注疏的解释，董仲舒的"移其辞以从其事"虽然体现了《春秋》"无达辞"的精神，但是一定不能对"常辞"造成嫌疑。然而研究者大多忽视了这一点，例如余治平教授在解释邲之战的文辞时，认为："夷夏之间虽然有辨，但亦有变。礼乐之荡然无存，诸夏也会沦为新夷狄。这便足以颠覆《春秋》一书'不予夷狄、而予中国为礼'之常辞书法。"（见《董子春秋义法辞考论》，第294页）余氏之论恐不确，至少不合注疏的说法，《春秋》"变辞"的前提是有"常辞"，如果"变辞足以颠覆常辞"的话，"常辞"之"常"就不明显了。我们还是认同传统注疏的观点。

事件性质的改变而"移其辞以从其事"。通过"变辞"与"常辞"的比较,从中得出背后的义理。"辞随事变"的基础是"常辞",而且具体的文辞之变不能对于"常辞"造成嫌疑。

3　辞以决嫌疑

由上文可知,在调和辞与事的关系时,要充分考虑到"变辞"对于"常辞"所造成的嫌疑。董仲舒关于辞与"嫌疑"的关系也有很多论述,主要有两个方面,一是辨别善行与王法之间的嫌疑;另一方面,则是不同的人使用相同的文辞,却没有嫌疑。简单来说,就是"嫌"与"不嫌"的问题。

在论述辞与"嫌疑"之前,我们先要简单讲一下借事明义的问题。所谓借事明义,就是《春秋》记录一件事情,目的是使人通过事情明白背后的大义,重要的是大义,而不是事情本身。对此,阮芝生先生有精到的论述。

> 借事明义者,即事以言理也,理与事本不可分,但既即事以言理则是以言理为主,其事不过是假借来说此理而已,故其事之合与不合、备与不备,本所不计。学者欲求作者之意,贵在能得其义,既得其义,则其事可遗,所谓得意忘言、得鱼忘筌、得兔忘蹄、得月忘指是也。若但考其事而不求其义,则是泥著于

文字,神汩糟粕,形滞筌蹄矣。[1]

《春秋》是拨乱反正之书,借事情以表彰善行,贬斥恶行,所重的是义。那么同一件事情中,可能从一个方面看来是善行,那么《春秋》就要表彰;但是可能从另外一个意义上看来,又有做得不对的地方,《春秋》也要做出相应的批评,否则就会有"嫌疑"。《春秋繁露》开篇论述的,就是这样的"嫌疑"。

> 楚庄王杀陈夏徵舒,《春秋》贬其文,不予专讨也。灵王杀齐庆封,而直称楚子,何也?曰:庄王之行贤,而徵舒之罪重。以贤君讨重罪,其于人心善。若不贬,孰知其非正经。《春秋》常于其嫌得者,见其不得也。是故齐桓不予专地而封,晋文不予致王而朝,楚庄弗予专杀而讨。[2]

董仲舒在这里举了三个有嫌疑的例子,分别是楚庄王之"专讨"、齐桓公之"专封"、晋文公之"致王而朝"。楚庄王之"专讨"指的是杀陈夏徵舒之事,见于鲁宣公十一年。

【春秋经】冬,十月,楚人杀陈夏徵舒。

---

[1] 阮芝生,《从公羊论春秋的性质》,第119页。案阮先生亦本皮锡瑞之说。
[2] 苏舆,《春秋繁露义证》卷一,第2—3页。

【公羊传】此楚子也,其称人何?贬。曷为贬?不与外讨也。不与外讨者,因其讨乎外而不与也。虽内讨亦不与也。曷为不与?实与而文不与。文曷为不与?诸侯之义,不得专讨也。诸侯之义不得专讨,则其曰实与之何?上无天子,下无方伯,天下诸侯有为无道者,臣弑君,子弑父,力能讨之,则讨之可也。[1]

夏徵舒是陈国的大夫,在鲁宣公十年,将国君陈灵公杀害,《春秋》书"陈夏徵舒弑其君平国"。按照《左传》的记载,陈灵公荒淫无道,伙同大夫孔宁、仪行父与夏徵舒的母亲夏姬淫乱,夏徵舒怒而弑君。孔宁、仪行父出奔楚国,于是就有了宣公十二年楚庄王杀陈夏徵舒之事。虽然陈灵公无道,但是作为臣子的夏徵舒杀害国君,更是罪大恶极,所以夏徵舒是弑君之贼无疑。董仲舒亦云:"徵舒之罪重。"《春秋》之常辞,弑君之贼,国中人人得而诛之。如鲁隐公四年,《春秋》书"九月,卫人杀州吁于濮",《公羊传》云:"其称人何?讨贼之辞也。"[2] 州吁是弑君之贼,杀州吁时称"卫人",则表明国中人人得而诛之。这是人情之常。如果本国之人无法讨贼,天子也会对弑君者施加惩罚,具体的做法是让方伯奉天子之命讨贼。而其他国家,如果没有天子之命,是不能擅自诛讨他国之贼的,否则就是对于周天子

---

[1]《春秋公羊传注疏》卷一六,第657—658页。
[2]《春秋公羊传注疏》卷二,第72页。

的僭越，这就是董仲舒所云的"不予专讨"。但是当时的实际情况是，周天子已经失去了权威，不可能去讨贼，那么弑君贼就会逍遥法外，这对于伦常是极大的损害。陈国民众也急切希望弑君贼得到应有的惩罚。何况讨贼之人楚庄王是位贤君[1]，那么对于人心来讲，就更容易认同"贤君讨重罪"的行为。所以《春秋》对讨贼行为本身还是肯定的[2]，也就是《公羊传》所说的"实与"。[3]但是从王法上讲，楚庄王本身并没有讨贼的权力，孔广森云：

> 徵舒之罪，无与于楚，楚非天子之命、方伯之位，义不得讨也。[4]

如果仅仅赞同楚庄王的讨贼行为，很容易让人忽视了他的僭越，而《春秋》是明义之书，对于一个行为所反映的善与恶，都必须做出明确的价值判断，而且越是有嫌疑的地方，越是要辨明，否则造成的危害是巨大的。所以董仲舒认为，《春秋》把"楚子"贬称"楚人"，就是为了明"诸侯不得专讨"之义，《公羊传》的"文不与"也是这个意思。而

---

[1] 楚庄王的贤德，在之后的邲之战中有充分的体现。
[2] 《春秋》对于楚庄王讨贼的赞许，也是借事明义。按照史实，楚庄王想要借机吞并陈国，不过后来悔悟。但是就讨贼之事本身来说，是值得肯定的。
[3] 按照何休的说法，《春秋》书"楚人杀陈夏徵舒"其形式结构类似于讨贼之辞（即"陈人杀夏徵舒"），就是"实与"楚庄王。
[4] 孔广森，《春秋公羊经传通义》卷六，上海古籍出版社，2014年，第536页。

且董仲舒认为，《春秋》必须贬抑楚庄王，决嫌疑的事情必须做，所谓"若不贬，孰知其非正经。《春秋》常于其嫌得者，见其不得也"。在董仲舒看来，辞以明义，义须全明，甚至格外重视不易明之大义。所以虽然《公羊传》对于楚庄王的评价是"实与而文不与"，从不同的价值层次，既肯定又否定了楚庄王，但董仲舒则更加侧重"不与"的部分，就是要决嫌疑，对贤者要求全责备，以明王法。同样地，齐桓公的"专封"，晋文公的"致天子而朝"，董仲舒也侧重"不与"的部分，这是董仲舒论嫌疑的第一个层面的内容。

另一方面，董仲舒又认为《春秋》之辞也有不嫌的情况。

> 楚庄王杀陈夏徵舒，《春秋》贬其文，不予专讨也。灵王杀齐庆封，而直称楚子，何也？曰：庄王之行贤，而徵舒之罪重。以贤君讨重罪，其于人心善。若不贬，孰知其非正经。《春秋》常于其嫌得者，见其不得也。是故齐桓不予专地而封，晋文不予致王而朝，楚庄弗予专杀而讨。三者不得，则诸侯之得，殆此矣。此楚灵之所以称子而讨也。《春秋》之辞，多所况是，文约而法明也。[1]问者曰：不予诸侯之专封，复见于陈蔡之灭。不予诸侯之专讨，独不复见于庆封之杀，何

---

[1] "多所况是，文约而法明"，苏舆《春秋繁露义证》作"多所况，是文约而法明"，段熙仲先生认为当从凌曙《春秋繁露注》之句读，作"多所况是"，我们采用段熙仲先生的说法。详见段熙仲，《春秋公羊学讲疏》，第158页。

也?曰:《春秋》之用辞,已明者去之,未明者著之。今诸侯之不得专讨,固已明矣。而庆封之罪未有所见也,故称楚子以伯讨之,著其罪之宜死,以为天下大禁。曰:人臣之行,贬主之位,乱国之臣,虽不篡杀,其罪皆宜死,比于此其云尔也。[1]

由上文可知,董仲舒认为,楚庄王专讨陈夏徵舒,是贤君讨重罪,必须贬抑楚庄王,否则就有"诸侯得专讨"的嫌疑。同时董仲舒又敏锐地看到,楚灵王杀齐庆封,却称为"楚子"。就行为而言,两者都是专讨,楚庄王有嫌疑,楚灵王则不嫌,两者看上去是矛盾的。为了解决"不嫌"的问题,董仲舒提出《春秋》有"用辞去著"以及"况是之辞"。

董仲舒认为,按照一般的书法,"《春秋》事同者辞同"[2]。然而相似的事情,如果是不同的人所为,则在文辞上也会有差异。要准确把握楚灵王专讨这一条的含义,需要用"况"的方法。所谓的"况",苏舆云:"词多以况譬而见,所谓比例。"[3]可见"况"就是比例,而"况是之辞"就是通过比例,来看具体的文辞。董仲舒认为,齐桓公、晋文公、楚庄王都是贤君,在褒奖他们的善行的同时,也对他们求全责备,以彰王法。这样做的目的是树立王道的标杆,并以此裁定其他诸侯的行为,即以"三者之不得",裁定诸侯之

---

[1] 苏舆,《春秋繁露义证》卷一,第2—5页。
[2] 苏舆,《春秋繁露义证》卷三,第75页。
[3] 苏舆,《春秋繁露义证》卷一,第3页。

"得"。楚灵王杀齐庆封,《春秋》并没有贬楚灵之专讨,而是用了伯讨之辞,即书"楚子"执齐庆封杀之。表面上是充分肯定了楚灵王,但是楚灵王本身是通过篡弑上台的,且多无道之行[1],和庆封是同类之人。董仲舒通过和楚庄王之事相况,认为贤君讨重罪尚且"不得",那么昏君讨重罪自然也是"不得"了,所以《春秋》书"楚子"而不书"楚人"的目的,绝对不是肯定楚灵王,而是加罪于庆封,认为庆封"胁齐君而乱齐国"[2],罪孽深重,即使是像楚灵王这样的无道之君,也能讨之,所以《春秋》的重点不在"责专讨",而在"讨恶贼"。由此,董仲舒通过辞与辞的"相况",得出了楚灵王不嫌"得专讨"的结论,并认为对于《春秋》中貌似有嫌疑的用辞,都可以通过"相况"以见其"不嫌"。所以"况是之辞"是理解《春秋》的重要方法论,故董氏云:

> 是故论《春秋》者,合而通之,缘而求之,五其比,偶其类,览其绪,屠其赘,是以人道浃而王法立。[3]

上文所言的"五其比,偶其类",就是"相况"的意

---

[1]《春秋繁露·五行相胜》云:"大为宫室,多为台榭,雕文刻镂,五色成光。赋敛无度,以夺民财;多发徭役,以夺民时,作事无极,以夺民力。百姓愁苦,叛去其国,楚灵王是也。作乾溪之台,三年不成,百姓罢弊而叛,及其身弑。"(详见苏舆,《春秋繁露义证》卷一三,第369页)可见楚灵王之无道。
[2] 见《春秋公羊传注疏》卷二二,第919页。
[3] 苏舆,《春秋繁露义证》卷一,第33页。

思。同时苏舆认为，董仲舒以"相况"之法解释楚灵王"称子而讨"，是发《公羊传》文之未发。[1]我们进一步认为，《传》文未发，方有"相况"的必要。从某种程度上说，《春秋》之"不书"是"相况"的基础；反过来讲，大义必须相况而明。

《春秋》是借事明义之书，"其辞体天之微，故难知也"[2]，难知的重要原因在于辞有"嫌疑"与"不嫌"，故而庄存与云：

> 《春秋》之辞，文有不再袭，事有不再见，明之至也。事若可类，以类索其别；文若可贯，以贯异其条。圣法已毕，则人事虽博，所不存也。[3]

又苏舆云：

> 《春秋》用辞，有简有复。大美大恶之所昭，愚夫妇之所与知者，则一明而不赘，所谓一讥而已者也。嫌于善而事或邻于枉，嫌于恶而心不诡于良，则必推其隐曲，

---

[1] 苏舆云："直称楚子，《传》无文。本书（《春秋繁露》）之于《传》，阐发为多。"（见《春秋繁露义证》卷一，第2页。）
[2] 苏舆，《春秋繁露义证》卷三，第96页。《春秋》之辞难知的原因，并非仅仅因为有嫌疑，比如周桂钿先生认为"诡辞"也使《春秋》之辞难知（详见《董学探微》，第256页）。此处仅仅就"嫌疑"问题，谈《春秋》之辞的难知。
[3] 庄村与，《春秋要指》，载《思想史的元问题》，第219页。

往复联贯。或变文以起其别义,或同辞以致其湛思。[1]

嫌与不嫌,事关义理之异,差之毫厘,谬以千里。董仲舒提出的"况是之辞"和"用辞去著"方法,可以解决嫌与不嫌的问题。

4 辞与情俱

董仲舒认为,《春秋》有"常辞"而"无达辞"[2]、"无通辞"[3]。周桂钿先生认为,"无达辞"和"无通辞"所表达的意义是相同的,都是指没有"放之四海而皆通的说法",没有"到处都可以套用的说法"。[4]之所以《春秋》无达辞,因为《春秋》之常辞代表的是"应然"的价值体系,而这一价值体系显然不能完全适用于春秋二百多年动乱的史实。上文讨论的"移其辞""决嫌疑"都是辞随事变。除此之外,董仲舒认为,《春秋》还有"婉辞""微辞""温辞""诡辞""君子辞""内外之辞"等,这些辞的特点,则是与《春秋》的作者即孔子本人的感情相关,因为孔子对于某些书写对象有特殊的感情,故而文辞因感情而改变。[5]我们称这

---

[1] 苏舆,《春秋繁露义证》卷一,第4页。
[2] 苏舆,《春秋繁露义证》卷三,第95页。
[3] 苏舆,《春秋繁露义证》卷二,第46页。
[4] 周桂钿,《董学探微》,第256页。
[5] 余治平教授亦以为:"孔子在撰作《春秋》的时候,虽以义为例,以义为从,但也糅合进了个人的主观情感。"见《董子春秋义法辞考论》,第285页。

一类辞为"与情俱之辞"。对于这些"与情俱之辞",学者已有研究,一般是将其与"常辞""正辞"相较,并认为这些辞之间并无很大的差别。[1] 这个大的区分无疑是正确的,但是董仲舒言《春秋》慎辞[2],那么这些辞之间应该有不同的地方,本文将通过上下文的分析,对于这几种"与情俱之辞"做出具体的分析。

(1)"辞与情俱"亦是《春秋》之义

对于公羊家来说,他们都认同《春秋》是孔子所作[3],并认为孔子通过《春秋》为万世立法。既然要为万世立法,则难免要"贬天子,退诸侯,讨大夫"[4],而孔子曾经在鲁国出仕,鲁国是孔子的父母之邦,而且《春秋》又有"王鲁"[5]的讲法,假借鲁国国君为受命之王,以明万世之法。所以孔子本人在论及鲁国之事的时候,就难免会夹杂着自己的感情,想要为自己的国君避讳恶行。这是人之常情,在《论语》中也有反映。

---

[1] 如周桂钿先生认为:"董仲舒讲《春秋》用辞方面,除了以上所谓'正辞''诡辞''微辞'之外,还讲到'婉辞'和'温辞'。除'正辞'之外,其他都与'诡辞'大致同义。"详见《董学探微》,第260页。
[2] 苏舆,《春秋繁露义证》卷三,第85页。
[3] 当然从文献学的角度来讲,《春秋》是否是孔子所作还存在争议,但是就公羊学内部来讲,都认同孔子作《春秋》,而且这个还是公羊家立论的基础。
[4] 《史记》卷一三〇,第3297页。
[5] 董仲舒关于"王鲁"的论述,此处不展开,详见第四章。

陈司败问昭公知礼乎？孔子曰："知礼。"孔子退，揖巫马期而进之，曰："吾闻君子不党，君子亦党乎？君取于吴为同姓，谓之吴孟子。君而知礼，孰不知礼？"巫马期以告。子曰："丘也幸，苟有过，人必知之。"[1]

按照周代的礼制，同姓不婚。吴、鲁皆为姬姓，鲁昭公娶于吴，则是大恶，所以陈司败有"君而知礼，孰不知礼"之言。孔子深谙周礼，不可能不知道鲁昭公之非礼，然而出于为本国之君避讳的考虑，说昭公"知礼"；同时将歪曲事实的罪责揽到自己身上，以此表示昭公事实上是不知礼的。孔子的"讳君受过"不仅是感情上的考虑，也是臣子对待国君应有的礼义。何晏《论语集解》引孔安国云："讳国恶，礼也。"[2]刘逢禄甚至以此推定孔子的行为，《论语述何》云：

夫子以知礼之对为过，则昭公之失礼见矣。若陈司败问昭公取同姓可为知礼乎，则夫子必不答也。[3]

由此可见，为国君讳恶，也是王法之义。董仲舒也认同这一点，《春秋繁露·尧舜不擅移、汤武不专杀》云：

---

[1]《论语·述而》。
[2]《论语注疏》卷七，北京大学出版社，1999年，第96页。
[3] 刘逢禄，《论语述何》，载《思想史的元问题》，第233页。

> 夫非汤、武之伐桀、纣者,亦将非秦之伐周,汉之伐秦,非徒不知天理,又不明人礼。礼,子为父隐恶。今使伐人者而信不义,当为国讳之,岂宜如诽谤者,此所谓一言而再过者也。[1]

此段虽言汤、武革命顺天应人,不为篡弑,但也讲到了臣子应该讳君之恶的问题。董仲舒认为,按礼,子应该为父隐恶,国君侵略他国为不义,臣子也应该以此为"国讳",倘若暴扬君父之恶,则是"不明人礼"。所以为君亲讳恶,是臣子应尽之义。

又《春秋繁露·玉杯》云:

> 是故虽有至贤,能为君亲舍容其恶,不能为君亲令无恶……事亲亦然,皆忠孝之极也。非至贤安能如是?父不父则子不子,君不君则臣不臣耳。[2]

从《春秋》学的角度来看,这一条实际上讨论的是臣子为君父讳恶的问题。[3]董仲舒认为至贤之人应该"为君亲

---

[1] 苏舆,《春秋繁露义证》卷七,第220—221页。
[2] 苏舆,《春秋繁露义证》卷一,第34页。
[3] 这段文字是否是董仲舒的原文,注释家有争论,苏舆甚至提出了六点质疑,以证明此节非董子原文。其中最有力的质疑,便是对于"不能为君亲令无恶"的解释上,苏舆认为:"将顺匡救,臣子之职,而云不能为君亲令无恶。可疑三也。"的确,匡正君王之失是臣子应尽的责任,但是在君王的大恶已经成为既定事实之后,那么臣子对此应该抱(转下页)

含容其恶"，这既符合臣子之情，也是臣子之义。苏舆亦引《公羊传》隐公十年何注云："臣子之义，当先为君父讳大恶也。"[1]而且董仲舒认为，君父有恶，在某种程度上说就是"君不君""父不父"，如果臣子在对待君父所做的大恶时，不为之避讳，就是"臣不臣""子不子"。不是至贤之人，在"君不君"的时候就"臣不臣"，在"父不父"的时候就"子不子"。言下之意，至贤之人不应该这样，应该为君父讳大恶。况且臣子为君父讳大恶，并不是完全消除君父为恶的事实，比如孔子在回答鲁昭公"知礼"之后，还通过自己"受过"，表明鲁昭公确有失礼之事，这就是董仲舒所言的"不能为君亲令无恶"，也是《楚庄王》篇所云的"讳而不隐"[2]，何休所说的"讳而不盈"[3]。但是不管怎么样，为君父讳恶，是臣子之常情，也是臣子之义，是毋庸置疑的。这也正好证明，与情俱之辞本身就符合《春秋》之义。

而且董仲舒认为，与情俱之辞不仅适用于鲁国，也适用于鲁国之外的尊者和贤者，《楚庄王》篇云：

（接上页）有什么样的态度，这是两个问题。比如《论语》中孔子答鲁昭公"知礼"之事，鲁昭公失礼已经是既成事实了，那么在外交场合，臣子应该为君父讳大恶，只不过是在"讳"的时候，不彻底消解君父失礼之事实而已。而且按照《春秋》之义，讳之深也意味着责之切，为君父讳恶与匡正其失是不矛盾的。这样理解的话，这一节的意思，包括之后的"父不父则子不子，君不君则臣不臣"也能得到很好的解释。

[1] 苏舆，《春秋繁露义证》卷一，第34页。
[2] 苏舆，《春秋繁露义证》卷一，第12页。
[3] 《春秋公羊传注疏》卷四，第117页。

> 《春秋》,义之大者也。得一端而博达之,观其是非,可以得其正法。视其温辞,可以知其塞怨。是故于外,道而不显,于内,讳而不隐。于尊亦然,于贤亦然。此其别内外、差贤不肖而等尊卑也。[1]

可见孔子作《春秋》针对不同的对象,所体现的情感是不一样的,最重要的是有内外之分,对内"讳而不隐",对外"道而不显"。对于尊者、贤者,也因为特殊的感情而为他们避讳,对他们所持的态度与对鲁国国君是一致的,讳之深也是责之切。这些都是"辞与情俱"。

(2)"与情俱之辞"的分类

董仲舒认为,《春秋》"王鲁",故而在文辞上本来就有内外之别,《春秋繁露·王道》篇云:

> 内出言如,诸侯来曰朝,大夫来曰聘。[2]

"诸侯来曰朝,大夫来曰聘"是《公羊传》隐公十一年的传文,何休云:"《春秋》王鲁,王者无朝诸侯之义,故内适外言'如',外适内言'朝聘',所以别外尊内也。"[3]实际上鲁国与其他国家进行的外交活动,也是朝聘,但是

---

[1] 苏舆,《春秋繁露义证》卷一,第12—13页。
[2] 苏舆,《春秋繁露义证》卷六,第116页。
[3] 《春秋公羊传注疏》卷三,第108页。

鲁国与他国的用辞不同。鲁至他国不言朝聘而言"如",好像仅仅是"到了"某个国家去,而没有朝聘的意思;而他国至鲁则言朝聘,以此见内外之别,这是一般的书法。同时董仲舒认为,也有内事而用外事的书法,《春秋繁露·深察名号》云:

> 《春秋》之辞,内事之待外者,从外言之。[1]

段熙仲先生认为,董仲舒所言的"待外",指的是《公羊传》桓公十三年的"恃外"之文。[2]

【春秋经】十有三年,春,二月,公会纪侯、郑伯。己巳,及齐侯、宋公、卫侯、燕人战。齐师、宋

---

[1] 苏舆,《春秋繁露义证》卷十,第303页。
[2] 段熙仲,《春秋公羊学讲疏》,第160—161页。苏舆解释"待外"云:"如夷伯之庙,内事也,待雷而后震,则先书震以起外词。宋之有蜼,内事也,待雨而后坠,则先书雨以起外词。皆其例也。"(《春秋繁露义证》卷一〇,第303页)案苏注有误,"内"字所指的应该是鲁国,而"外"则是鲁国以外,而宋国属于"外",并非是"内",所以不能引以为例。盖苏注理解之"外"为自然的外部环境,如"雷震""雨蜼"之类,并非以鲁为内。钟肇鹏先生的《春秋繁露校释》则认为:"'内事',指国内的事;'内事之待外者',指国内的事但由外因所导致,或由外因所造成的,则要将外因说明。"(《春秋繁露校释》,第675页)钟先生以鲁国作为区分内外的标准,这无疑是正确的。但是将"待外言之"解释成说明外因,是错误的,因为"待外言之"是一种文辞的表达形式,并不是指文辞中的内容涉及外因。而段熙仲先生以《公羊传》之"恃外"解董子的"待外",认为待外为"内事"而用"外事"的书法记录,比较合乎经义,今从段先生的解释。

师、卫师、燕师败绩。

【公羊传】曷为后日?恃外也。其恃外奈何?得纪侯、郑伯,然后能为日也。内不言战,此其言战何?从外也。曷为从外?恃外,故从外也。[1]

这是一场鲁国参加的战争,是"内事",内事的书法,应该是"内不言战,言战乃败矣"。因为言"战"则意味着战争双方的地位是平等的,而《春秋》假托鲁国为王者,王者的地位要高于诸侯,所以外诸侯没有与鲁国"战"的资格,而一旦书鲁国与某国"战"的话,就表示鲁国战败了。如果鲁国获胜了,仅仅书"败某师于某地"。桓公十三年的经文书"齐师、宋师、卫师、燕师败绩",则鲁国是战胜的一方。但并没有按照内事的书法写"公败齐师、宋师、卫师、燕师",而是遵从"外偏战"的书法。[2] 原因是鲁桓公得到了纪侯、郑伯的支持,方能与齐侯、宋公、卫侯、燕人进行偏战,外力起了主导作用,故而虽然是内事,而从外事之辞言之。由此可见,董仲舒认为,《春秋》之辞有内外之分,且内外之辞的使用也极为精确。

除了内外之分,董仲舒认为,同样是记录内事,《春秋》用辞还有远近之分。《春秋繁露·楚庄王》篇云:

---

[1]《春秋公羊传注疏》卷五,第178—179页。
[2] 关于外战的书法,《公羊义疏》云:"《春秋》之例,凡外战,偏战曰某及某战于某,某师败绩;诈战曰某败某师于某。"(详见陈立,《公羊义疏》卷一五,中华书局,2017年,第568页)

> 《春秋》分十二世以为三等，有见，有闻，有传闻。有见三世，有闻四世，有传闻五世。故哀、定、昭，君子之所见也。襄、成、文、宣，君子之所闻也。僖、闵、庄、桓、隐，君子之所传闻也。所见六十一年，所闻八十五年，所传闻九十六年。于所见微其辞，于所闻痛其祸，于传闻杀其恩，与情俱也。是故逐季氏而言又雩，微其辞也。子赤杀，弗忍书日，痛其祸也。子般杀而书乙未，杀其恩也。屈伸之志，详略之文，皆应之。吾以其近近而远远，亲亲而疏疏也，亦知其贵贵而贱贱，重重而轻轻也。有知其厚厚而薄薄，善善而恶恶也，有知其阳阳而阴阴，白白而黑黑也。[1]

又《奉本》篇云：

> 《春秋》缘鲁以言王义，杀隐桓以为远祖，宗定哀以为考妣。[2]

董仲舒所言的"君子"就是孔子。孔子将鲁国十二公的历史，分为三个阶段，也就是"所见世""所闻世""所传闻世"。这个划分的依据是孔子自己的世系[3]，"所传闻世"

---

[1] 苏舆，《春秋繁露义证》卷一，第9—11页。
[2] 苏舆，《春秋繁露义证》卷九，第279—280页。
[3] "三世"是按照孔子的世系划分的，更确切地说是按《仪礼·丧服》中的"五服"标准划分的，这种分法本身就代表着情有厚薄。（转下页）

的隐、桓、庄、闵、僖五公所处的时代，相当于孔子"远祖"所处的时代，而"所见世"的三公，特别是定、哀二公的时代，则是相当于孔子"考妣"的时代。孔子对于发生于不同时期的事情，在情感上也有不同的体会，时代越近，感情就越深，时代越远，感情则越淡。而这种不同的感情也体现在书法上，对于君父之恶与祸，虽然都为之讳，但所见世用"微辞"，所闻世则"弗忍书日"，所传闻世则"杀其恩"而书其日。这些不同的书法，董仲舒认为是"辞与情俱"。

由此，我们可以从内外远近的角度，对这些"与情俱之辞"进行分类。孔子作《春秋》假托鲁君为受命之王，以鲁为内，故而有内外之辞；对内则有微辞、温辞，对外则有婉辞。再细分对内之辞，"温辞"三世都有，而"微辞"只出现在定、哀时期。婉辞针对的是"外大恶"，即以"恕道"对待"外大恶"。"君子辞"亦是"恕道"，针对的是内外之"小过"。而"诡辞"亦兼内外，通过改变"事实"或者"人物"的方式为尊者讳，为亲者讳，为贤者讳，比一般的讳辞更加曲折，体现的感情也愈加深厚。辞有内外远近之分，相应的情也有忠恕敬畏之别，辞与情俱。下面我们结合具体的

（接上页）何休云："'所见'者，谓昭、定、哀，己与父时事也。'所闻'者，谓文、宣、成、襄，王父时事也。'所传闻'者，谓隐、桓、庄、闵、僖，高祖、曾祖时事也。'异辞'者，见恩有厚薄，义有浅深。时恩衰义缺，将以理人伦序人类，因制治乱之法……所以三世者，礼为父母三年，为祖父母期，为曾祖父母齐衰三月。立爱自亲始，故《春秋》据哀录隐，上治祖祢。"（《春秋公羊注疏》卷一，第38页。）

例子[1]来考察这些"与情俱之辞"。

(3) 温辞、微辞

董仲舒在《春秋繁露·楚庄王》篇中,对"温辞"与"微辞"有集中的论述。

> 《春秋》,义之大者也。得一端而博达之,观其是非,可以得其正法。视其温辞,可以知其塞怨。是故于外,道而不显,于内,讳而不隐。于尊亦然,于贤亦然。此其别内外、差贤不肖而等尊卑也。义不讪上,智不危身。故远者以义讳,近者以智畏。畏与义兼,则世逾近而言逾谨矣。此定、哀之所以微其辞。以故用则天下平,不用则安其身,《春秋》之道也。[2]

董仲舒此段关于"温辞"与"微辞"的论述有重叠的地方。首先董仲舒认为"视其温辞,可以知其塞怨","温辞"所要说明的是感情上有所"塞怨",所以文辞上不能直书其事。这种"塞怨"之情往往见于对待君父大恶的态度上。臣子之义,应该为君父隐讳既成的大恶,然而事情本身的善恶是明了的,臣子同时要顾及事实的善恶和君臣的感情,不得已而通过"讳"的方式将两者统一起来。"讳恶"

---

[1] 所谓的具体事例,指的是董仲舒本文提到的事例,还包括苏舆《义证》所举的例子。
[2] 苏舆,《春秋繁露义证》卷一,第12—13页。

并不是颠倒黑白,虽然表面上掩盖了事实,但是还会通过"起文"来揭示事情的真相,做到"讳而不盈"。"温辞"与"微辞"都属于避讳之辞,都是护君父与责君父的统一,体现了感情上极大的塞怨。

"温辞"二字,未见于《公羊传》,传文不能提供现成的例子,《春秋繁露》的注释者根据自己对于《春秋》的体会,举出了相应的例子。[1]我们认为,只要是讳言"内大恶",符合"义不讪上"原则的文辞,都属于"温辞"的范畴。

"微辞"亦符合"义不讪上"的原则,从这个角度看,"微辞"和"温辞"是一样的。[2]然而按照董仲舒的论述,似乎"微辞"和"温辞"并不能完全等同。首先,"微辞"所针对的时代,局限于"定、哀"之世。董仲舒认为,《春秋》按照孔子的世系分为三世,而昭、定、哀为孔子所见之世,周桂钿先生将所见世比作孔子的"现代史"。[3]孔子在书写"现代史"的时候,除了为君父避讳外,还要考虑到自身的安危,这和书写所传闻世、所闻世的事情是不一样的。

---

[1] 如苏舆所举的"温辞"的例子有"君弑而曰薨,夫人奔而曰孙,与仇狩而曰齐人,定公受国季氏,后书即位,而不敢名其胁。昭公娶同姓,避姬称而不忍著其恶。皆此类也"。见《春秋繁露义证》卷一,第12页。然而"定公受国季氏,后书即位,而不敢名其胁",《公羊传》认为属于"微辞",而非"温辞",详下文。
[2] 如俞樾云:"温,当读为蕴,古字通。蕴辞,谓蕴蓄之词,即上所谓微其词者。"(转引自《春秋繁露义证》卷一,第12页。)
[3] 周桂钿,《董学探微》,第259页。

所以董仲舒云"义不讪上，智不危身"，"远者以义讳，近者以智畏"。所以我们认为，"微辞"在两个方面不同于"温辞"，一是"微辞"仅适用于"所见世"，一是"微辞"有"智不危身"的考虑。以往对于"微辞"的论述，往往注重"智不危身"这一维度，但是"义不讪上"这一维度也应该重视，因为按照三世理论，《春秋》以定、哀为"考妣"，又《观德》篇云："鲁十二公等也，而定、哀最尊。"[1]孔子畏祸的同时，也表明对于处于"现代史"的国君的恩情最深。何休亦云："于所见之世，恩己与父之臣尤深。"[2]如果仅以畏祸来解释"微辞"的话，将会消解"辞与情俱"的意义。下面我们来看"微辞"的具体事例[3]。

"微辞"二字见于《公羊传》定公元年。

【春秋经】元年，春，王。

【公羊传】定何以无正月？正月者，正即位也，定

---

[1] 苏舆，《春秋繁露义证》卷九，第272页。
[2] 《春秋公羊传注疏》卷一，第38页。
[3] "微辞"之事例，仅有"定无正月""逐季氏言又雩"两条。余治平教授以为所闻世之文公十八年之"冬，十月，子卒"、传闻世之庄公三十二年之"冬，十月，乙未，子般卒"都是"微辞"之例（见《董子春秋义法辞考论》，第302—303页），黄开国教授也有类似的观点（见《公羊学发展史》，第236页）。然而董仲舒明言"于所见微其辞，于所闻痛其祸，于传闻杀其恩"，又云"此定、哀之所以微其辞"，则董子之"微辞"仅适用于所见世。董子又云："子赤杀，弗忍书日，痛其祸也。子般杀而书乙未，杀其恩也。"则文十八年之"十月、子卒"是"于所闻痛其祸"之例，庄三十二年之"乙未，子般卒"是"于传闻杀其恩"之例，不是"微辞"之例。

无正月者,即位后也。即位何以后?昭公在外,得入不得入,未可知也。曷为未可知?在季氏也。定、哀多微辞,主人习其读而问其传,则未知己之有罪焉尔。[1]

【春秋经】夏,六月,癸亥,公之丧至自乾侯。戊辰,公即位。[2]

《公羊传》认为,《春秋》书"元年,春,王"而无"正月",是"微辞"。而"微辞"的特点就是,假使"主人",这里具体指的是定公,看到这条文辞,并询问其含义,也不知道自己有罪。但是这条文辞实际上认定了定公有罪。这是怎么看出来的呢?定公之有罪,由无"正月"看出。按照《春秋》"建五始"的书法,鲁国国君即位,要书"元年,春,王,正月,公即位"。"元年""春""王""正月""公即位"称为"五始"。"五始"之间有内在的关联,董仲舒云:"是故《春秋》之道,以元之深正天之端,以天之端正王之政,以王之政正诸侯之即位,以诸侯之即位正竟内之治。五者俱正而化大行。"[3]新君即位,要同时书"五始",表明政治上的合法性。诸侯即位的合法性来源于王命,书"王正月"于"公即位"之前,就是表明这个道理。何休亦云:"本有正月者,正诸侯之即位。"[4]所以"正月"二字,表达

---

[1]《春秋公羊传注疏》卷二五,第1047—1050页。
[2]《春秋公羊传注疏》卷二五,第1054页。
[3]苏舆,《春秋繁露义证》卷四,第70页。
[4]《春秋公羊传注疏》卷二五,第1047页。

的意思有两个,一是新君实际即位的日期,第二个意思则表明诸侯即位的合法性。元年之正月并非只是一个时间概念,所以即使诸侯事实上的即位不在正月,也要书正月即位,表明即位的合法性。而此处不书正月,表明定公即位没有合法性。因为定公的父亲昭公[1]因逐季氏失败而出奔,而按照《春秋》之法,国君出奔当绝,其子嗣也被剥夺了继承的权利,此即"诛君之子不立"[2]。而拥立定公为君的人,恰恰是驱逐昭公的季氏。反映到具体的礼制上,定公即位的前提,是季氏同意迎回昭公的灵柩,这样定公才能以昭公之子的身份即位。所以直到六月,昭公的灵柩从乾侯运回来后,定公才行即位礼。故而定公之罪有二,一为"诛君之子不立",一为受胁于季氏,这两点都通过不书"正月",以及六月才书"公即位"体现了出来。

但是从《春秋》文辞的表象上是看不出定公有此二罪的,好像仅仅是因为昭公之丧六月才到鲁国,故定公六月方能即位,所以不书"正月",《春秋》只是据事直书。[3]这样孔子就达到了"智不危身"的效果。

---

[1] 案《公羊传》以定公为昭公之子,而《左传》以定公为昭公之弟,今论《公羊》之义,故取《公羊》之说立论。
[2] 《春秋公羊传注疏》卷二二,第940页。
[3] 但是这仅仅是由定公看来是这个样子的,其实据事直书之说也是不成立的。因为从"建五始"的角度来看,即使国君行即位礼不在正月,也要书正月即位。陈立云:"正以正月以存君,昭公殁,定公立,国不可一日无君,故虽未即位,亦宜如庄公之有正也。"(详见《公羊义疏》卷六八,第2611页)

除了这个例子之外,董仲舒认为,"逐季氏而言又雩"[1]也是"微其辞"。鲁昭公逐季氏,发生在昭公二十五年。[2]

【春秋经】秋,七月,上辛,大雩。季辛,又雩。

【公羊传】又雩者何?又雩者,非雩也,聚众以逐季氏也。[3]

按照《春秋》经文表面的意思,仅仅是在七月份举行了两次"雩祭"。所谓"雩祭",是求雨之祭。何休以为,《春秋》一般的书法,一个月不可能出现两次雩祭,因为一定要三个月未下雨,国君才去求雨。所以第二次雩祭肯定另有他事,董仲舒、何休皆认为是昭公聚众欲逐季氏,然而未能成功,最后昭公出奔。国君被臣子驱逐属于国讳,孔子不忍直书,故而书"又雩"以避其事。[4]与此同时,《公羊传》对鲁昭公也进行了批评。

---

[1] 苏舆,《春秋繁露义证》卷一,第10页。
[2] 逐季氏发生在昭公朝,也为微辞,与之前董仲舒所云的"定、哀之所以微其辞"的说法微异,但都属于所见世的范围。
[3] 《春秋公羊传注疏》卷二四,第1004页。
[4] 孔子在避讳昭公逐季氏时,也留下了"起文",让人去发掘背后的史实。具体的线索是:首先,一月不可能出现两次雩祭,故而第二次是其他事情。其次,两次雩祭的日期分别是"上辛""季辛",不合一般的书法。《春秋》一般以干支记录日期,而且何休认为,干支有象征意义,天干代表君,地支代表臣,而两次雩祭的日期"上辛""季辛"均只有天干而无地支,这就表明昭公欲逐季氏。再次,与"上辛"相对的应该是"下辛",而非"季辛",书"季辛"就表明昭公未能逐季氏,反为季氏所逐。

昭公将弑季氏，告子家驹曰："季氏为无道，僭于公室久矣，吾欲弑之，何如？"子家驹曰："诸侯僭于天子，大夫僭于诸侯久矣！"昭公曰："吾何僭矣哉？"子家驹曰："设两观，乘大路，朱干玉戚以舞《大夏》，八佾以舞《大武》，此皆天子之礼也。且夫牛马维娄，委己者也，而柔焉。季氏得民众久矣，君无多辱焉！"昭公不从其言，终弑之，而败焉。[1]

《公羊传》认为，昭公之罪有二：一是自己就僭越天子之礼，其身不正，故不可正人。第二，昭公未能审时度势，不考虑季氏得众的事实而轻率发兵，此为不智。董仲舒亦批评道：

今《春秋》耻之者，昭公有以取之也。臣陵其君，始于文而甚于昭。公受乱陵夷，而无惧惕之心，嚣嚣然轻计妄讨，犯大礼而取同姓，接不义而重自轻也。人之言曰："国家治，则四邻贺；国家乱，则四邻散。"是故季孙专其位，而大国莫之正。出走八年，死乃得归。身亡子危，困之至也。君子不耻其困，而耻其所以穷。昭公虽逢此时，苟不取同姓，讵至于是。虽取同姓，能用孔子自辅，亦不至如是。时难而治简，行

[1]《春秋公羊传注疏》卷二四，第1006—1009页。

枉而无救，是其所以穷也。[1]

　　董仲舒认为，鲁国"臣陵其君"的情况由来已久，昭公在这种形势下，应该心存"惧惕"，言行谨慎，通过任用贤人，改变鲁国的政治状况。然而昭公却连犯了好几个错误。首先，娶于吴国，犯了"同姓不婚"的礼法。同时又不任用孔子"自辅"，错过了绝佳的机会。还不够慎重，"轻计妄讨"，陷国家于危难中。昭公有这么多的罪责，《春秋》应该给予批评，但因为昭公处于"所见世"，对于孔子来讲是"现代史"，君臣间的恩义最重，同时孔子也担心自己的安危，故而使用了"微辞"。

　　综上，"温辞"和"微辞"针对的都是鲁国国内的大恶，通过为君父讳恶，体现臣子之义，这就是"义不讪上"，这是"温辞"和"微辞"的相同之处。同样是"义不讪上"，"温辞"针对的是"所传闻世"和"所闻世"，为君父避讳的方式是"远者以义讳"。"微辞"则仅仅限于孔子亲身经历的昭、定、哀时期，除了要考虑"义不讪上"之外，还要顾及自身的安危，为君父避讳的方法是"近者以智畏"，做到"智不危身"。"温辞"和"微辞"都表达了孔子对于宗主国国君的情感，时代越近的，感情就越深，相应的文辞就越加谦逊，这就是"与情俱之辞"。

---

[1] 苏舆，《春秋繁露义证》卷一，第8—9页。

(4) 婉辞、君子辞

上文所论之"温辞"与"微辞"是针对"内事"的"与情俱之辞",董仲舒认为,《春秋》对待外事,亦有"与情俱之辞",这就是"婉辞"。《春秋繁露·楚庄王》云:

> 《春秋》曰:"晋伐鲜虞。"奚恶乎晋而同夷狄也?曰:《春秋》尊礼而重信。信重于地,礼尊于身。何以知其然也?宋伯姬疑礼而死于火,齐桓公疑信而亏其地,《春秋》贤而举之,以为天下法,曰礼而信。礼无不答,施无不报,天之数也。今我君臣同姓适女,女无良心,礼以不答,有恐畏我,何其不夷狄也。公子庆父之乱,鲁危殆亡,而齐侯安之。于彼无亲,尚来忧我,如何与同姓而残贼遇我。《诗》云:"宛彼鸣鸠,翰飞戾天。我心忧伤,念彼先人。明发不昧,有怀二人。"人皆有此心也。今晋不以同姓忧我,而强大厌我,我心望焉。故言之不好,谓之晋而已,婉辞也。[1]

董仲舒认为《春秋》"晋伐鲜虞"的书法是"婉辞"。案"晋伐鲜虞"见于昭公十二年。根据《公羊传》及注疏之意,晋国本为侯爵,应称"晋侯",而此处单称一"晋"字,是将晋国等同于夷狄,徐彦云:"诸夏之称,连国称爵,今

---

[1] 苏舆,《春秋繁露义证》卷一,第5—8页。

单言'晋',作夷狄之号。"[1]"夷狄之"的原因是晋伐同姓之国鲜虞,失亲亲之义,为大恶,故《春秋》贬去其爵位,将其等同于夷狄。董仲舒认为,这种书法属于"婉辞"。然而"婉辞"之意颇难理解。"婉"字从字面上理解,有"委婉"之意,但是在《公羊传》中,对于诸夏而言,最严厉的处罚就是"夷狄之",单称国名,以见大恶;此外较轻的处罚就是将国君贬称"人",将其等同于微者。那么为什么《公羊传》中最重的处罚,董仲舒却认为是"婉辞"呢,委婉之意又体现在何处呢?学者们提供了一些解释的路径,然而都没有彻底解决上述矛盾。[2]苏舆则另辟蹊径,认为《春秋》中

---

[1]《春秋公羊传注疏》卷二二,第946页。
[2] 婉辞之所以难解,是因为要将"晋伐鲜虞"放入《春秋》的名例中考察,名例有自身的规则,单称"晋"夷狄之,是对于诸夏最重的处罚。当然也有学者认为"只说晋,而不说晋人、晋侯、晋公,这乃是委'婉'之辞"(详见赵雅博,《秦汉思想批判史》,第316页)。这个说法就违反了名例的规则。晋侯是正称,晋人则有贬义,但仅仅是将晋侯贬为微者而称人,未达到"夷狄之"的程度;此外《春秋》通篇没有称"晋公"的讲法,仅在葬礼上依臣子辞而称"公"。所以我们认为赵先生的讲法是值得商榷的。又黄开国教授认为:"婉辞是对亲者、尊者不合礼的言行进行贬斥,但不直言贬之所以然。《春秋》常辞言中国,一般是国与爵号连称,如郑伯、齐侯、晋侯之类。但昭公十二年,却书'晋伐鲜虞',只言晋的国名,而去其爵号;又不用中国言获的获,而用小夷言伐的伐,就是一条贬斥晋侯为夷狄的婉辞……从文字上可以看出明白的贬斥,但对贬之所以然,只有婉转相求才能理解。"(黄开国,《公羊学发展史》,人民出版社,2013年,第235—236页)按照黄氏之论,"婉辞"之"婉"在于"不直言贬之所以然",而要"婉转求之"。然而这个观点也是值得商榷的,按照《公羊传》的名例,晋单称国名就是"夷狄之"的书法,是直言其贬;同时鲜虞为姬姓之国,从经文即可看出"晋伐同姓之国",所以贬斥晋侯的原因也很清楚,其"贬之所以然"不需要"婉转相求"。故而说"婉辞"是"不直言贬之所以然"的讲法也不合《公羊传》的义例。

还存在一种比"夷狄之"更重的处罚,就是直接称诸夏之国为"戎",如此则单称"晋"就比直称"戎"显得委婉一些。苏舆云:

> 卫伐凡伯,晋败王师,直书为戎。此第去爵号。以彼例此,犹是婉辞。《春秋》严于乱臣贼子之防,纤芥必贬。至于事关君父,则辞多隐讳。对于邻敌,亦义取包容。原贤者之心,避难言之隐,皆不失忠厚之旨。董子之言《春秋》也,曰"正辞",曰"婉辞",曰"温辞",曰"微词",曰"诡词"。又曰:"以仁治人,以义正我。"可以观其通矣。[1]

苏舆认为,"卫伐凡伯""晋败王师",《春秋》直接称卫、晋两国为"戎",这种处罚比单称"卫""晋"要重,故而后者是"婉辞"。但是苏舆的说法也存在问题,他所依据的两条材料都不可靠。"晋败王师"见于成公元年。

【春秋经】秋,王师败绩于贸戎。

【公羊传】孰败之?盖晋败之,或曰贸戎败之。然则曷为不言晋败之?王者无敌,莫敢当也。[2]

---

[1] 苏舆,《春秋繁露义证》卷一,第8页。
[2] 《春秋公羊传注疏》卷一七,第699页。

《春秋》书"于贸戎",则贸戎为地名,是晋和王师交战的地方。《公羊传》认为事实上是晋败王师于贸戎,但因为"王者无敌",晋是臣子,周是天子,两者地位不等,晋不配和周天子交战,故而为周天子讳,不书交战的对手晋国,而直接写王师在贸戎打了败仗。而且董仲舒也明言"贸戎"为地点,《春秋繁露·王道》云:"晋至三侵周,与天王战于贸戎而大败之。"[1]所以苏舆"晋败王师,直书为戎"的讲法不符合董仲舒的意思。

同样的,"卫伐凡伯"的说法也不可靠,且其事不见于今本《公羊传》,苏舆指的大概是隐公七年"戎伐凡伯"之事。

【春秋经】冬,天王使凡伯来聘。戎伐凡伯于楚丘以归。

【公羊传】凡伯者何?天子之大夫也。此聘也,其言伐之何?执之也。执之则其言伐之何?大之也。曷为大之?不与夷狄之执中国也。其地何?大之也。[2]

《公羊传》认为,凡伯受周天子之命聘问鲁国,途经楚丘时被戎俘虏了。事实上凡伯是被戎所"执",因为书"执"有"治"的意思,而《春秋》明夷夏之辨,"不与夷狄之执

---

[1] 苏舆,《春秋繁露义证》卷四,第111页。
[2] 《春秋公羊传注疏》卷三,第96—97页。

中国",故而张大其事,将凡伯视为一个国家,变"执"为"伐"。从《公羊传》"不与夷狄之执中国"的角度来看,则伐凡伯者的确是戎,而非卫国。

"卫伐凡伯"是《穀梁传》之义。同样是隐公七年,《穀梁传》云:"戎者,卫也。戎卫者,为其伐天子之使,贬而戎之也。"范宁《集解》云:"昭十二年'晋伐鲜虞',传曰:'晋,狄之也。'今不曰卫伐凡伯,乃变卫为戎者,伐中国之罪轻,故称国以狄晋,执天子之使罪重,故变卫以戎之。"[1]可见,苏舆对于"婉辞"的解释,是沿着范宁的讲法来的,并认为董仲舒于隐公七年"戎伐凡伯"之经,取《穀梁传》"卫伐凡伯,直书为戎"之说。

但是董仲舒并未取《穀梁》之说。《春秋繁露·王道》明言:"晋至三侵周,与天王战于贸戎而大败之。戎执凡伯于楚丘以归。"[2]此处董仲舒指出,经文"王师败绩于贸戎"中,与天王战于贸戎的对象是"晋",则董氏所言的是史实;那么同样地,"戎执凡伯于楚丘以归"也是史实,则董仲舒认为执凡伯者是戎,并非卫国。这样,"卫伐凡伯"的说法,也不符合董仲舒之意。

所以在董仲舒看来,《春秋》没有直书诸夏之国为"戎狄"的书法,晋伐同姓之国,而《春秋》书"晋伐鲜虞"以"夷狄之",已经是最重的处罚了。最重的处罚,但还是"婉

---

[1]《春秋穀梁传注疏》卷二,北京大学出版社,1999年,第24页。
[2] 苏舆,《春秋繁露义证》卷四,第111页。

辞",这个应该怎么理解呢?上引苏舆之说还是给了我们启示,苏舆云:"对于邻敌,亦义取包容。……又曰'以仁治人,以义正我'。可以观其通矣。"可见"婉辞"之为"婉",是基于"以仁治人,以义正我"的精神,而对于邻敌也采取包容之心。由此我们认为,"婉辞"体现的就是恕道,应该从"人我之分""内外之别"来看待。

同时,《春秋》对于大恶、小恶分别内外的书法本身,就是恕道的体现。隐公十年《公羊传》云:

> 《春秋》录内而略外,于外大恶书,小恶不书;于内大恶讳,小恶书。[1]

何休注云:

> 于内大恶讳,于外大恶书者,明王者起,当先自正,内无大恶,然后乃可治诸夏大恶。因见臣子之义,当先为君父讳大恶也。内小恶书,外小恶不书者,内有小恶,适可治诸夏大恶,未可治诸夏小恶,明当先自正,然后正人。[2]

《春秋》是明义之书,假借鲁国为王者,通过对于内外恶行的不同书法,揭示王者治理天下的先后次序。王者首

---

[1]《春秋公羊传注疏》卷三,第106页。
[2]《春秋公羊传注疏》卷三,第106页。

先要做到自正,方可去治理诸夏,内无大恶之行,方可以治诸夏之大恶;内无小恶,方可以治诸夏之小恶。所以《春秋》在书"外大恶""外小恶"的时候,也时刻将其与鲁国自身的状况进行比较。然而根据臣子之义,孔子要为鲁国讳大恶之行,所以鲁国并非没有大恶,而是通过讳文,使得鲁国表面上没有大恶。既然鲁国也有大恶之行,则根据"以仁治人,以义正我"的原则,对于诸夏之"大恶",虽然谴责,但这种谴责本身也应该是恕道的体现,所以即便是最严厉的谴责,也都是"婉辞"。

同时,晋伐鲜虞,犯了伐同姓的大罪,而鲁国甚至有灭同姓之国的罪行。庄公八年,鲁国就灭了同姓之盛国。然而鲁国的大恶是要讳的,故而变"盛"为"成","讳灭同姓也"[1]。段熙仲先生甚至认为,书"外大恶"的目的,就是提示读者鲁国也有此类恶行。段老云:

> 何言乎鲁一变至于道?《春秋》王鲁,托以改制,冀天下之复于正而致太平也,变而至于道,是道未尝变也。何言乎齐一变至于鲁?《春秋》内鲁,鲁有不可言者,假齐事以言之,小白与纠,商人与舍之事,鲁有之矣……《春秋》讥鲁之失礼也多矣,皆其犹可言者也,其不可言者则托之于齐。[2]

---

[1]《春秋公羊传注疏》卷七,第246页。
[2] 段熙仲,《礼经十论》,《文史》第1辑,中华书局,1962年,第30页。

段老此文虽就《论语》"齐一变至于鲁"立论,言鲁之大恶托于齐事而言之。其实可以扩展开来,鲁之大恶,托于"外大恶"而言之。所以综合"以仁治人,以义正我"之恕道,以及"内大恶托外事言之"两个方面看,《春秋》书诸夏之大恶,虽然严厉,然而仍旧是"婉辞"。而"婉辞"的目的,则是为了彰显王者治理天下之顺序,期待遵循先内后外的治理顺序,达到"鲁一变至于道"的理想世道。

"婉辞"针对的是"外大恶"[1],而"君子辞"针对的则是"小过"。董仲舒云:

> 上奢侈,刑又急,皆不内恕,求备于人,故次以《春秋》缘人情,赦小过,而《传》明之曰:"君子辞也。"孔子明得失,见成败,疾时世之不仁,失王道之体,故缘人情,赦小过,《传》又明之曰:"君子辞也。"[2]

由此可见,董仲舒认为《公羊传》的"君子辞",所针对的是"小过",反映的是"人情"和"恕道"。我们具体来看,《公羊传》有四次提及"君子辞"。

【春秋经】(桓公十八年)冬,十有二月,己丑,葬我君桓公。

---

[1] 苏舆解释《楚庄王》篇"于外道而不显"云:"大恶书而抑多婉词。"则婉辞针对的是外大恶(详见《春秋繁露义证》卷一,第12页)。
[2] 苏舆,《春秋繁露义证》卷六,第163页。

【公羊传】贼未讨,何以书葬?仇在外也。仇在外则何以书葬?君子辞也。[1]

【春秋经】(宣公)十有二年,春,葬陈灵公。
【公羊传】讨此贼者非臣子也,何以书葬?君子辞也。楚已讨之矣,臣子虽欲讨之而无所讨也。[2]

【春秋经】(襄公三十年)冬,十月,葬蔡景公。
【公羊传】贼未讨,何以书葬?君子辞也。[3]

【春秋经】(昭公十九年)冬,葬许悼公。
【公羊传】贼未讨,何以书葬?不成于弑也。曷为不成于弑?止进药而药杀也。止进药而药杀,则曷为加弑焉尔?讥子道之不尽也。其讥子道之不尽奈何?曰乐正子春之视疾也,复加一饭则脱然愈,复损一饭则脱然愈;复加一衣则脱然愈,复损一衣则脱然愈。止进药而药杀,是以君子加弑焉尔。曰"许世子止弑其君买",是君子之听止也;"葬许悼公",是君子之赦止也。赦止者,免止之罪辞也。[4]

---

[1]《春秋公羊传注疏》卷五,第193页。
[2]《春秋公羊传注疏》卷一六,第660—661页。
[3]《春秋公羊传注疏》卷二一,第895页。
[4]《春秋公羊传注疏》卷二三,第973—974页。案此条未明言"君子辞"三字,然段熙仲先生因传文有"君子"二字,亦将此条归为"君子辞"(见《春秋公羊学讲疏》,第155页),今从之。

这四段材料讨论的是同一个问题，即国君被弑，臣子未能讨贼，而《春秋》书了国君之葬。《春秋》之义，臣子有为国君讨贼的义务。隐公十一年《公羊传》云："《春秋》君弑贼不讨，不书葬，以为无臣子也。子沈子曰：'君弑，臣不讨贼，非臣也；子不复仇，非子也。葬，生者之事也。《春秋》君弑贼不讨，不书葬，以为不系乎臣子也。'"何休甚至认为："臣子不讨贼当绝，君丧无所系也。"[1]可见国君的葬礼，是由臣子操办的，是"生者之事"。国君被弑，贼不讨则不书葬，以此来责备臣子，刘敞云："仇不复不敢葬，不敢葬则亦不敢除其服，是故寝苫枕戈，志必复而后已，此贼不讨不书葬之义也。"[2]臣子不讨贼，则为"大恶"，对此"大恶"的处罚为"绝"，是最重的。这是《春秋》之常辞。

然而现实世界中，国君被弑的情况是很复杂的，不能一概而论，就上面四个例子而言：许世子止"弑"其君买，并非真的是弑君，而是"进药而药杀"，而许世子的过错在于"不尝药"。"弑"字是《春秋》所加，并非实情。而《春秋》之所以"加弑"，为的是"讥子道之不尽"。所以许世子并非真正的弑君之贼，故而臣子也无从讨贼。陈灵公是被夏徵舒所杀，但是楚庄王已经杀了夏徵舒，虽然讨贼者并非陈国的臣子，然而一贼不可再讨，故而也是无贼可讨。鲁桓公被齐襄公所杀，贼在国外，且齐国强而鲁国弱，不可能立即复仇，所以何休云：

---

[1]《春秋公羊传注疏》卷三，第109—110页。
[2] 刘敞，《春秋权衡》卷一五，《通志堂经解》本，第12页下。

"君子量力,且假使书葬。"[1]此为实在无力讨贼。蔡景公被世子般所杀,弑君者自立为君,且蔡世子般本为"君之適嗣",君道已立,再讨贼则为犯上作乱,故而是不可讨贼。[2]

在无贼可讨,无力讨贼以及贼不可讨的情况下,如果还是苛责臣子没能讨贼的话,就是董仲舒所说的"不内恕,求备于人",未免太苛刻了。而且在这些情况下,臣子之不讨贼,已经不是"大恶"了,而是"小过"。《春秋》书君之葬,即是原谅了臣子不讨贼的"小过",这种书法就是"君子辞"。董仲舒认为,"君子辞"体现的就是"缘人情,赦小过"的恕道。按照恕道的原则,苏舆认为"君子辞"不仅仅用于"君弑而书葬"上,《春秋》详内略外的书法,外小恶不书;灾异中的"一灾不书","明君子不以一过责人";以及"以功覆过"的评价标准,都是"君子辞"。[3]据此我们认为,凡是"赦小过"的书法,都是"君子辞"。

"婉辞"和"君子辞"所体现的都是缘人情,讲恕道,都是"与情俱之辞",不过是针对的对象有"大恶""小过"

---

[1]《春秋公羊传注疏》卷五,第193页。
[2] 按照《公羊传》的讲法,书蔡景公之葬为"君子辞",然成为"君子辞"的原因则有不同的讲法。孔广森《春秋公羊经传通义》以为:"恕蔡人不敢讨君之嫡嗣,又臣民之心莫不欲讳其国恶,使若般弑为疑狱者,故缘情量力不过责也。"(详见《春秋公羊经传通义》卷八,第623页)何休则以为:"君子为中国讳,使若加弑。"(见《春秋公羊传注疏》卷二一,第895页)孔广森以为,弑君自立,不可讨贼,故为君子辞。而何休则以为"君子辞"是为中国避讳有子弑父之恶行,故意使之成为"疑狱"。我们认为孔广森的说法更符合董仲舒"缘人情,赦小过"的讲法,故而取孔氏之说。
[3] 苏舆,《春秋繁露义证》卷六,第163页。

之分。董仲舒还认为,"君子辞"与"婉辞"的区分,本身就体现了《春秋》的治世次序。《俞序》篇云:

> 始言大恶杀君亡国,终言赦小过,是亦始于麤粗,终于精微。[1]

因为"内大恶不书,而外大恶书",所以"始言大恶"指的就是"婉辞","终言赦小过"指的就是"君子辞"。"婉辞"反映的是王者刚开始治理乱世时,用心的粗疏;"君子辞"则推进一步,反映用心之细密。由此反映出了《春秋》之"慎辞"以及王者"自近者始"的治世次序。

(5) 诡辞、诛意不诛辞

"与情俱之辞"中还有一种特殊的文辞,叫作"诡辞"。"诡辞"二字不见于《公羊传》,而见于《穀梁传》。文公六年《穀梁传》云:"士造辞而言,诡辞而出。"范宁《集解》云:"诡辞而出,不以实告人。"[2]《穀梁传》是在记录晋襄公"漏言"而杀阳处父[3]时提及"诡辞"的概念,可见"诡辞"

---

[1] 苏舆,《春秋繁露义证》卷六,第163页。
[2] 《春秋穀梁传注疏》卷一〇,第166页。
[3] 晋襄公"漏言"而杀阳处父,《公羊传》和《穀梁传》都有记载,事情的经过是,晋襄公想以夜姑(《公羊传》作"射姑")为将,咨询阳处父的意见,阳处父认为夜姑不可使将,晋襄公将阳处父之言告诉了夜姑,导致后来夜姑杀死了阳处父。《公羊传》和《穀梁传》都认为,阳处父虽然是被夜姑杀死的,但是直接的原因是晋襄公的"漏言"。

有"不以实告人"的特点。然而《穀梁传》所言的"诡辞",侧重于免灾祸,而董仲舒论及的"诡辞",则有更深的含义。《春秋繁露·玉英》云:

> 难纪季曰:《春秋》之法,大夫不得用地。又曰:公子无去国之义。又曰:君子不避外难。纪季犯此三者,何以为贤?贤臣故盗地以下敌,弃君以避难乎?曰:贤者不为是。是故托贤于纪季,以见季之弗为也。纪季弗为而纪侯使之可知矣。《春秋》之书事,时诡其实以有避也。其书人,时易其名以有讳也。故诡晋文得志之实,以代讳避致王也。诡莒子号谓之人,避隐公也。易庆父之名谓之仲孙,变盛谓之成,讳大恶也。然则说《春秋》者,入则诡辞,随其委曲而后得之。今纪季受命乎君而经书专,无善一名而文见贤,此皆诡辞,不可不察。《春秋》之于所贤也,固顺其志而一其辞,章其义而褒其美。今纪侯《春秋》之所贵也,是以听其入齐之志,而诡其服罪之辞也,移之纪季。故告籴于齐者,实庄公为之,而《春秋》诡其辞,以予臧孙辰。以酅入于齐者,实纪侯为之,而《春秋》诡其辞,以与纪季。所以诡之不同,其实一也。难者曰:有国家者,人欲立之,固尽不听,国灭君死之,正也,何贤乎纪侯?曰:齐将复仇,纪侯自知力不加而志距之,故谓其弟曰:"我宗庙之主,不可以不死也。汝以酅往,服罪于齐,请以立五庙,使我先君

岁时有所依归。"率一国之众，以卫九世之主。襄公逐之不去，求之弗予，上下同心而俱死之。故谓之大去。《春秋》贤死义，且得众心也，故为讳灭。以为之讳，见其贤之也。以其贤之也，见其中仁义也。[1]

董仲舒所论之"诡辞"，首先也是"不以实告人"，而具体的方式有两种，一为"书事而诡其实"，一为"书人而易其名"。对于事实和人名做了改易的处理。其次，这种处理的目的是"有避""有讳"，并不是避免灾祸。董仲舒认为，说《春秋》者对待"诡辞"，要"随其委曲而后得之"，这里的"委曲"有两层含义，一是文辞之曲折，因为"诡辞"改变了原来的事实或者人名，如果结合"本来之事"来看文辞的话，文辞本身是非常曲折的。另一方面，是"情"之曲折，之所以要用"诡辞"来避讳，是因为孔子对于书写的对象有深厚的感情，出于种种原因，不可据事直书，情愈深而文愈曲。据此我们认为，"诡辞"属于"避讳"的一种，而且是"讳"的最深的辞，需要通过极大地改变事实，或者是彻底地改变人名，方能达到"避讳"的效果。[2]下面我

---

[1] 苏舆，《春秋繁露义证》卷三，第82—84页。
[2] 对于"诡辞"的解释，有广义和狭义两种，广义的"诡辞"即《穀梁传》范宁《集解》所云的"不以实告人"，只要不是"正辞""常辞"，都可以归为"诡辞"。周桂钿先生的《董学探微》即取广义的解释，将"诡辞"与"正辞"相对，并认为"微辞""婉辞""温辞"等都属于"诡辞"的范畴（见《董学探微》，第260页）。赵雅博先生也持有类似的观点，认为："微辞、温辞、婉辞也都是诡辞。"（见赵雅博［转下页］

们通过具体的例子来看"诡辞"。首先是"纪季以酅入于齐"的例子。

【春秋经】(庄公三年)秋,纪季以酅入于齐。
【公羊传】纪季者何?纪侯之弟也。何以不名?贤也。何贤乎纪季?服罪也。其服罪奈何?鲁子曰:"请后五庙以存姑姊妹。"[1]

【春秋经】(庄公四年)纪侯大去其国。
【公羊传】大去者何?灭也。孰灭之?齐灭之。曷为不言齐灭之?为襄公讳也。《春秋》为贤讳。何贤乎襄公?复仇也。何仇尔?远祖也。哀公亨乎周,纪侯谮之,以襄公之为于此焉者,事祖祢之心尽矣。尽者何?襄公将复仇乎纪,卜之曰"师丧分焉"。"寡人死之,不为不吉也"。远祖者,几世乎?九世矣。九世犹可以复仇乎?虽百世可也。家亦可乎?曰:不可。国何以可?国君一体也。先君之耻,犹今君之耻也;今君之耻,犹先君之耻也。国君何以为一体?国君以国为体,诸侯世,故国君为一体也。今纪无罪,此非怒

[接上页]《秦汉思想批判史》,第319页)狭义的解释,则将"诡辞"所"诡"的方式局限于彻底的改变事实或者人名,体现最深的避讳。我们根据"《春秋》慎辞"的原则,仅仅分析董仲舒所举出的"诡辞"之事例,并将其与"微辞""婉辞""温辞"等区分开来。

[1]《春秋公羊传注疏》卷六,第214页。

与?曰,非也。古者有明天子,则纪侯必诛,必无纪者。纪侯之不诛,至今有纪者,犹无明天子也。古者诸侯必有会聚之事,相朝聘之道,号辞必称先君以相接。然则齐、纪无说焉,不可以并立乎天下。故将去纪侯者,不得不去纪也。有明天子,则襄公得为若行乎?曰,不得也。不得则襄公曷为为之?上无天子,下无方伯,缘恩疾者可也。[1]

齐哀公因纪侯向周天子进谗言而被周天子"烹杀",故而齐、纪两国有世仇。按照《春秋》之义,"国仇百世可复",到了齐襄公时,便要为九世之祖报仇。在开战前一年,纪侯之弟纪季带着酅邑投降齐国,以保存宗庙祭祀。之后纪国被齐国所灭,而纪侯战死。

《春秋》是借事明义之书,对于一件事情中反映出的合乎礼义的行为,都要加以表彰。就这件事而言,齐襄公"复九世之仇"的贤行是值得表彰的[2],同样的,纪侯、纪季的贤行也是需要表彰的。按照《公羊传》的意思,纪侯的贤行是"得众"和"死位";纪季的贤行是以酅入齐,保留先祖的祭祀。董仲舒则认为,纪季"以酅入于齐"是奉纪侯之

---

[1]《春秋公羊传注疏》卷六,第217—220页。
[2] 案齐襄公本人并非贤君,甚至可以说是暴君,而且攻打纪国,实际上是贪图纪国的土地。《春秋》赞同齐襄公复仇,也是借事明义,按照《公羊义疏》的说法,"襄公假复仇为名灭纪,《春秋》因假以张义"(见陈立,《公羊义疏》卷一八,第680页)。

命，故而纪侯的贤行有"义""仁"两个方面，"得众死位"为"义"，"存先祖之祭祀"为"仁"。"得众死位"之义，《春秋》通过为纪侯讳"灭"，而书"大去其国"来表彰。[1]然而纪侯"存先祖之祭祀"之仁，却没有直接表彰，而是通过"易其名""托贤于纪季"的方法来表彰，这就是"诡辞"。《春秋》之所以使用"诡辞"来贤纪侯，是因为孔子对于贤者有深厚的感情，要"顺其志而一其辞，章其义而褒其美"，纪侯存先祖祭祀之仁必须彰显，然而纪侯本人是"宗庙之主，不可以不死"，以邑投敌的事情是不能做的，所以必须将此事移到纪季身上，并贤纪季，才能见纪侯之仁。

既然"诡辞"如此的曲折，那么怎样才能"随其委曲而后得之"呢？董仲舒认为，当参考《春秋》之"大义""常辞"。纪季以酅入于齐，触犯了《春秋》三条"常辞"，一为"大夫不得用地"[2]，一为"公子无去国之义"，一为"君子不避外难"。如果"以酅入于齐"是纪季的个人行为，这无疑是叛国的大恶。而《春秋》通过书"季"，称字而不书名，来贤纪季，那么纪季肯定没有触犯上述三条《春

---

[1] 董仲舒以为讳"灭"的对象是纪侯。然而《公羊传》则认为讳"灭"的对象是齐襄公。此处董仲舒的讲法与今本《公羊传》不同。而且"灭"本身是"亡国之善辞"，今本《公羊传》僖公五年云："灭者，亡国之善辞也。灭者，上下之同力者也。"可见被"灭"一方是不用避讳"灭"字的，而灭人之国的一方，是要受到谴责的，所以需讳"灭"。这是董仲舒此说的难解之处。我们这里还是遵从董仲舒的讲法，认为讳"灭"的对象是纪侯，将纪侯的贤行分为两个部分，一为死位，一为存祭祀，两个贤行都表彰。
[2] "用地"二字，苏舆认为当作"专地"，我们取苏氏之意，然而不直接改字。

秋》大义，唯一的可能是纪季奉纪侯的命令而"入齐"。而且经传没有记载纪季有别的贤行，所以《春秋》并非贤纪季，而是贤纪侯。如此则能"随其委曲"而得"诡辞"背后的意义。

相应地，对于尊者、贤者的过错，也通过"诡辞"来深讳。如董仲舒所举的"诡莒子号谓之人""易庆父之名谓之仲孙""臧孙辰告籴于齐，实庄公为之"等都是通过改变"人名"来为尊者、贤者深讳；而"诡晋文得志之实，以代[1]讳避致王""变盛谓之成"则是通过彻底改变事实来为尊者、贤者讳，所体现的是孔子对于尊者、贤者深厚的感情。

虽然《春秋》因情深而辞诡，然而所讳的尊者、贤者毕竟有不合王法之处，所以"诡辞"之中，也见圣人有不得已的苦衷，这种苦衷表现为"诛意不诛辞"。董仲舒认为，"晋文再致天子""变盛谓之成"两例"诡辞"，都是"诛意不诛辞"。

> 晋文再致天子，讳致言狩。桓公存邢、卫、杞，不见《春秋》，内心予之，行法绝而不予，止乱之道也，非诸侯所当为也……齐桓、晋文擅封，致天子，诛乱、继绝、存亡，侵伐会同，常为本主。曰：桓公

---

[1] "代"字，苏舆认为应作"狩"字，这样才符合晋文召天子，《春秋》"讳致言狩"之义，今从苏舆之说，然不直接改字。

救中国,攘夷狄,卒服楚,至为王者事。晋文再致天子,皆止不诛,善其牧诸侯,奉献天子而服周室,《春秋》予之为伯,诛意不诛辞之谓也。[1]

言围成,甲午祠兵,以别迫胁之罪,诛意之法也。[2]

所谓的"意",就是《春秋》所记载的对象的真实动机。"辞"就是《春秋》的文辞。"诛"就是否定的意思。"诛意不诛辞"就是虽然否定其真实的动机,但是出于种种原因,这种否定不直接体现在文辞上。以"晋文公再致天子,讳致言狩"为例。僖公二十八年,晋文公率领诸夏的军队在城濮之战中大败楚国,晋文公想由此而大会诸侯,成就霸业。但是又担心诸侯不来,故而想出了召天子以会诸侯的办法,对天子和诸侯采取两种说辞。何休云:"时晋文公年老,恐霸功不成,故上白天子曰'诸侯不可卒致,愿王居践土',下谓诸侯曰'天子在是,不可不朝'。"[3]于是就有了践土之会和温之会。晋文公本身的动机在于"成霸功",采取的手段表面上是朝天子,但实际上是"以臣召君",这是有违王法的,所以《春秋》对晋文公召天子的动机是否定的,也就是"诛意"。但是晋文公毕竟有城濮之战的功劳,对于保存中原礼乐文明起了非常重要的作用,是有大功之贤者,《春秋》要为贤者讳恶。而且虽然晋文公是以臣召君,但还

---

[1] 苏舆,《春秋繁露义证》卷四,第117—118页。
[2] 苏舆,《春秋繁露义证》卷四,第121页。
[3] 《春秋公羊传注疏》卷一二,第481页。

是属于朝觐天子的行为，何休云："迫使正君臣，明王法，虽非正，起时可与，故书朝，因正其义。"[1]可见当时周天子的势力已经衰弱了，诸侯也很少履行朝天子的义务，而晋文公致天子而朝的做法，事实上达到了尊天子的效果。所以考虑到为贤者讳，以及当时之形势，《春秋》书诡辞"天王狩于河阳"，直接回避了晋文公再致天子的事实，从而在文辞上没有直接否定晋文公，这就是"不诛辞"。

同样地，"变盛为成"也是"诛意不诛辞"[2]。盛国与鲁国是同姓之国，按照《春秋》之法，灭同姓之国为大恶，而鲁国却将盛国灭了。而且鲁国从庄公八年正月，便集结好了军队等待齐国的支援，到了夏天，便伙同齐国灭了盛国。可见鲁国早有灭盛之心。鲁国的动机是《春秋》要否定的，也就是"诛意"。然而按照"内大恶讳"的原则，《春秋》只能使用"诡辞"，完全改变事实，变"盛"为"成"，将盛国变成了鲁国的内邑；而且通过书"甲午祠兵"，表明鲁国之前集结军队，是为了例行的军事演习，将鲁国急于灭盛的心态也一起避讳了，这样《春秋》就未在文辞上直接否定鲁国，这就是"不诛辞"。

孔子出于对尊者和贤者的深厚感情，及对当时的形势的考量而"诛意不诛辞"，这是不得已而为之的。另一方面，

---

[1]《春秋公羊传注疏》卷一二，第481页。
[2] "变盛为成"董仲舒认为是"诛意之法"，但他没有直接点出"诛意不诛辞"，而苏舆则认为："此所谓不诛辞而诛意也。"这是对于董仲舒"诛意之法"的很好的阐发，所以我们取苏注的讲法。

为尊者、贤者讳，也代表着对尊者、贤者的求全责备，以此借事明义，为后人指明王道之正。

四 小结

孔子作《春秋》，通过文辞来体现"微言大义"。后人读《春秋》也必须通过体会文辞，才能理解孔子的"微言大义"。可以说"辞"是"义"的载体，而董仲舒对于《春秋》之辞有很多的论述，有一些论述不见于今本《公羊传》，可能是董仲舒对于《春秋》修辞的独特理解。我们可以将董仲舒对于辞的论述，看作董仲舒《春秋》学的方法论。在董仲舒看来，《春秋》有"常辞"，有变辞。"常辞"反映的是"应然"的价值体系，然而春秋时期礼崩乐坏，"常辞"不能成为"达辞"而涵盖一切行为，对于超出"常辞"之外的行为，若要彰显背后的大义，就需要变辞。而变辞有两种呈现方式，一为文辞随着事情性质的改变而改变，也就是"辞随事变"，"移其辞以从其事"；一为孔子对于尊者、亲者、贤者有深厚的感情，所以文辞亦随着感情而变，此即"辞与情俱"，其中又有亲疏远近详略之别。这两种变辞所要达到的目的，都是要彰显背后的大义，以明王法。只有把握了《春秋》修辞的用意，方能明白《春秋》的义理，否则《春秋》难免有"断烂朝报"之讥，而董仲舒对于"辞"的论述，则给了我们方法论上的启示。

第二章 董仲舒《春秋》学的基础：天

董仲舒的天哲学在中国哲学史上占有重要的地位，同时"天"这个概念也是董仲舒《春秋》学的基础，所谓"《春秋》之道，奉天而法古"[1]。董仲舒的天哲学与《春秋》学紧密相连，《春秋》学中的很多核心观点，如"大一统"、"通三统"、灾异理论以及伦理的根据，都直接和"天"有关系。

一 天的不同意涵

董仲舒论"天"有多重的意涵。韦政通先生认为，董仲舒的"天"有六层意思：第一，至上神。第二，万物之本。第三，道德义。第四，自然义。第五，天有十端。第六，天为人君的化身。[2] 金春峰先生也认为，董仲舒讲的天有三方面的意义，即"神灵之天、道德之天和自然之天"。[3] 这两种区分大同小异，我们取金先生的分法。

神灵之天的思想，正如众多学者指出的，来自于古老

---

[1] 苏舆，《春秋繁露义证》卷一，第14页。
[2] 韦政通，《董仲舒》，第66—71页。
[3] 金春峰，《汉代思想史》，中国社会科学出版社，1997年，第143页。

的信仰。在古人看来,自然界有众多的神灵,而且这些神灵是有等级区分的,天是最高的神灵。董仲舒继承了这一传统,而且更多的是从祭祀的角度来谈论神灵之天。董氏云:

> 天者,百神之大君也。事天不备,虽百神犹无益也。[1]

> 郊义,《春秋》之法,王者岁一祭天于郊,四祭于宗庙。宗庙因于四时之易,郊因于新岁之初,圣人有以起之,其以祭不可不亲也。天者,百神之君也,王者之所最尊也。以最尊天之故,故易始岁更纪,即以其初郊。郊必以正月上辛者,言以所最尊,首一岁之事。每更纪者以郊,郊祭首之,先贵之义,尊天之道也。[2]

> 《春秋》之义,国有大丧者,止宗庙之祭,而不止郊祭,不敢以父母之丧,废事天地之礼也。父母之丧,至哀痛悲苦也,尚不敢废郊也,孰足以废郊者?故其在礼,亦曰:"丧者不祭,唯祭天为越丧而行事。"夫古之畏敬天而重天郊,如此甚也。[3]

> 《春秋》凡讥郊,未尝讥君德不成于郊也。乃不郊而祭山川,失祭之叙,逆于礼,故必讥之。以此观之,不祭天者,乃不可祭小神也。郊因先卜,不吉不敢郊。百神之祭不卜,而郊独卜,郊祭最大也。《春秋》讥丧

---

[1] 苏舆,《春秋繁露义证》卷一四,第398页。
[2] 苏舆,《春秋繁露义证》卷一五,第402—403页。
[3] 苏舆,《春秋繁露义证》卷一五,第404页。

祭，不讥丧郊，郊不辟丧，丧尚不辟，况他物。[1]

古代的祭祀大体分为三个系统：一为天神，一为地祇，一为人鬼。[2]天是最高的神，故而郊祭要高于其他祭祀。具体体现在岁首便行郊祭，而且不郊天则不可以祭祀其他小神，甚至不能因父母之丧而废郊祭。这些虽然都属于礼制上的规定，但是体现的则是"尊天之道"。在古人看来，祭祀是沟通人神最直接的方式，那么"尊天之道"由祭祀来体现也是再自然不过的事情。而且我们认为，郊祭中的神灵之天是一个具体化的形象，能够作为自然之天以及道德之天的化身，接受人类的祭祀，而祭祀的原因，则应从自然之天和道德之天中寻找。

董仲舒论天的第二个意涵是自然之天，其中又分为两个层次。首先，天是万物之本。董仲舒云：

> 天者万物之祖，万物非天不生。[3]
> 天地者，万物之本，先祖之所出也。[4]

"万物之本"为天的创生义，从这个角度讲，人也是由

---

[1] 苏舆，《春秋繁露义证》卷一五，第409页。
[2] 参见钱玄，《三礼通论》，南京师范大学出版社，1996年，第460—514页。
[3] 苏舆，《春秋繁露义证》卷一五，第410页。
[4] 苏舆，《春秋繁露义证》卷九，第269页。

天而生的。其次，自然之天还有流行义。具体来说，天以阴阳二气的方式流行，展开来则有春夏秋冬四季。董仲舒云：

> 天之道，终而复始。故北方者，天之所终始也，阴阳之所合别也。冬至之后，阴俛而西入，阳仰而东出，出入之处常相反也。多少调和之适，常相顺也。有多而无溢，有少而无绝。春夏阳多而阴少，秋冬阳少而阴多，多少无常，未尝不分而相散也。以出入相损益，以多少相溉济也。多胜少者倍入。入者损一，而出者益二。天所起一，动而再倍，常乘反衡再登之势，以就同类，与之相报，故其气相侠，而以变化相输也。春秋之中，阴阳之气俱相并也。中春以生，中秋以杀。由此见之，天之所起其气积，天之所废其气随。[1]

> 天地之常，一阴一阳。阳者天之德也，阴者天之刑也。迹阴阳终岁之行，以观天之所亲而任。[2]

"天之道，终而复始"指的是天的流行。天以阴阳二气的方式流行，由阴阳二气相济的不同情况而有春夏秋冬四季之分。自然界的诸多现象，也属于天的流行。自然之天的创生义和流行义，构成了董仲舒的宇宙论，但董仲舒并不是要描述自然界，而是要说明天之流行背后的规范，突出天道流

---

[1] 苏舆，《春秋繁露义证》卷一二，第339—440页。
[2] 苏舆，《春秋繁露义证》卷一二，第341页。

行的价值意义。

董仲舒论天的第三个意涵是道德之天。首先,董仲舒认为,人的德性来源于天。

> 人之受命于天也,取仁于天而仁也。是故人之受命天之尊,父兄子弟之亲,有忠信慈惠之心,有礼义廉让之行,有是非逆顺之治,文理灿然而厚,知广大有而博,唯人道为可以参天。[1]

"仁""亲""忠信慈惠""礼义廉让"等都是人的德行,董仲舒认为,人的这些德行是根源于天的,这样德行就有了根据。不仅如此,人伦中的尊卑秩序也来自于天。

> 天子受命于天,诸侯受命于天子,子受命于父,臣妾受命于君,妻受命于夫。诸所受命者,其尊皆天也,虽谓受命于天亦可。[2]
>
> 凡物必有合。合,必有上,必有下,必有左,必有右,必有前,必有后,必有表,必有里。有美必有恶,有顺必有逆,有喜必有怒,有寒必有暑,有昼必有夜,此皆其合也。阴者阳之合,妻者夫之合,子者父之合,臣者君之合。物莫无合,而合各有阴阳。阳

---

[1] 苏舆,《春秋繁露义证》卷一一,第329—330页。
[2] 苏舆,《春秋繁露义证》卷一五,第412页。

兼于阴，阴兼于阳，夫兼于妻，妻兼于夫，父兼于子，子兼于父，君兼于臣，臣兼于君。君臣、父子、夫妇之义，皆取诸阴阳之道。君为阳，臣为阴；父为阳，子为阴；夫为阳，妻为阴。阴道无所独行。其始也不得专起，其终也不得分功，有所兼之义。是故臣兼功于君，子兼功于父，妻兼功于夫，阴兼功于阳，地兼功于天……王道之三纲，可求于天。[1]

君臣、父子、夫妇是最基本的人伦，因其中含有尊尊之义，便有了"三纲"之说。董仲舒认为，"王道之三纲，可求于天"，则三纲中的尊尊之义是来源于天的，具体来说，是取法阴阳，阳尊而阴卑。然而这一点，却受到了后世学者的批评。比如徐复观先生认为："仲舒既认定阳善而阴恶，即认为阳贵而阴贱，阳尊而阴卑；由此以应用在人伦关系上，将先秦儒家相对性的伦理关系，转变为绝对性的伦理关系，其弊害便不可胜言了。"[2] 韦政通先生也认为："本来就自然现象而言，阴阳无所谓尊卑，阴阳有尊卑，乃是将人间社会重男轻女这个事实投射于自然的阴阳所产生，结果阳尊阴卑成为天之道，反而成为人间伦理宇宙观的根据。"[3] 我们认为，阴阳是天道流行的两个方面，缺一不可，从这个层面来讲，阴阳的确是平等的。但是董仲舒所讲的阳尊阴卑，

---

[1] 苏舆，《春秋繁露义证》卷一二，第350—351页。
[2] 徐复观，《两汉思想史》，第248页。
[3] 韦政通，《董仲舒》，第83页。

是从"相合"的角度讲,"合"就有上下、左右、前后之分。阳代表着生长,阴代表着肃杀,天道生生不息,阴阳确有主次之分,所以也就有了尊卑之义,若阴尊而阳卑,势必不能相合。由此君臣、父子、夫妻之间,从"相合"的角度来看,自然是有主次之分,因而也有尊卑之义。如果君臣平等,或者臣高于君,则君臣势必不能相合。既然三纲的根源来自于天,那么以三纲为主体的整个礼乐制度的根据也来自于天。

综上所述,董仲舒论天有三个意涵,这三个意涵是有所侧重的,道德之天是最根本的,是一个规范性概念。对于神灵之天的祭祀,就是为了体现对于天的规范义的尊重。而自然之天的流行,包括阴阳、四时、灾异,都体现着天的规范义,可以说董仲舒的整个政治哲学是建立在天的规范意义上的。而《春秋》学之中的大一统、灾异理论等,都是天的政治哲学的具体内容。

二　大一统

1　《公羊传》的"大一统"思想

董仲舒的天哲学最终的落脚点是人间的政治伦理秩序,其核心就是"大一统"。"大一统"是天道规范义在政治上的体现。就思想源流而言,《公羊传》中已经有"大一统"的观点。

【春秋经】（隐公）元年，春，王，正月。

【公羊传】元年者何？君之始年也。春者何？岁之始也。王者孰谓？谓文王也。曷为先言王而后言正月？王正月也。何言乎王正月？大一统也。[1]

《公羊传》的"大一统"概念是针对《春秋》经文"元年，春，王，正月"而发的。从表面上看，《春秋》的经文仅仅是时间的记录[2]，但是《公羊传》敏锐地看出，在表示时间的"正月"之前，还有一个"王"字，那么《春秋》经文绝不是仅仅记录时间，而是有深层的含义。《公羊传》认为，这个含义就是"大一统"。"大"为动词，是张大的意思。"统"字，《说文解字》云："统，纪也。"段玉裁认为："（统）引申为凡纲纪之称。"[3]则"大一统"的意思是张大王者的纲纪，使诸侯、大夫、士、庶民等一统于天子。

《公羊传》以"王正月"言"大一统"，首先是要求诸侯要奉周天子之正朔。刘家和先生云："《公羊传》为什么把'王正月'和'大一统'联系在一起呢？因为，在春秋时期，各诸侯国的历法实际并不一致；例如《左传》记晋国事，常用夏历（以现在农历的正月为岁首，故今农历亦称夏历），说明晋在当时采用夏历，与周历（以今农历十一月，即冬至所在月为岁首）不同。当时有夏、商（以今农历十二月为岁

---

[1]《春秋公羊传注疏》卷一，第6—12页。
[2] 如《左传》的"元年，春，王周正月"，仅表示周代历法的正月。
[3] 段玉裁，《说文解字注》，凤凰出版社，2015年，第1121—1122页。

首)、周三正说,可见所用非皆周历。可是,诸侯既以周为天子,自然在理论上该用周历。《春秋》原本为鲁史,鲁用周历,故《春秋》也用周正,称'王正月'。《公羊传》据此发挥《春秋》大义,以为书'王正月'就是奉周王之'统'或'正朔';各国都奉周之统,于是'统'就为'一'。所以,书'王正月'就是要强调'一统'的重要性。"[1]

《公羊传》的"大一统"除了奉周天子的正朔之外,更重要的就是奉行周天子的政令,不可忤逆。如果诸侯无视周天子的权威,《春秋》就在书法上加以谴责,其中最明显的例子就是"桓无王"的书法。《公羊传》以"王正月"言"大一统",除去"不辞"的情况[2],"王"和"正月"是不可分的。所谓的"桓无王",就是在鲁桓公的"正月"或者"二月"、"三月"之上不书"王"字,以此谴责鲁桓公无视

---

[1] 刘家和,《史学、经学与思想》,北京师范大学出版社,2005年,第371页。
[2] 所谓"不辞"的情况,是指依照《春秋》的时月日例,不得不省略"王"字。如隐公"八年,春,宋公、卫侯遇于垂。三月,郑伯使宛来归邴","春"和"三月"之间没有"王"字,究其原因是为了避免"不辞"。何休云:"无王者,遇在其间,置上则嫌为事出,置下则嫌无天法可以制月,文不可施也。"(见《春秋公羊传注疏》卷三,第97—98页)因为遇礼例时,所以宋公、卫侯之遇,必然要在"春"之下,而不能在"三月"之下。这样"王"字就很尴尬了,如果"置上"而接"春"字,即书"春王宋公卫侯遇于垂",则嫌周王和宋公、卫侯遇于垂,有悖于事实;如果"置下"而书"王三月,郑伯使宛来归邴",则"王"不上接"春"字,嫌王可以不受天的制约;"置上""置下"都是"不辞",故而干脆省略"王"字,这纯粹是书法上的技术性问题,与"桓无王"出于褒贬之义是不同的。

周天子。[1] 鲁桓公无视周天子的行为有：专易朝宿之邑，稷之会以成宋乱等。

【春秋经】（桓公元年）郑伯以璧假许田。

【公羊传】其言以璧假之何？易之也。易之则其言假之何？为恭也。曷为为恭？有天子存，则诸侯不得专地也。许田者何？鲁朝宿之邑也。诸侯时朝乎天子，天子之郊，诸侯皆有朝宿之邑焉。此鲁朝宿之邑也，则曷为谓之许田？讳取周田也。[2]

关于"朝宿之邑"，何休云："王者以诸侯远来朝，亦加殷勤之礼以接之。为告至之顷，当有所住止。故赐邑于远郊，其实天子地，诸侯不得专也。桓公无尊事天子之心，专以朝宿之邑与郑，背叛当诛，故深讳，使若暂假借之者。"[3] 可见朝宿之邑本为天子之地，是供诸侯朝觐时住宿的，鲁桓公却因朝宿之邑远离鲁国，而交予了郑国，按照《左传》的记载，鲁国以此交换到了郑国的汤沐邑祊田。[4] 这种将天子

---

[1] "桓无王"，并非是桓公之年皆不书"王"，元年、二年、十年、十八年有书"王"，其余则无"王"。虽然如此，相比其他鲁君而言，桓公仍旧是"无王"，《穀梁传》桓元年有"桓无王"的明文，与《公羊传》之义相通。
[2]《春秋公羊传注疏》卷四，第118—120页。
[3]《春秋公羊传注疏》卷四，第119页。
[4] 汤沐邑，是天子祭泰山，诸侯助祭时，供诸侯沐浴斋戒之邑，在泰山之下，也是天子之邑。郑之汤沐邑，《左传》称为"祊"，《公羊传》则作"邴"。邴离郑国很远，不便治理，鲁国的朝宿邑近郑国，（转下页）

之地私相授受的做法，是无视天子的表现。刘家和先生也认为："上面还有周天子在，诸侯竟自交易土地，这当然是有损大一统的行为。"[1]

【春秋经】（桓公二年）三月，公会齐侯、陈侯、郑伯于稷，以成宋乱。夏四月，取郜大鼎于宋。[2]

所谓的"宋乱"指的是桓公二年，宋华督受冯（也就是之后的宋庄公）的指使，弑其君与夷。按照王法，华督与冯都是弑君贼，应该被诛杀，所以诸侯会于稷，谋划讨贼事宜。然而因为鲁桓公接受了宋国的贿赂，即夏四月的"取郜大鼎于宋"，而退兵，故而使得"宋乱遂成"。这使王法受到了极大的损害，不仅宋国的弑君者没被诛杀，而且周天子的法度也被诸侯践踏了。其中起关键作用的便是鲁桓公，可见其对于周天子是极其藐视的。故而《春秋》依照"大一统"的要求，于桓公篇不书"王"，这个处罚比普通的贬诸侯要严重得多。

刘家和先生认为，不仅是专易天子之地会受到谴责，诸侯"专事"本身就是"大一统"不允许的。即使诸侯在

（接上页）故与鲁国交换。隐公八年，郑伯使宛来归邴。到了桓公元年，鲁国就将"许田"交给了郑国。这虽然是鲁、郑之间的交易，而且在隐公时已经开始，但是桓公将"许田"交给郑国这件事情本身是要受到谴责的，这就是《春秋》借事明义之旨。
[1] 刘家和，《史学、经学与思想》，第371页。
[2] 《春秋公羊传注疏》卷四，第124、127页。

"上无天子，下无方伯"的情况下"存亡继绝"，或是诛讨他国之乱贼，《公羊传》也是"实与而文不与"。如齐桓公"专封"邢、卫、杞，楚庄王"专讨"陈夏徵舒，虽然从客观的效果上说是善举，但是封诸侯、外讨弑君之贼，都是天子的职责，所以齐桓公、楚庄王都损害了周天子的权威，不符合"大一统"的精神，故而必须通过"文不与"加以贬损。[1]

按照"大一统"的要求，诸侯统于天子，大夫统于诸侯，不能僭越。所以除了诸侯不能"专封""专讨"之外，大夫也不能"专事"。《公羊传》多次言及"大夫无遂事"。

【春秋经】（僖公三十年）公子遂如京师，遂如晋。
【公羊传】大夫无遂事，此其言遂何？公不得为政尔。[2]

【春秋经】（襄公十二年）季孙宿帅师救台，遂入运。
【公羊传】大夫无遂事，此其言遂何？公不得为政尔。[3]

所谓的"遂"，《公羊义疏》云："遂者，继事之

---

[1] 对于诸侯"实与而文不与"的情况，刘家和先生已有详细的考辨，见刘家和，《史学、经学与思想》，第372页。本文不再赘述。
[2] 《春秋公羊传注疏》卷一二，第491页。
[3] 《春秋公羊传注疏》卷二〇，第830—831页。

辞。"[1]"遂事"就是横生枝节,另起一事。在正常情况下,大夫只能依照国君的命令行事,不可横生枝节,否则就有损国君之权威,甚至会导致"公不得为政"。刘逢禄《穀梁申废疾》云:"大夫无遂事,故公子遂遂,卒弑子赤;季孙宿遂,卒逐昭公,见微知著,为万世戒也。"[2]可见"大夫无遂事"是为了"见微知著",使得大夫不得僭越诸侯,这也是"大一统"的要求。更进一步,如果在诸侯不在场的时候,大夫僭越了天子、方伯之职,即使客观上达到了尊王的效果,《公羊传》也有"实与而文不与"的评价。

【春秋经】(文公十四年)晋人纳接菑于邾娄,弗克纳。

【公羊传】纳者何?入辞也。其言弗克纳何?大其弗克纳也。何大乎其弗克纳?晋郤缺帅师,革车八百乘,以纳接菑于邾娄,力沛若有余而纳之。邾娄人言曰:"接菑,晋出也;貜且,齐出也。子以其指,则接菑也四,貜且也六。子以大国压之,则未知齐、晋孰有之也。贵则皆贵矣。虽然,貜且也长。"郤缺曰:"非吾力不能纳也,义实不尔克也。"引师而去之,故君子大其弗克纳也。此晋郤缺也,其称人何?贬。曷为贬?不与大夫专废置君也。曷为不与?实与而文不

---

[1] 陈立,《公羊义疏》卷三六,第1343页。
[2] 刘逢禄,《穀梁申废疾》,载《春秋公羊释例后录》,第440页。

与。文曷为不与？大夫之义不得专废置君也。[1]

【春秋经】（定公元年）三月，晋人执宋仲幾于京师。
【公羊传】仲幾之罪何？不蓑城也。其言于京师何？伯讨也。伯讨则其称人何？贬。曷为贬？不与大夫专执也。曷为不与？实与而文不与。文曷为不与？大夫之义，不得专执也。[2]

从礼制上讲，邾娄国国君去世，蘧且、接菑都是国君之子，而且贵贱相等，然而蘧且年长，理应继承君位。从现实上讲，接菑是晋国的外孙，立其为国君则有利于晋国。晋国的大夫郤缺受国君之命欲纳接菑于邾娄，革车八百乘，力量是绰绰有余的，然郤缺听从邾娄国的劝说而"弗克纳"，这是遵循礼义的表现。第二个例子，是晋国大夫韩不信因为宋仲幾不为周天子筑城，而"执之于京师"，也是尊王的体现。在春秋乱世之中，能够守礼而尊王，是很难得的，故《春秋》"实与"郤缺、韩不信。但是按照"大一统"的要求，唯有天子才可以"专废置君""专执"。而郤缺与韩不信都是大夫，他们的行为已经损害到了天子的权威，故而从"大一统"出发，《春秋》"文不与"郤缺、韩不信，不书其名氏而贬称人。

---

[1]《春秋公羊传注疏》卷一四，第575—577页。
[2]《春秋公羊传注疏》卷二五，第1051—1053页。

由此可见,《公羊传》的"大一统"是根据《春秋》"王正月"的经文而言的,目的是使得天下共尊周天子,诸侯不得"专封""专讨",大夫不得"专废置君""专执",同时大夫也不得僭越诸侯,由此而建立起一个以周天子为中心的有秩序的政治体系。

2 董仲舒的"大一统"思想

(1) 以"天道"正"王月"

《公羊传》以"王正月"论"大一统",意在尊王。然而依照《春秋》经文,"王正月"之前有"元年春"之文。对于"元年春",《公羊传》并没有具体的说明,李新霖先生认为:"《公羊传》之'元''春',不过为'君之始年''岁之始',别无其他深义。"[1]董仲舒则把"元年春"与"王正月"结合起来,将"天"的概念引入"大一统"之中。刘家和先生云:"《公羊传》从'王正月'直接就到了'大一统',其间未涉及天命;而董生则以为,'王正月'是王者受天命必改正朔以应变、以奉天地的结果。所以改正朔'一统于天下'者,不仅是天子与臣民的关系,而且首先是天子与天的(受天命)关系。这样,董生就把公羊家的一统说纳入了他的天人合一的思想体系。"[2]刘先生的这个论断无疑是正确的,董仲舒云:

---

[1] 李新霖,《春秋公羊传要义》,文津出版社,1989年,第50页。
[2] 刘家和,《史学、经学与思想》,第373—374页。

>是故《春秋》之道，以元之深正天之端，以天之端正王之政，以王之政正诸侯之即位，以诸侯之即位正竟内之治，五者俱正而化大行。[1]

按照董仲舒的解读，"大一统"由"元年，春，王，正月，公即位"五者构成，后来由何休总结为"五始"概念[2]，即元为天地之始，春为岁之始，王为人道之始，正月为政教之始，公即位为一国之始。董仲舒认为，"五始"是有层次的，以"元"正"春"，以"春"正"王"，以"正月"正"诸侯之即位"。其中"王"与"诸侯之即位"是人间的政治秩序，受到"元"和"春"的规范，这是董仲舒对于《公羊传》"大一统"的发展。

我们首先来考察一下"元"和"春"两个概念。在董仲舒看来，"元"与"春"都是天道的体现。"春"作为四时之始，是天道流行的开始，故董仲舒认为，"春"为天之端，这是从天的流行义上讲的。天之流行由"元"来"正"，则"元"是天的规范义。何休将"元"解释为"元气"，何

---

[1] 苏舆，《春秋繁露义证》卷六，第155—156页。
[2] 汪高鑫先生认为："'五始'之名虽未见于董文，而对'五始'之义董仲舒确实是做了阐发。"（见汪高鑫，《董仲舒与汉代历史思想研究》，商务印书馆，2012年，第236页）当然也有学者不同意这个观点，如杨济襄先生认为："何休'五始'是指'元年，春，王，正月，公即位'，然而董仲舒'五者俱正而化大行'之'五者'指的是'元之深，天之端，王之政，诸侯之即位，境内之治'，二者完全不同。"（见《董仲舒春秋学义法思想研究》，第313页）我们认为，董仲舒与何休言"五始"大体上是一样的，没有必要严格地一一对应，所以我们取汪先生的说法。

氏云:"元者,气也,无形以起,有形以分,造起天地,天地之始也,故上无所系,而使春系之也。"[1]何休将元气视为天地之始,这个"天地之始"的特征是"上无所系,而使春系之"。"春"是天道流行的开端,"春"系于"元",那么"元"就不是物质性的。周桂钿先生认为:"董仲舒用之作为宇宙本原的'元'就是开始的意思,它只是纯时间的概念,不包含任何物质性的内容,似乎也不包含人的意识,只是纯粹的概念。"[2]周先生认为"元"是开始,且不包含任何物质性的内容,这无疑是正确的。但是认为"元"只是纯时间的概念,则是值得商榷的,因为"元"还要去"正"春,如果是纯时间的概念,就无法去规范天道的流行。冯友兰先生则认为:"在董仲舒的体系中,'元'不可能是一种物质性的实体。即使把'元'解释成'元气',而这个'元气'也一定是有意识和道德性的东西。"[3]冯先生所云的"有意识和道德性的东西"正是天的规范义。蒋庆先生亦云:"公羊家置元于宇宙万物之前,不只是要为宇宙万物设立一本体基始,更重要的是要通过设立此一本体基始使宇宙万物义理化、人文化,使人类历史意义化、价值化。"[4]据此,我们认为,"大一统"就是以天来规范人间的政治伦理,王者则秉承天道的规范,依天时而施政,诸侯以下各自遵守王政,成为一个依

---

[1]《春秋公羊传注疏》卷一,第7页。
[2] 周桂钿,《董学探微》,第38页。
[3] 冯友兰,《中国哲学史新编》,人民出版社,1998年,中册第75页。
[4] 蒋庆,《公羊学引论》,辽宁教育出版社,1995年,第279页。

循天道的政治体制,故而何休云:

> 《春秋》以元之气正天之端,以天之端正王之政,以王之政正诸侯之即位,以诸侯之即位正竟内之治。诸侯不上奉王之政,则不得即位。故先言正月,而后言即位。政不由王出,则不得为政。故先言王,而后言正月也。王者不承天以制号令,则无法。故先言春,而后言王。天不深正其元,则不能成其化,故先言元,而后言春。五者同日并见,相须成体,乃天人之大本,万物之所系,不可不察也。[1]

可见董仲舒、何休所言的"大一统",一定是结合"建五始"而言的,政治一定要建立在天的规范之中方为合法。只有以"天"正"王","大一统"才能与"统一"[2]区别开来。李新霖先生云:"所谓一统者,以天下为家,世界大同为目标;以仁行仁之王道理想,即一统之表现。然则一统须以统一为辅,亦即反正须以拨乱为始。所谓统一,乃约束力之象征,齐天下人人于一,以力假仁之霸道世界,即为统一之结果。"[3]可见"大一统"的理想是建立王道之政治,王道

---

[1]《春秋公羊传注疏》卷一,第13页。
[2] 对于"大一统"这个概念,过去往往将郡县制的统一王朝等同为"大一统"王朝,将"大一统"视为政治上强力的统一,以及相应的君主专制,这其实仅仅是"统一",并非是"大一统",董仲舒的"大一统"是一定要结合天道来讲的。
[3] 李新霖,《春秋公羊传要义》,第50页。

的根据就是天道。董仲舒言"大一统"的初衷就是要将君主的统治纳入天道的规范之中。董仲舒云：

> 《春秋》之序辞也，置王于春正之间，非曰上奉天施而下正人，然后可以为王也云尔？[1]

董仲舒此处所言的"《春秋》之序辞"即是"元年，春，王，正月"，也就是"大一统"之辞。在"大一统"的政治构架中，"王"处于"春""正"之间，所要表达的意思是，只有"上奉天施而下正人"，才符合作为王者的要求。

（2）"屈伸"之义

王者受到天道的规范是显而易见的。针对这一点，董仲舒还有"屈君而伸天"的说法。

> 《春秋》之法，以人随君，以君随天。曰：缘民臣之心，不可一日无君。一日不可无君，而犹三年称子者，为君心之未当立也。此非以人随君耶？孝子之心，三年不当。三年不当而逾年即位者，与天数俱终始也。此非以君随天邪？故屈民而伸君，屈君而伸天，《春秋》之大义也。[2]

---

[1] 苏舆，《春秋繁露义证》卷二，第62页。
[2] 《春秋繁露义证》卷一，第31—32页。

董仲舒"屈民而伸君,屈君而伸天"的观点历来有不少的误解,以为董仲舒为君主专制辩护,实则董仲舒针对的是具体的礼制问题,意图将君权限制在礼制之内。具体来说,按照丧礼的规定,父亲去世,儿子要服三年之丧,以尽孝子思慕之情,这是上下之通礼。对于君王来讲,先君去世之后,出于为人子者的思慕之情,肯定想为先君服三年之丧;但是嗣君除了人子的身份之外,还有一国之君的政治身份,依照民众的要求,国不可一日无君,先君去世之后,嗣君应该马上即位。所以民众的政治要求同君王的人子之情就产生了矛盾,这就有了嗣君特殊的礼制,即逾年即位,而三年之后方称王。[1] 国不可一日无君,而逾年即位,是体察到了嗣君作为人子的思慕之情,而委屈了民众之情。另一方面,嗣君之情,三年不忍当父位,而必须逾年即位,依据是君王当"与天数俱终始"。这就是从"大一统"的角度看待"王",董仲舒云:"《春秋》之序辞也,置王于春正之间,非曰上奉天施而下正人,然后可以为王也云尔?"[2] 只有"上奉天施而下正人"方能称为王者,所以君王不能只顾自己作为人子的思慕之情,还要考虑到自己的政治责任,即依天道而施教化。故国不可旷年无君,嗣君逾年而即位,这就是"屈君而伸天"。我们看到,所"屈"的对象是君王作为人子的思慕之情,从礼制上讲,就是君王的亲亲之情。亲亲之情尚

---

[1] 嗣君之礼,天子与诸侯相同,此处仅举天子之例,故而言"称王",诸侯则是三年后称爵。
[2] 《春秋繁露义证》卷二,第62页。

且要屈从于天,君王的肆意妄为更在禁止之列。董仲舒云:

> 天王使宰喧来归惠公、仲子之赗,刺不及事也。天王伐郑,讥亲也,会王世子,讥微也。祭公来逆王后,讥失礼也。刺家父求车,武氏、毛伯求赗、金。王人救卫。王师败于贸戎。天王不养,出居于郑,杀母弟,王室乱,不能及外,分为东西周,无以先天下,召卫侯不能致,遣子突征卫不能绝,伐郑不能从,无骇灭极不能诛。诸侯得以大乱,篡弑无已。臣下上逼,僭拟天子。诸侯强者行威,小国破灭。晋至三侵周,与天王战于贸戎而大败之。戎执凡伯于楚丘以归。诸侯本怨随恶,发兵相破,夷人宗庙社稷,不能统理。臣子强,至弑其君父。法度废而不复用,威武绝而不复行。故郑鲁易地,晋文再致天子。齐桓会王世子,擅封邢、卫、杞,横行中国,意欲王天下。鲁舞八佾,北祭泰山,郊天祀地,如天子之为。以此之故,弑君三十二,亡国五十二,细恶不绝之所致也。[1]

天下大乱之源在于天子不守礼。天子由细小的丧礼、昏礼的失仪,到不能养母、杀母弟等人伦大变,导致的结果是"王室乱,不能及外","王"作为"大一统"中的政教之始的意义就被消解了,随之而来的是诸侯不尊王室,不讲礼

---

[1] 苏舆,《春秋繁露义证》卷四,第109—112页。

义而以强力相征伐，以下犯上，致使"弑君三十二，亡国五十二"，政教也随之崩坏。究其原因，都是王者不能自正，故而必须用天道来正王者，达到正本而"自贵者始"的效果，董仲舒云：

> 臣谨案《春秋》谓一元之意，一者万物之所从始也，元者辞之所谓本[1]也。谓一为元者，视大始而欲正本也。《春秋》深探其本，而反自贵者始。故为人君者，正心以正朝廷，正朝廷以正百官，正百官以正万民，正万民以正四方。四方正，远近莫敢不壹于正，而亡有邪气奸其间者。是以阴阳调而风雨时，群生和而万民殖，五谷孰而屮木茂，天地之间，被润泽而大丰美，四海之内，闻盛德而皆徕臣，诸福之物，可致之祥，莫不毕至，而王道终矣。[2]

可见董仲舒将天道融入《公羊传》的"大一统"理论中，就是为了规范君王的行为，使其成为名副其实的人道政教之始。而对于王者之下的诸侯、大夫的要求则是不得"专事"。

> 《春秋》立义：天子祭天地，诸侯祭社稷，诸山川不在封内不祭。有天子在，诸侯不得专地，不得专封，

---

[1]"本"，原作"大"，据《汉书补注》引王念孙之说改。
[2] 王先谦，《汉书补注》卷五六，第4026—4027页。

不得专执天子之大夫，不得舞天子之乐，不得致天子之赋，不得適天子之贵。君亲无将，将而诛。大夫不得世，大夫不得废置君命。[1]

这些诸侯之义、大夫之义的规定，与《公羊传》以"王正月"言"大一统"的精神是一致的，为的是维护王者的权威。

（3）大一统与通三统

此外，董仲舒以"天"论"大一统"，对于"王正月"也有了进一步的阐发，将"一统"和"三统"联系了起来。

> 《春秋》曰"王正月"，《传》曰："王者孰谓？谓文王也。曷为先言王而后言正月？王正月也。何以谓之王正月？曰：王者必受命而后王。王者必改正朔，易服色，制礼乐，一统于天下，所以明易姓，非继人，通以己受之于天也。王者受命而王，制此月以应变，故作科以奉天地，故谓之王正月也。[2]

《公羊传》将《春秋》"王正月"中的"王"解释为"文王"，按照何休的注释，"文王"就是周文王。而董仲舒

---

[1] 苏舆，《春秋繁露义证》卷四，第112—114页。
[2] 苏舆，《春秋繁露义证》卷七，第184—185页。

所论的王者，是从天道而言的"受命"之王，并非专指周文王。汪高鑫先生认为："《公羊传》认为'王'是指周文王，'王正月'是指奉周正，'大一统'当然是一统于周天子。而董仲舒认为'王'不是指周文王，而是受命新王。"[1]我们同意汪先生的这个观点，董仲舒所言的王者，必定是受天命之王，而且还需要"改正朔，易服色，制礼乐"，表明天命的转移。天命是由前朝转移而来的，虽然前朝不再具有天命，但是根据"通三统"的观点，还是将前两朝王者的子孙封为大国，作为"二王后"，并在其封国内保持原来的正朔与制度，以表明"师法之义，恭让之礼"，故而董仲舒云："同时……称王者三。"[2]

更重要的是，新王改制中的"改正朔"，是通过"正月"的改变，表示易姓受命，那么从"通三统"的角度讲，"大一统"就是要使新王之"一统"独大，而区别于"二王之后"。刘逢禄《公羊申墨守》云：

大一统者，通三统为一统。[3]

段熙仲先生云：

今之王者，则继文王之体，宜守文王之法度者也。

---

[1] 汪高鑫，《董仲舒与汉代历史思想研究》第233页。
[2] 苏舆，《春秋繁露义证》卷七，第198页。
[3] 刘逢禄，《公羊申墨守》，载《春秋公羊释例后录》，第294页。

是以书"王二月""王三月"以别于夏、殷之正,示民不惑也。存夏正、殷正于王之二月三月,则以为通三统也。三统可以通,而周之一统不可不大,不大则恐民之惑矣。圣人别嫌疑于《春秋》之始,书"元年春,王正月",所以为大一统也。[1]

刘家和先生亦云:

> 三正虽然在历史上曾经同时并存,但三统则一个接替一个;虽同时有"三王"之称,但其中必有两者是先王,而真正的王同时期中则只有一个。[2]

董仲舒将"天"的观念引进"大一统",则"王正月"并非只是"王"之"正月",而是王者受天命而制之"正月",重点还是以"天"规范王者。而天命所授者博,非独一姓,虽然应天受命之"一统"能够区别于"二王后"而独大,但是如果不遵循天道,则会被新的王者取代而成为新的"二王后"。董仲舒云:

> 天子不能奉天之命,则废而称公,王者之后是也。[3]

---

[1] 段熙仲,《春秋公羊学讲疏》,第433页。
[2] 刘家和,《史学、经学与思想》,第377页。
[3] 苏舆,《春秋繁露义证》卷一五,第412页。

可见在天的规范义之下,"大一统"中就含有了"通三统"的因素,如果王者不依循天道而张大其"一统",那么就会被新的王者取代,这就具有了革命的含义。这一点在董仲舒的后学那里,有更加清晰的表达。《汉书·眭弘传》云:

> 孝昭元凤三年正月,泰山莱芜山南匈匈有数千人声,民视之,有大石自立,高丈五尺,大四十八围,入地深八尺,三石为足。石立后,有白乌数千,下集其旁。是时昌邑有枯社木卧复生,又上林苑中大柳树断枯卧地,亦自立生,有虫食树叶成文字曰:"公孙病已立。"孟推《春秋》之意,以为"石柳皆阴类,下民之象,而泰山者岱宗之岳,王者易姓告代之处。今大石自立,僵柳复起,非人力所为,此当有从匹夫为天子者。枯社木复生,故废之家公孙氏当复兴者也"。孟意亦不知其所在,即说曰:"先师董仲舒有言,虽有继体守文之君,不害圣人之受命。汉家尧后,有传国之运。汉帝宜谁差天下,求索贤人,禅以帝位,而退自封百里,如殷周二王后,以承顺天命。"孟使友人内官长赐上此书。时昭帝幼,大将军霍光秉政,恶之,下其书廷尉。奏赐、孟妄设祅言惑众,大逆不道,皆伏诛。后五年,孝宣帝兴于民间,即位,征孟子为郎。[1]

---

[1] 王先谦,《汉书补注》卷七五,第4869—4870页。

眭弘字孟，从嬴公受《春秋》，是董仲舒的再传弟子，说《春秋》又旁及灾异。对于元凤三年（公元前78）的灾异，眭孟的解释是汉帝当禅让给贤人，自居为"二王后"。并说理由来自董仲舒"虽有继体守文之君，不害圣人之受命"的观点。所谓"继体守文之君"，即《公羊传》文公九年所谓"继文王之体，守文王之法度"[1]的周天子，即"大一统"中的时王。"继体守文之君，不害圣人之受命"的意思是，如果时王不能张大"一统"，就有新的王者出现，根据通三统之义，时王应该自居为"二王后"。眭孟转述的董仲舒之语是否是董子的原话，以及眭孟是否误解了董仲舒的意思，这些姑且不论[2]，但是依照天命流转，"大一统"中有"通三统"的含义，这一点是确定的。又《汉书·盖宽饶传》云：

> 是时上方用刑法，信任中尚书宦官，宽饶奏封事曰："方今圣道寖废，儒术不行，以刑余为周、召，以法律为《诗》《书》。"又引《韩氏易传》言："五帝官天下，三王家天下，家以传子，官以传贤，若四时之运，功成者去，不得其人则不居其位。"书奏，上以宽

---

[1] 《春秋公羊传注疏》卷一三，第545页。
[2] 其实眭孟误解了董仲舒的意思，董仲舒《对策》云："国家将有失道之败，而天乃先出灾害以谴告之，不知自省，又出怪异以警惧之，尚不知变，而伤败乃至。以此见天心之仁爱人君而欲止其乱也。自非大亡道之世者，天尽欲扶持而全安之，事在强勉而已矣。"（见《汉书补注》卷五六，第4022页）在董仲舒看来，灾异是"天心之仁爱人君"，为的是"止其乱"，并非是禅让之征兆。除非君王大无道，否则不会改易天命。

饶怨谤终不改,下其书中二千石。时执金吾议,以为宽饶指意欲求禅,大逆不道。谏大夫郑昌愍伤宽饶忠直忧国,以言事不当意而为文吏所诋挫,上书颂宽饶曰:"臣闻山有猛兽,藜藿为之不采;国有忠臣,奸邪为之不起。司隶校尉宽饶居不求安,食不求饱,进有忧国之心,退有死节之义,上无许、史之属,下无金、张之托,职在司察,直道而行,多仇少与,上书陈国事,有司劾以大辟,臣幸得从大夫之后,官以谏为名,不敢不言。"上不听,遂下宽饶吏。宽饶引佩刀自刭北阙下,众莫不怜之。[1]

盖宽饶所言的"圣道寖废,儒术不行,以刑余为周、召,以法律为《诗》《书》",是"变道"的行为,即王者不能张大其"一统"。在这种情况下,依照天命的流转,新的王者就会出现。眭孟和盖宽饶都因上书要求汉帝禅让而死,他们或许有误读《公羊传》的地方。且王朝也有中兴的可能,不能仅因一次灾异而劝帝王禅让。但是他们强调"通三统",在某种程度上是要求时王警醒,依循天道而张大其"一统"。

(4)独尊儒术

既然王者要张大其"一统",那么就需要有主导的意识形态。在董仲舒看来,这个意识形态就是儒家思想。董氏

---

[1] 王先谦,《汉书补注》卷七七,第4992—4993页。

《对策》云:

> 《春秋》大一统者,天地之常经,古今之通谊也。今师异道,人异论,百家殊方,指意不同,是以上亡以持一统。法制数变,下不知所守。臣愚以为诸不在六艺之科、孔子之术者,皆绝其道,勿使并进。邪辟之说灭息,然后统纪可一,而法度可明,民知所从矣。[1]

这就是董仲舒著名的"罢黜百家,独尊儒术"的观点,后世认为这是以政治干预学术,钳制了思想自由,故而招致了很多的非议。这些批评有其合理的地方,但也有值得商榷的地方。事实上,历史中的"罢黜百家,独尊儒术"作为一个事件来讲,田蚡、公孙弘起的作用要比董仲舒大得多,背后实际上是权贵的政治斗争。[2] 此外,"独尊儒术"处理其他学派,仅仅是"勿使并进",并非是像秦朝焚书坑儒一般的高压政策,只是不奖励而已,其他学派仍可以在民间传授,并非是钳制了思想自由。而且从"大一统"的角度来看,意识形态和思想自由是两回事,思想一定要自由,但是政治层面的意识形态需要定于一尊,否则就会"法制数变,下不知所守",那么王者就无法张大"一统"。

而且孔子作为圣人,在董仲舒"大一统"的理论中占

---

[1] 王先谦,《汉书补注》卷五六,第 4052 页。
[2] 详见朱维铮先生《儒术独尊的转折过程》一文,载《中国经学史十讲》,复旦大学出版社,2002 年,第 66—95 页。

有重要的位置。

> 惟圣人能属万物于一而系之元也,终不及本所从来而承之,不能遂其功。是以《春秋》变一谓之元,元犹原也,其义以随天地终始也。[1]

董仲舒"大一统"理论是以"天"来规范政治、伦理,"惟圣人能属万物于一而系之元也",故圣人的学说对于"大一统"来说是必要的,如此而将孔子的学说定为意识形态也是很自然的。至于董仲舒的学说遭到了统治者的利用,用来缘饰君主肆意妄为的专制统治,则不是董仲舒个人应当承担的责任。况且董仲舒的"大一统"思想,其出发点是引入"天"的概念,规范君王的行为。正如徐复观先生所说:"专制政治的自身,只能为专制而专制,必澈底否定他(董仲舒)由天的哲学所表现的理想,使他成为第一个受了专制政治的大欺骗,而自身在客观上也成了助成专制政治的历史中的罪人;实则他的动机、目的,乃至他的品格,决不是如此。"[2] 徐先生此言,真是知人之论。

三 灾异

"大一统"以"元"作为天的规范义,从正面规范人君

---

[1] 苏舆,《春秋繁露义证》卷五,第147页。
[2] 徐复观,《两汉思想史》,第179页。

的行为。然而"大一统"中的人君是一个抽象的概念,现实中的人君大多不符合理想君主的标准,多有肆意妄为之行,故而董仲舒又有灾异理论,以天的流行义,从反面来规范人君的行为。

1 《公羊传》的灾异思想

在讨论董仲舒的灾异思想之前,我们先来看《春秋》以及《公羊传》中的灾异思想。孔子畏天命,故而《春秋》中多有对于自然界的灾害和非常之变的记录,然而《春秋》没有说明"灾"与"异"的区别,也没有明确将灾异的原因与人间的政治联系在一起。而《公羊传》针对《春秋》记载的自然之变,有了"灾"和"异"的区分。如《春秋》桓公元年"秋,大水",《公羊传》云:"何以书?记灾也。"又如《春秋》隐公九年"三月,癸酉,大雨,震电",《公羊传》云:"何以书?记异也。"很明显,《公羊传》认为,《春秋》记载的自然之变有"灾""异"之别。何休进一步解释道:"灾者,有害于人物,随事而至者。"[1]又云:"异者,非常可怪,先事而至者。"[2]由此可见,"灾"直接给人类生活带来了损害,而"异"则是不正常的自然现象,并未对人类的生活造成直接的影响。

除了分别灾异之外,《公羊传》还认为"异大乎灾"。

---

[1]《春秋公羊传注疏》卷三,第88页。
[2]《春秋公羊传注疏》卷二,第57页。

【春秋经】(定公元年)冬,十月,霣霜杀菽。

【公羊传】何以书?记异也。此灾菽也,曷为以异书?异大乎灾也。[1]

何休云:"菽,大豆。时独杀菽,不杀他物,故为异。"[2]当时仅仅是大豆遭受了霜灾,其他农作物没有受到影响。《春秋》对待灾害,有"一灾不书"的体例,"明君子不以一过责人,水、旱、螟、蝝,皆以伤二谷乃书"[3]。参照这个标准,大豆遭霜灾,对于人的生活没有带来直接的影响。但是《公羊传》认为"异大乎灾"。那么《公羊传》所注重的并不是灾异本身的危害,而是"灾异之象",即灾异背后的意义,于是《公羊传》将灾异同人事结合了起来。

【春秋经】(宣公十五年)冬,蝝生。

【公羊传】未有言蝝生者,此其言蝝生何?蝝生不书,此何以书?幸之也。幸之者何?犹曰"受之云尔"。受之云尔者何?上变古易常,应是而有天灾,其诸则宜于此焉变矣。[4]

---

[1]《春秋公羊传注疏》卷二五,第1057—1058页。
[2]《春秋公羊传注疏》卷二五,第1057页。
[3]《春秋公羊传注疏》卷六,第235页。
[4]《春秋公羊传注疏》卷一六,第680—681页。

《春秋》经文中的"螽生"实际上指的是蝗虫之灾。[1]《公羊传》认为，出现灾害的原因是"上变古易常"。"上"指的是鲁宣公。"古"指的是井田制的收税方式，即"什一而藉"。鲁宣公十五年"初税亩"，取消了井田制中的公田，而以私田中收成最好的一块作为收税标准，如此则超过了十一而税的古法标准，加重了人民的负担。《公羊传》认为，正是因为鲁宣公"变古易常"，所以在"初税亩"之后，上天就降下了蝗虫之灾。很明显，《公羊传》是将灾异与人世间的政治联系起来了。不仅如此，《公羊传》还指出了国君应对灾异的做法，即"宜于此焉变矣"，所谓的"变"就是要求国君反求诸己，改变招致灾异之政策。《公羊传》将灾异与人间的政治联系在了一起，由此就可以理解"异大乎灾"的观念了。灾带来的危害是一定的，而且是由国君先前的失道行为招致的；异则未出现实质性的损害，属于更大的祸害的前兆，如果人君不知反省，继续胡作非为，那么更大的灾难将会降临。所以从灾异背后的教化意义来看，的确是"异大乎灾"。

---

[1] 何休云："螽即蠜也，始生曰螽，大曰蠜。"蠜会造成灾害，而"螽生"不会造成灾害。按照何休的说法，鲁宣公由于"变古易常"，故而招致了蝗虫之灾，《春秋》虽然书"螽"，实际的情况却是"蠜"。之所以不书"蠜"而书"螽"，是因为"宣公于此天灾饥后，能受过变寤，明年复古行中，冬大有年，其功美过于无灾，故君子深为喜而侥幸之。变蠜言螽，以不为灾书，起其事"（见《春秋公羊传注疏》卷一六，第680—681页）。依照何休之意，因为鲁宣公能改正错误，所以书"螽生"，实际情况还是蝗虫之灾。

《公羊传》明确将灾异与人事联系起来的情况只此一例。很多学者怀疑《公羊传》本无灾异思想。王引之《经义述闻》云：

> 《公羊春秋》记灾异者数矣，自董仲舒推言灾异之应，何休又引而申之，其说郅详且备。然寻检《传》文，惟宣十五年冬蝝生，有变故易常，应是而有天灾之语，其余则皆不言致此之由，亦不以为祸乱之兆……自董仲舒推言灾异之应，已开谶纬之先，何氏又从而祖述之，迹其多方揣测，言人人殊，谓之推广《传》文则可，谓之《传》之本指，则未见其然也。[1]

王引之的说法有一定的道理。汉代学者如董仲舒、刘向、刘歆、何休等对于《公羊传》中的灾异都指出了缘由，与人事一一对应[2]，的确是有拘泥之病，而且对于同一灾异有不同的说法。但是据此判定《公羊传》本无灾异之旨则不可，宣公十五年有明文记载灾异与人事相对应，不能因为仅有一条材料而否定《公羊传》本身的说法。而且灾异之说本为"神道设教"，目的是以天道规范人间的政治、君王的行为，如果不同意这点的话，连带孔子畏天命的含义也会随之

---

[1] 王引之，《经义述闻》卷二四，上海古籍出版社，2018年，第1498—1499页。
[2] 董仲舒、刘向、刘歆对于灾异的解释详见《汉书·五行志》，何休之说详见《春秋公羊经传解诂》。

消解。所以我们认为，董、何等人的灾异之说虽然显得拘泥，但是将灾异与人事相联系，是《公羊传》精神的延续。

由上可知，《公羊传》中已经有灾异的理论，具体表现在区分"灾""异"之别，确定"异大乎灾"的原则，并把灾异同人事联系在一起，认为人事是灾异之由。

2 董仲舒的灾异思想

董仲舒秉承了《公羊传》言灾异的三个特点，并在他的天哲学中，构建了一个更为复杂的灾异理论体系。董氏对于灾异最全面的表述见于《春秋繁露·必仁且智》篇。

> 天地之物有不常之变者，谓之异，小者谓之灾。灾常先至而异乃随之。灾者，天之谴也；异者，天之威也。谴之而不知，乃畏之以威。《诗》云："畏天之威。"殆此谓也。凡灾异之本，尽生于国家之失。国家之失乃始萌芽，而天出灾害以谴告之；谴告之而不知变，乃见怪异以惊骇之，惊骇之尚不知畏恐，其殃咎乃至。以此见天意之仁而不欲陷人也。谨案灾异以见天意。天意有欲也，有不欲也。所欲所不欲者，人内以自省，宜有惩于心；外以观其事，宜有验于国。故见天意者之于灾异也，畏之而不恶也，以为天欲振吾过，救吾失，故以此报我也。《春秋》之法，上变古易常，应是而有天灾者，谓幸国。孔子曰："天之所幸，有为不善而屡极。"楚庄王以天不见灾，地不见孽，则祷之于山川，曰："天

其将亡予邪？不说吾过，极吾罪也。"以此观之，天灾之应过而至也，异之显明可畏也。此乃天之所欲救也，《春秋》之所独幸也，庄王所以祷而请也。圣主贤君尚乐受忠臣之谏，而况受天谴也？[1]

类似的表达又见于《汉书·董仲舒传》，董氏《对策》云：

> 臣谨案《春秋》之中，视前世已行之事，以观天人相与之际，甚可畏也。国家将有失道之败，而天乃先出灾害以谴告之，不知自省，又出怪异以警惧之，尚不知变，而伤败乃至。以此见天心之仁爱人君而欲止其乱也。自非大亡道之世者，天尽欲扶持而全安之，事在强勉而已矣。[2]

首先，董仲舒区分"灾""异"之别，并且认为灾小而异大，这和《公羊传》是相同的。接着董仲舒把灾异与人间的政治、君王的行为紧密联系在一起，认为"凡灾异之本，尽生于国家之失"，这也贯彻了《公羊传》的精神。既然灾异本于国家之失，那么灾异出现的目的是为了匡正国家的过失。董仲舒认为，国家的过失有一个由小到大的过程，

---

[1] 苏舆，《春秋繁露义证》卷八，第259—261页。
[2] 王先谦，《汉书补注》卷五六，第4022页。

相应地就有了"灾先异后"的说法。当国家刚开始有过失的时候，上天通过降"灾"来谴告之；如果人君不改，上天就用"异"来惊骇之。但是不管是"灾"还是"异"，天的目的是匡正人君，使其不失天命，并不是要狠狠惩罚人君，所以董仲舒认为灾异是"天心之仁爱人君而欲止其乱"。这是董仲舒灾异理论中最深刻的地方。在这里，天虽然以"流行义"的灾异出现，也有自己的意志，有"所欲"和"不欲"。然而天的意志实际上不是任意的，而是与天的"规范义"一致，或者说是与《春秋》的价值一致。董仲舒云："《春秋》之所讥，灾害之所加也，《春秋》之所恶，怪异之所施也。"[1] 董仲舒注重的是灾异背后的天的规范价值。

值得注意的是，灾异与国家政教的对应，实际上是"神道设教"，那么君王对待灾异的理解方式就显得格外重要。董仲舒认为，对于灾异的理解，依靠的不是理性，不是去探究导致灾异的具体的自然界的原因，也不仅仅是解决灾异带来的具体问题，而是需要国君"虔心自省"，敬畏天命，重回大道。蒋庆先生认为："天人之际幽渺难知，天人交感甚难思议，只宜在自己的行为与灾异的关系中虔心体察，反躬自问，而不宜用理性去明推某灾异为某行为之应。"[2] 蒋先生认为灾异不能用理性去理解，这是相当正确的。如果用理性的方式去思考灾异与人事的对应关系，就会看到，即使是

---

[1] 王先谦,《汉书补注》卷五六, 第4043页。
[2] 蒋庆,《公羊学引论》, 第208页。

圣君善政之时，也有出现灾害的可能，那么灾害与人事就没有必然的对应关系，敬天畏天的意义将会被消解。针对这一点，董仲舒明确表示，圣君善政之下的灾害只能算是"适遭之变"，不能算是灾异。《春秋繁露·暖燠常多》云：

> 禹水汤旱，非常经也，适遭世气之变，而阴阳失平。尧视民如子，民视尧如父母。《尚书》曰："二十有八载，放勋乃徂落，百姓如丧考妣。四海之内，阕密八音三年。"三年阳气厌于阴，阴气大兴，此禹所以有水名也。桀，天下之残贼也；汤，天下之盛德也。天下除残贼而得盛德大善者再，是重阳也，故汤有旱之名。皆适遭之变，非禹汤之过。毋以适遭之变疑平生之常，则所守不失，则正道益明。[1]

董仲舒认为，禹和汤都是圣君，且有善政，那么即使碰到了灾害，也能确定不是人君的责任，仅仅是"适遭之变"而已，不能以此"疑平生之常"。所以君王对于灾异的思考，不能是理性的考察，一定是与天道以及自我的反思联系在一起的，依照理想君王的标准来反思自己的行为。所以灾异理论到最后是对于"大一统"的回归。董仲舒云：

> 《春秋》至意有二端，不本二端之所从起，亦未

---

[1] 苏舆，《春秋繁露义证》卷一二，第348—349页。

可与论灾异也,小大微著之分也。夫览求微细于无端之处,诚知小之将为大也,微之将为著也。吉凶未形,圣人所独立也,虽欲从之,末由也已,此之谓也。故王者受命,改正朔,不顺数而往,必迎来而受之者,授受之义也。故圣人能系心于微而致之著也。是故《春秋》之道,以元之深正天之端,以天之端正王之政,以王之政正诸侯之即位,以诸侯之即位正竟内之治,五者俱正而化大行。故书日蚀、星陨、有蜮、山崩、地震、夏大雨水、冬大雨雹、陨霜不杀草、自正月不雨至于秋七月、有鸜鹆来巢,《春秋》异之,以此见悖乱之征。是小者不得大,微者不得著,虽甚末,亦一端。孔子以此效之,吾所以贵微重始是也。因恶夫推灾异之象于前,然后图安危祸乱于后者,非《春秋》之所甚贵也。然而《春秋》举之以为一端者,亦欲其省天谴而畏天威,内动于心志,外见于事情,修身审己,明善心以反道者也,岂非贵微重始、慎终推效者哉![1]

《春秋》至意有"二端",徐复观先生认为:"(董仲舒)把元与灾异,视为'《春秋》之至意有二端'。"[2]我们同意徐先生的说法,并认为以"元"作为基础的"大一统"与"灾

---

[1] 苏舆,《春秋繁露义证》卷六,第155—156页。
[2] 徐复观,《两汉思想史》,第226页。

异",是董仲舒《春秋》学至意之"二端"。"大一统"与"灾异"都是见微知著。"大一统"是"以元之深正天之端,以天之端正王之政,以王之政正诸侯之即位,以诸侯之即位正竟内之治,五者俱正而化大行",以"元"为天的规范义,经过"正五始"而构建合法的政治秩序。"灾异"则是通过细小的失道征兆,使君王反思自己的行为,从而拯救衰乱之政。关于"二端"之间的关系,董仲舒认为,"因恶夫推灾异之象于前,然后图安危祸乱于后者,非《春秋》之所甚贵也",这句话的意思是灾异本身非《春秋》之所甚贵。因为灾异都是在国家出现失道的情况下才出现的,灾异的前提是失道,所以"非《春秋》之所甚贵也"。我们认为,《春秋》所贵的应该是"大一统",从正面直接规范人间的政治。从这个意义上讲,灾异是神道设教,希望人君反求诸己,而最后的指向,则是《春秋》的另外"一端","大一统"之政。

然而在现实的政治中,人君不一定能够反求诸己,而将灾异与现实政教相对应的做法也会招来祸害,董仲舒本人也因此遭祸。《汉书·董仲舒传》云:

> 仲舒治国,以《春秋》灾异之变,推阴阳所以错行,故求雨,闭诸阳,纵诸阴,其止雨反是。行之一国,未尝不得所欲。中废为中大夫。先是辽东高庙、长陵高园殿灾,仲舒居家推说其意,中稿未上,主父偃候仲舒,私见,嫉之,窃其书而奏焉。上召视诸儒,仲舒弟子吕步舒不知其师书,以为大愚。于是下仲舒

吏,当死,诏赦之。仲舒遂不敢复言灾异。[1]

董仲舒具体的言论见于《汉书·五行志》。

武帝建元六年六月丁酉,辽东高庙灾。四月壬子,高园便殿火。董仲舒对曰:"《春秋》之道举往以明来,是故天下有物,视《春秋》所举与同比者,精微眇以存其意,通伦类以贯其理,天地之变,国家之事,粲然皆见,亡所疑矣。案《春秋》鲁定公、哀公时,季氏之恶已孰,而孔子之圣方盛。夫以盛圣而易孰恶,季孙虽重,鲁君虽轻,其势可成也。故定公二年五月两观灾。两观,僭礼之物,天灾之者,若曰,僭礼之臣可以去。已见罪征,而后告可去,此天意也。定公不知省。至哀公三年五月,桓宫、釐宫灾。二者同事,所为一也,若曰燔贵而去不义云尔。哀公未能见,故四年六月亳社灾。两观、桓、釐庙、亳社,四者皆不当立,天皆燔其不当立者以示鲁,欲其去乱臣而用圣人也。季氏亡道久矣,前是天不见灾者,鲁未有贤圣臣,虽欲去季孙,其力不能,昭公是也。至定、哀乃见之,其时可也。不时不见,天之道也。今高庙不当居辽东,高园殿不当居陵旁,于礼亦不当立,与鲁所灾同。其不当立久矣,至于陛下时天乃灾之者,殆亦其时可也。昔秦受亡周之敝,

---

[1] 王先谦,《汉书补注》卷五六,第4053页。

而亡以化之；汉受亡秦之敝，又亡以化之。夫继二敝之后，承其下流，兼受其猥，难治甚矣。又多兄弟亲戚骨肉之连，骄扬奢侈恣睢者众，所谓重难之时者也。陛下正当大敝之后，又遭重难之时，甚可忧也。故天灾若语陛下：当今之世，虽敝而重难，非以太平至公，不能治也。视亲戚贵属在诸侯远正最甚者，忍而诛之，如吾燔辽高庙乃可；视近臣在国中处旁仄及贵而不正者，忍而诛之，如吾燔高园殿乃可云尔。在外而不正者，虽贵如高庙，犹灾燔之，况诸侯乎！在内不正者，虽贵如高园殿，犹燔灾之，况大臣乎！此天意也。罪在外者天灾外，罪在内者天灾内，燔甚罪当重，燔简罪当轻，承天意之道也。"[1]

董仲舒将《春秋》中的灾异与人事相联系，认为天降"两观、桓、釐庙、亳社"之灾，是提示鲁君诛乱臣而用圣人。目的是要说明《春秋》强干弱枝的大义。董仲舒认为，汉代地方势力过于强大，诸侯王骄奢淫泆，蔑视法令，对于中央政权构成了很大的威胁。而且当时的礼制也未能够起到强干弱枝的作用，如景帝令郡国各立高祖庙之类。按照礼制的规定，唯有天子方能祭及高皇帝，庶子不得祭，为的是表明天子"传重"的身份，避免政治上的嫌疑。汉代郡国得立高祖庙，显然违背了礼制。同时，汉朝中央又任人唯亲，权贵多有不法。这些情

---

[1] 王先谦，《汉书补注》卷二七上，第1919—1920页。

况都不符合"大一统"之义。到了汉武帝建元六年（公元前135），辽东高庙灾，董仲舒就将灾异同他强干弱枝的思想联系起来，企图用灾异来警示皇帝，推行强干弱枝之政。然而神道设教需要的是皇帝的反省，但是汉武帝并没能反躬自省。同时主父偃对于其中的"视近臣在国中处旁仄及贵而不正者，忍而诛之"之语是相当敏感的，董仲舒的弟子吕步舒又以为此文为"大愚"，那么董仲舒的下场就可想而知了。即便如此，灾异理论背后所体现的以天规范君王、以天规范政治的理念，是儒家一贯的追求，不可轻易抹杀。

四 小结

《春秋》是拨乱反正之书，目的是要建立礼义价值体系。《春秋》具体的学说都是以建立价值体系为目标的。而董仲舒的"天"的概念则是其《春秋》学价值体系的基础。按照董仲舒的天哲学，天有三个层面的含义，即神灵义、流行义、规范义。其中规范义是最重要的，是伦理道德的基础。人伦中的亲亲之情来自于天，而尊尊之义亦来自于"阴阳"相合中的主次之分，故而父为子纲、夫为妻纲、君为臣纲的价值体系都来自于天。同时天的规范义又是政治合法性的依据。诸多《春秋》学的核心观点，如"屈君以伸天"、"大一统"以及"通三统"都建立在天的规范义之上。同时又有天的流行义与规范义结合而成的"灾异"理论，从神道设教的角度维持政治的合法性。可以说天哲学是董仲舒《春秋》学的基础。

第三章　董仲舒《春秋》学中的大义

按照传统的说法，春秋乱世之中，弑君三十六，亡国五十二，孔子惧而作《春秋》，借其中两百多年的历史表明大义，起到拨乱反正的作用。董仲舒非常重视《春秋》大义，司马迁述董生之语云：

> 有国者不可以不知《春秋》，前有谗而弗见，后有贼而不知。为人臣者不可以不知《春秋》，守经事而不知其宜，遭变事而不知其权。为人君父而不通于《春秋》之义者，必蒙首恶之名。为人臣子而不通于《春秋》之义者，必陷篡弑之诛，死罪之名。[1]

可见无论是君父还是臣子，必须明了《春秋》之义，否则会陷于昏君、乱臣、顽父、逆子之地而不自知。作为一代儒宗的董仲舒，对于《春秋》大义发明尤多。

---

[1]《史记》卷一三〇，第3298页。

一 居正与让国

1 大居正

《春秋》是拨乱反正之书,拨乱反正要"自贵者始"。因为乱世的开端,往往是由于贵者的不正,所以《春秋》"大一统"中有"正诸侯之即位"的要求。君为一国政教之始,君王的即位必须"居正"。《公羊传》认为,君王即位的合法性来自于礼制。

> 【公羊传】(隐公元年)立適以长不以贤,立子以贵不以长。[1]

在古人来看,世子是一国之本,立世子是国之大事。虽然对于世子有必要的才能上的要求,但是政治中最大的问题是有序与安定,贤德作为确定世子的标准是不稳定的,必须订立更严格的制度,才能平息立储的争端。在《公羊传》中,这个制度便是"立適以长不以贤,立子以贵不以长"。遵循的是"子以母贵"的原则。"適"指的是嫡夫人之子,嫡夫人之子最尊贵,故而按照年龄来排序;"子"指的是庶子,"立子"就是在嫡夫人无子的情况下,立庶子作为世子,其标准是庶子生母的尊卑顺序。何休又将这个继承次序细化:

---

[1]《春秋公羊传注疏》卷一,第18页。

礼，嫡夫人无子，立右媵。右媵无子，立左媵。左媵无子，立嫡侄娣。嫡侄娣无子，立右媵侄娣。右媵侄娣无子，立左媵侄娣。质家亲亲，先立娣。文家尊尊，先立侄。嫡子有孙而死，质家亲亲，先立弟。文家尊尊，先立孙。其双生也，质家据见立先生。文家据本意立后生。皆所以防爱争。[1]

何休的论述中包括了嫡夫人之子、左右媵之子、侄娣之子、嫡孙、双胞胎等众多情况下的即位顺序，之所以要做如此详细的规定，就是为了"防爱争"，保持政治秩序的稳定。然而现实中的国君即位并非全按礼制。比如说有国君出于个人的偏爱，随意指定继承人；同时，有的公子虽然在礼制上没有继位的资格，却因为广得人心而取得了君位。针对这两种似是而非的即位情况，董仲舒云：

非其位而即之，虽受之先君，《春秋》危之，宋缪公是也。非其位，不受之先君，而自即之，《春秋》危之，吴王僚是也。虽然，苟能行善得众，《春秋》弗危，卫侯晋以立书葬是也。俱不宜立，而宋缪受之先君而危。卫宣弗受先君而不危，以此见得众心之为大安也。故齐桓非直弗受之先君也，乃率弗宜为君者而立，罪亦重矣。然而知恐惧，敬举贤人，而以自覆盖，

----
[1]《春秋公羊传注疏》卷一，第18页。

> 知不背要盟以自湔浣也，遂为贤君，而霸诸侯。使齐桓被恶而无此美，得免杀戮乃幸已，何霸之有！[1]

董仲舒认为，国君得位有三种情况，一为礼制上的"宜立"，一为"受之先君"，一为"得众心"。虽然三者都是事实上的得位，但是涉及的问题的层次是不同的。礼制上的"宜立"，代表的是即位的合法性；而"受之先君"与"得众心"所涉及的不是即位的合法性问题，而是"危不危"的问题。就国君即位本身而言，礼制上"宜立"的国君具有完全的合法性，自然没有"危不危"的问题。只有在没有即位合法性的前提下，才会有"危"与"不危"的问题。董仲舒认为，卫侯晋、齐桓公都非宜立者，且没有先君之命，他们能够"不危"，靠的是得众人之心。尤其是齐桓公，任用贤人，注重信义，尊王攘夷，最后非但"不危"，而且功过相除[2]，成了一代贤君。但是如果齐桓"被恶而无此美"，能免于杀戮已经是万幸了。"得众心"在礼制上留有"不宜立"的隐患，所以从根源上来说，还是"危"的。故而吴王僚"非其

---

[1] 苏舆，《春秋繁露义证》卷三，第71—72页。
[2] 《公羊传》在评价人物时，往往采用功过相除的评价方式。齐桓公的功劳主要有两点：一为存亡继绝，一为服楚。过错则有：篡位杀公子纠，又有灭国的行为。何休云："继绝存亡，足以除杀子纠、灭谭、遂、项，覆终身之恶，服楚功在覆篡恶之表，所以封桓公，各当如其事也。"（见《春秋公羊传注疏》卷一一，第438页）齐桓公的存亡继绝，可以抵消即位后的恶行，服楚之功又极大，足以抵消他篡位之恶，故而功过相除，齐桓公得为贤君。

位,不受之先君,而自即之,《春秋》危之"。

同样的,"受先君之命"也不是即位合法性的根据。董仲舒认为,宋缪公虽然受先君之命而即位,但"《春秋》危之"。

【春秋经】(隐公三年冬十二月)癸未,葬宋缪公。

【公羊传】葬者曷为或日或不日?不及时而日,渴葬也。不及时而不日,慢葬也。过时而日,隐之也。过时而不日,谓之不能葬也。当时而不日,正也。当时而日,危不得葬也。此当时,何危尔?宣公谓缪公曰:"以吾爱与夷,则不若爱女。以为社稷宗庙主,则与夷不若女,盍终为君矣。"宣公死,缪公立。缪公逐其二子庄公冯与左师勃,曰:"尔为吾子,生毋相见,死毋相哭。"与夷复曰:"先君之所为不与臣国而纳国乎君者,以君可以为社稷宗庙主也。今君逐君之二子而将致国乎与夷,此非先君之意也。且使子而可逐,则先君其逐臣矣。"缪公曰:"先君之不尔逐,可知矣。吾立乎此,摄也。"终致国乎与夷。庄公冯弑与夷。故君子大居正。宋之祸,宣公为之也。[1]

按照《春秋》的书法,大国之君五月而葬,下葬的时间只记录到"月"。如果到了预定的下葬时间,且时间的记

---

[1]《春秋公羊传注疏》卷二,第64—67页。

录精确到"日"的话,就表明国家有危险,而国君险些不能下葬。宋缪公之葬,《春秋》书"癸未"以"危之"。"危之"的原因是宋国在国君继代上出现了问题。宋宣公在临死前并没有将君位传给自己的儿子与夷,而是传给了弟弟宋缪公。宋缪公死后将君位传回给了兄之子与夷,然而宋缪公的儿子冯弑了与夷。《公羊传》认为,宋国祸乱的根源在于宋宣公未能"大居正"。[1]何休对于"大居正"的解释是"明修法守正,最计之要者"。徐彦则讲得更加明白:"君子之人大其適子居正,不劳违礼而让庶也。"[2]可见"大居正"的意思就是要严格按照礼制的次序,坚持嫡长子继承君位。从宣公对缪公说的"以吾爱与夷,则不若爱女。以为社稷宗庙主,则与夷不若女"之语来看,宣公看重的是自己与继任者的感情,以及继任者本身的才能,而不是礼制的次序。缪公之后的"致国乎与夷",同样也是"不居正",故而其子冯最终弑了与夷,导致了国家的内乱。缪公、与夷虽然都是"受先君之命"而即位,但是"先君之命"本身并不符合礼制,甚至可以说是私相授受,故而造成了极其危险的后果。所以就国君来讲,对于继任者的选择,一定要"大居正",才能在根源上消除危难。

---

[1] 除了"大居正"的原因之外,何休认为,宋宣公、宋缪公的让国都是"死而让",没能在生前让国,为新君巩固统治的基础,也是宋国动荡的原因。何休的讲法有一定的道理,但是动乱的根源还是在于君王不能"大居正"。
[2]《春秋公羊传注疏》卷二,第67页。

这里需要说明的是,"大居正"是对于国君的要求,作为大夫而言,必须遵从"先君之命",不能因为嗣君于礼"不宜立"而行废立之事。董仲舒云:

> 诸侯父子兄弟不宜立而立者,《春秋》视其国与宜立之君无以异也。此皆在可以然之域也。[1]
>
> 《春秋》之法,君立不宜立,不书,大夫立则书。书之者,弗予大夫之得立不宜立者也。不书,予君之得立之也。君之立不宜立者,非也。既立之,大夫奉之是也。[2]

礼制对于不同等级的人有不同的要求。对于君王来讲,必须"大居正",不能立"不宜立者"为君。对于大夫来讲,只要是先君所立之君,且是"诸侯父子兄弟"在"可以然之域"而非易姓者,那么必须严守君臣之礼,不得因国君之"不居正"而擅自行废立之事。所以董仲舒云:"君之立不宜立者,非也。既立之,大夫奉之是也。"两者并不矛盾,甚至可以说,"既立之,大夫奉之"是对于"大居正"的必要补充。在君王未能"大居正"的情况下,大夫遵循君命,对于政治的稳定来说是必要的,同时也不给乱臣贼子以废置国君的口实。

---

[1] 苏舆,《春秋繁露义证》卷三,第79页。
[2] 苏舆,《春秋繁露义证》卷三,第81—82页。

然而人非至贤,尽管对于大夫有如此严格的规定,但是君王的"不居正"还是留下了隐患,《春秋》中就有"不宜立"之继任者因"不正"而遇祸,晋国的奚齐、卓子就是典型的例子。

【春秋经】(僖公九年)冬,晋里克弑其君之子奚齐。

【公羊传】此未逾年之君,其言弑其君之子奚齐何?杀未逾年君之号也。[1]

【春秋经】(僖公十年)晋里克弑其君卓子,及其大夫荀息。

【公羊传】及者何?累也。弑君多矣,舍此无累者乎?曰,有,孔父、仇牧皆累也。舍孔父、仇牧无累者乎?曰,有。有则此何以书?贤也。何贤乎荀息?荀息可谓不食其言矣。其不食其言奈何?奚齐、卓子者,骊姬之子也,荀息傅焉。骊姬者,国色也。献公爱之甚,欲立其子,于是杀世子申生。申生者,里克傅之。献公病,将死,谓荀息曰:"士何如则可谓之信矣?"荀息对曰:"使死者反生,生者不愧乎其言,则可谓信矣。"献公死,奚齐立。里克谓荀息曰:"君杀正而立不正,废长而立幼,如之何?愿与子虑之。"荀息曰:"君尝讯臣矣。臣对曰:'使死者反生,生者不愧乎其言,则可谓信矣。'"里克知其不可与谋,退,

---

[1]《春秋公羊传注疏》卷一一,第416—417页。

弑奚齐。荀息立卓子。里克弑卓子,荀息死之。荀息可谓不食其言矣![1]

在上述事件中,晋献公贪恋骊姬的美色,想要立骊姬之子为君,并为此杀死了世子申生,又导致公子重耳出奔,可谓"不居正"之甚,为日后晋国的大乱埋下了隐患。里克也未能遵守"既立之,大夫奉之"的义理,以献公未能"大居正"为由,与荀息商量,最后导致了弑君的结果。奚齐、卓子也因"不正"而遇祸。从某种程度上说,除了得位"不正"之外,奚齐与卓子是无辜的,董仲舒认为他们是"无罪而受其死"。这促使我们思考一个问题,当国君不能"大居正"时,"不正"的继任者应该如何自处,董仲舒就为奚齐指明了大义所在。董氏云:

难晋事者曰:《春秋》之法,未逾年之君称子,盖人心之正也。至里克杀奚齐,避此正辞而称君之子,何也?曰:所闻《诗》无达诂,《易》无达占,《春秋》无达辞,从变从义,而一以奉人。仁人录其同姓之祸,固宜异操。晋,《春秋》之同姓也。骊姬一谋而三君死之,天下之所共痛也。本其所为为之者,蔽于所欲得位而不见其难也。《春秋》疾其所蔽,故去其正辞,徒言君之子而已。若谓奚齐曰:嘻嘻!为大国君之子,

---

[1]《春秋公羊传注疏》卷一一,第418—420页。

富贵足矣，何必以兄之位为欲居之，以至此乎云尔。录所痛之辞也。故痛之中有痛，无罪而受其死者，申生、奚齐、卓子是也。[1]

董仲舒认为，奚齐之"不正遇祸"是"无罪而受其死"，是"痛之中有痛"，而《春秋》书"君之子"之文，是为奚齐明义。按照《春秋》的书法，"君存称世子，君薨称子某，既葬称子，逾年称公"[2]，奚齐是未逾年之君，应当书"晋子"，表明人子对于父亲的思慕之情，是"人心之正"[3]；此处《春秋》不书"晋子"而书"君之子"，别有深意。"君之子"表明奚齐的身份仅仅是晋献公的儿子，并非嗣君。奚齐作为大国之君的儿子，应当知足了，不应该贪恋本属于世子申生的嗣君之位，若能如此，奚齐也不会遇祸。我们认为，董仲舒这段论述，是对于"大居正"很好的补充。当国君未能"大居正"而立"不宜立者"的时候，继任者应该恪守"大居正"之义，不贪恋权位，劝谏国君立"宜立者"，如此国家政治方能安定而"不危"，自己也不会"不正遇祸"。

综上所述，嗣君的政治合法性来自于礼制的次序，"先君之命"与"得众心"都不能够作为政治合法性的依据。作

---

[1]《春秋繁露义证》卷三，第94—96页。
[2]《春秋公羊传注疏》卷九，第343—344页。
[3] 案此处对于《春秋》"君之子"之文，董仲舒与何休有不同的解释，详见第六章《春秋》学中的董何之异"中的相关论述。

为国君来讲，对于继任者的选定，一定要遵守"大居正"之义，不可以私相授受。同时"大居正"也有两个补充的义理：对于大夫来说，只能遵守先君之命，即使君王立"不宜立"者，也要奉之为君，不可擅行废立之事。对于"不宜立"的继任者来说，不可贪恋权位，应严守"大居正"之义，避免自身的"不正遇祸"。《春秋》拨乱反正，自贵者始，一国之政从君王即位开始，为国者必须恪守"大居正"之义，方能保证政治的稳定有序。

2 贤让国

国君继代需要秉承"大居正"的原则，以维持政治的稳定。然而现实中的情况并非都能如此，但是如果国君，或者是宜立之人能够让国的话，也能够维持政治的稳定，故而《春秋》"贤让国"。

儒家一向推崇以礼让为国，《论语·里仁》云：

> 子曰："能以礼让为国乎，何有？不能以礼让为国，如礼何？"

孔子认为，如果能以礼让治国，就能平息争端，治国就没有很大的困难。为此也极力褒奖泰伯的让国之德。《论语·泰伯》云：

> 子曰："泰伯，其可谓至德也已矣！三以天下让，

民无得而称焉。"

关于泰伯的"三以天下让",郑玄云:"泰伯,周太王之长子。次子仲雍,次子季历。泰伯见季历贤,又生文王,有圣人表,故欲立之,而未有命。太王疾,泰伯因适吴、越采药,太王殁而不返,季历为丧主,一让也;季历赴之,不来奔丧,二让也;免丧之后,遂断发文身,三让也。三让之美,皆隐蔽不著,故人无德而称焉。"[1]按照儒家伦理,泰伯作为人子,不奔父丧,断发文身是极为不孝的行为,但是他这些行为的最终目的是为了让国,故而孔子称其为"至德"。

根据孔广森的统计,《春秋》之中让国的有五人,分别是邾娄之叔术、宋之公子目夷、曹之公子喜时、卫之叔武、吴之季札。[2]此五人皆为"宜立者"而让国。《春秋》对于让国的评价非常高,非但认可让国者为贤人,而且还能够善善及子孙,公子喜时之事便是如此。

【春秋经】(昭公二十年)夏,曹公孙会自鄸出奔宋。

【公羊传】奔未有言自者,此其言自何?畔也。畔则曷为不言其畔?为公子喜时之后讳也。《春秋》为贤

---

[1] 转引自刘宝楠,《论语正义》,中华书局,1990年,第287页。
[2] 孔广森云:"凡经称让国者五人,叔术前矣,目夷、喜时并有定国之功,叔武又不幸罹于患难……札义虽高,顾未能免僚于篡弑之祸,犹在三公子之后也。"(见《春秋公羊经传通义》,卷九,第654页)

者讳，何贤乎公子喜时？让国也。其让国奈何？曹伯庐卒于师，则未知公子喜时从与？公子负刍从与？或为主于国，或为主于师。公子喜时见公子负刍之当主也，逡巡而退。贤公子喜时，则曷为为会讳？君子之善善也长，恶恶也短。恶恶止其身，善善及子孙。贤者子孙，故君子为之讳也。[1]

曹国的公孙会以封邑鄸作为据点而叛国，本应书"曹公孙会以鄸叛"。然而《春秋》因为他是贤者公子喜时之后，本着"善善及子孙"的原则，为公孙会避讳，而书"曹公孙会自鄸出奔宋"，好像公孙会仅仅是从自己的封邑出奔到宋国，未有叛国之行。[2]之所以能够如此，是因为公子喜时有让国之功。成公十三年，曹伯庐卒于师，国本未定，当时有资格即位的只有公子喜时和公子负刍两人。[3]按照何休的说法，公子喜时是曹伯庐的弟弟，而公子负刍是公子喜时的"庶兄"，则公子喜时的地位尊贵，是"宜立者"。然而公子负刍抢先一步做了曹伯庐的"丧主"，实际上表明了自己

---

[1] 《春秋公羊传注疏》卷二三，第975—977页。
[2] 此处所言的"未有叛国之行"仅指文字表面上的意思，实际上"自鄸出奔宋"也是揭示公孙会叛国的"起文"。按照孔广森的说法，公孙会的"自鄸出奔宋"，与宋国的叛臣华亥、向甯、华定的"自宋南里出奔楚"，表述相同，故可以揭示公孙会实有叛国之行。
[3] 公子喜时与公子负刍都是曹伯庐的兄弟辈，估计曹伯庐没有子嗣，故而公子喜时与公子负刍有继位之资格，否则应该由曹伯庐的儿子继位，才符合"大居正"之义。

是继任者。公子喜时看到这种情况,"逡巡而退",承认了公子负刍的君位,将曹国让与了公子负刍。公子喜时宜立而让国,以国家利益为重,避免了曹国的分裂与动荡,故而《春秋》贤之。

不仅如此,公子喜时在让国之后,还有进一步的定国之功。虽然公子喜时让国,但是在王法看来,公子负刍毕竟是篡位,所以成公十五年,晋侯执曹伯(即公子负刍)归于京师。按照《春秋》的书法,"称侯而执者,伯讨也;称人而执者,非伯讨也"。[1] 执曹伯而称"晋侯",则是"伯讨之辞",因为曹伯负刍终究是"篡喜时"。在这个时候,公子喜时完全可以即君位,但是他并没有这么做,而是"内平其国而待之,外治诸京师而免之"[2],极力营救曹伯负刍。故而曹伯负刍于成公十六年安然回国,并且仍旧享有君位。这完全是出于公子喜时的定国之功,故而《春秋》贤之,并且"善善及子孙",为公孙会避讳叛国之恶。

由上可知,《公羊传》之"贤让国"需要从两个角度来看。首先,让国并非是将君位私相授受。如公子喜时的让国并不是在取得君位之后,再将君位传给他人,而是在公子负刍已经即位的情况下,以臣道自居,本着"大居正"中"既立之,大夫奉之"的原则,主动放弃即位的资格。既然公子喜时始终以臣道自居,则他的让国没有将君位私相授受的意

---

[1]《春秋公羊传注疏》卷一〇,第393页。
[2]《春秋公羊传注疏》卷一八,第764页。

味,是不违反"大居正"的要求的。其次,让国在结果上要取得良好的效果,政治权力要平稳地交接,公子喜时让国的最后结果是国家的安定。所以我们认为,《公羊传》所讨论的让国,顾及了"大居正"的原则与实际的效果。

董仲舒对于"贤让国"有更加深刻的阐述,更加注重"让国之善志"。董仲舒认为,即使让国最终没有成功,但是"让国之志"本身就是可取的,这一点反映在鲁隐公身上。董仲舒云:

> 前枉而后义者,谓之中权,虽不能成,《春秋》善之,鲁隐公、郑祭仲是也。[1]

董仲舒以为鲁隐公"中权",指的是让国之事。

【春秋经】(隐公)元年,春,王,正月。

【公羊传】公何以不言即位?成公意也。何成乎公之意?公将平国而反之桓。曷为反之桓?桓幼而贵,隐长而卑。其为尊卑也微,国人莫知。隐长又贤,诸大夫扳隐而立之。隐于是焉而辞立,则未知桓之将必得立也;且如桓立,则恐诸大夫之不能相幼君也。故凡隐之立,为桓立也。隐长又贤,何以不宜立?立適以长不以贤,立子以贵不以长。桓何以贵?母贵也。

---

[1] 苏舆,《春秋繁露义证》卷二,第60—61页。

母贵则子何以贵？子以母贵。[1]

按照《春秋》"大一统"之例，隐公即位应当书"元年，春，王正月，公即位"才算完整。而《春秋》不书"公即位"，为的是成全隐公的让国之意。隐公与桓公都是惠公的儿子，依何休的说法，隐、桓皆是媵之子，故其"尊卑也微，国人莫知"。然而桓公之母的地位要略高于隐公之母，依照"子以母贵"的制度，所以桓公是"宜立者"。但是隐公年长，且有贤德，诸大夫都想立之为君。隐公考虑再三，认为自己若不立为君，则不能保证桓公将来一定能即位；如果直接立桓公为君，则大臣不一定能够尽心辅佐桓公，为了保全桓公的君位，故而暂时即位。

隐公即位之后也时时表现出要让国的意思。如隐公的母亲去世，隐公不依国君夫人的礼仪下葬，表明"子将不终为君，故母亦不终为夫人"。[2]同时却以国君夫人之礼对待桓公的母亲，表明自己是"为桓立也"。面对公子翚"百姓安子，诸侯说子，盍终为君矣"[3]之言时，隐公也表示将"修涂裘"以养老，而让位给桓公。所以段熙仲先生认为："隐之贤让国也，祭桓之母，不终其母为夫人。隐与桓之尊卑也微，国人莫知。隐之既立也，百姓安之，诸侯说之，然

---

[1]《春秋公羊传注疏》卷一，第6、13—18页。
[2]《春秋公羊传注疏》卷二，第56页。
[3]《春秋公羊传注疏》卷二，第71页。

而使修涂裘,则亦三以鲁国让矣。"[1]虽然隐公"三以鲁国让",但最终还是被桓公和公子翚杀死了,让国并未成功。[2]但是董仲舒认为,鲁隐公的行权让国"虽不能成,《春秋》善之",董子看重的正是隐公的"让国之志"。

鲁隐公之让国,虽然"不能成",但还是符合"大居正"之义的,因为桓公本来就是"宜立者",隐公是"为桓立"。而宋宣公、宋缪公之让国,则完全违反"大居正"之义,实属于"私相授受",这一点在上一节中已有详细的论述。董仲舒又认为,宋宣、宋缪虽然不能"大居正",但是让国之"善志"亦不可弃。

> 经曰:"宋督弑其君与夷。"《传》言:"庄公冯杀之。"不可及于经,何也?曰:非不可及于经,其及之端眇,不足以类钩之,故难知也。《传》曰:"臧孙许与晋郤克同时而聘乎齐。"按经无有,岂不微哉。不书其往而有避也。今此《传》言庄公冯,而于经不书,亦以有避也。是以不书聘乎齐,避所羞也。不书庄公

---

[1] 段熙仲,《春秋公羊学讲疏》,第547页。
[2] 案鲁隐公之让国,也属于借事明义。就事实而言,鲁隐公虽然是为桓而立,但是久居君位,迟迟不传位给桓公,就难免使得臣下有所猜忌,也不能不使桓公生疑,故而公子翚劝隐公"百姓安子,诸侯说子,盍终为君矣",同时桓公也会听信公子翚"隐公不反国"的谗言。但是《春秋》借鲁隐公之事明让国之义,故而处处成全隐公的让国之心,正如皮锡瑞所言:"鲁隐非真能让国也,而《春秋》借鲁隐之事,以明让国之义。"(见《经学通论》,第394页)

冯杀，避所善也。是故让者《春秋》之所善。宣公不与其子而与其弟，其弟亦不与子而反之兄子，虽不中法，皆有让高，不可弃也。故君子为之讳不居正之谓，避其后也乱，移之宋督，以存善志。此亦《春秋》之义，善无遗也。若直书其篡，则宣、缪之高灭，而善之无所见矣。难者曰：为贤者讳，皆言之，为宣、缪讳，独弗言，何也？曰：不成于贤也。其为善不法，不可取，亦不可弃。弃之则弃善志也，取之则害王法。故不弃亦不载，以意见之而已。苟志于仁无恶，此之谓也。[1]

宋宣公不守"大居正"之义，不将君位传给儿子与夷，而传与弟弟宋缪公；宋缪公则将君位返还给了兄之子与夷，最后导致了宋缪公的儿子冯弑与夷的后果。董仲舒认为，这些事件中蕴含着两个义理：一方面，宋国内乱的根源来自于宋宣公的"不居正"，宣公、缪公之不传子皆为"不中法"；另一方面，宣、缪让国之"善志"是需要肯定的。但是"让国之善志"不符合王法，与"大居正"是矛盾的。而且"大居正"的义理显然要高于"让国之善志"，故而《春秋》于隐公三年，冬，十二月书"癸未，葬宋缪公"，以缪公的"危不得葬"，表明"大居正"之义。而对于宣、缪让国的"善志"，则反映在了冯弑与夷的不同书法之上。对于

---

[1] 苏舆，《春秋繁露义证》卷三，第77—78页。

冯弑与夷这件事，经传有不同的记载。

【公羊传】（隐公三年）庄公冯弑与夷。[1]

【春秋经】（桓公）二年，春，王正月，戊申，宋督弑其君与夷，及其大夫孔父。[2]

我们可以看到，《公羊传》明言弑与夷者是庄公冯，《春秋经》则认为是宋督（即宋国大夫华督），而事情的真相是庄公冯指使华督弑君，主谋是庄公冯，而非华督，《公羊传》所云是事实。董仲舒认为，《春秋经》与《公羊传》用不同的书法，是为照顾宋宣、宋缪"让国之善志"，同时又不损害"大居正"的王法，兼顾两个义理。具体来说，《春秋》书"宋督弑其君"，将弑君的责任由庄公冯而"移之宋督"，是因为宣公、缪公有让国之"善志"，故而为庄公冯避讳弑君的事实。如果《春秋》直书其事的话，那么宣、缪让国之"善志"就体现不出来了。另一方面，如果完全为庄公冯避讳的话，那就意味着宣、缪之让国完全是合理的，不仅仅是"善志"而已，如此一来"大居正"的王法就被破坏了，故而在《公羊传》中必须明言庄公冯弑与夷，并且在《春秋经》中不提及宣、缪让国之事，以表明让国"不中法"。就这样，通过经传不同的记录，王法

---

[1]《春秋公羊传注疏》卷二，第66页。
[2]《春秋公羊传注疏》卷四，第121页。

与善志并存。我们认为,《公羊传》的"贤让国"是结合"大居正"讲的,董仲舒秉承了《公羊传》的思想,同时也更加注重"让国之善志",虽然董氏云:"其为善不法,不可取,亦不可弃。"实际上董仲舒更加侧重于善志之"不可弃"。

"大居正"和"让国"都是为了政治的稳定。"大居正"是从源头上杜绝继位的争端,是对于国君的基本要求。"让国"则是对于"大居正"的必要的补充,要求国君或者是"宜立者"具备高尚的品德与操守,以国为重,不贪恋权位。孔子作《春秋》的目的是拨乱世而反之正,对于乱世来说,"让国"之德尤为可贵,故而董仲舒对于让国不成的鲁隐公,仍贤之;对于宋宣公、宋缪公,他们虽然不居正,但是有让国之善志,故亦不可弃。作为一国政教之始的国君,以及责任重大的大夫,对于政治中的君王继代问题,不可以不明"大居正"与"让国"之大义。

二 经权之义

在《春秋》的大义之中,"大居正"的侧重点是君王;而对于臣子来说,更重要的是要明"经权之变"。

1 《公羊传》中的经权观念

经权问题,是中国思想史上非常重要的一个命题,孔子云:"可与共学,未可与适道;可与适道,未可与立;可与立，未可与权。"[1]孟子亦云："男女授受不亲，礼也；嫂溺援之以手者，权也。"[2]"执中无权，犹执一也。"[3]就文本而言，这几条记录对于经权问题未做详细的探讨，只是将"立"与"权"，"礼"与"权"分别开来，并认为有行权的必要。而《公羊传》通过祭仲行权之事，对于经权问题有详细的说明。

【春秋经】（桓公十一年）九月，宋人执郑祭仲。

【公羊传】祭仲者何？郑相也。何以不名？贤也。何贤乎祭仲？以为知权也。其为知权奈何？古者郑国处于留。先郑伯有善于邻公者，通乎夫人，以取其国而迁郑焉，而野留。庄公死，已葬，祭仲将往省于留，涂出于宋，宋人执之，谓之曰："为我出忽而立突。"祭仲不从其言，则君必死，国必亡；从其言，则君可以生易死，国可以存易亡。少辽缓之，则突可故出，而忽可故反。是不可得则病。然后有郑国。古人之有权者，祭仲之权是也。权者何？权者反于经，然后有善者也。权之所设，舍死亡无所设。行权有道，自贬损以行权，不害人以行权。杀人以自生，亡人以自存，君子不为也。[4]

---

[1]《论语·子罕》。
[2]《孟子·离娄上》。
[3]《孟子·尽心上》。
[4]《春秋公羊传注疏》卷五，第170—172页。

案郑庄公有两个儿子,长子为公子忽,即后来的郑昭公;次子为公子突,即郑厉公,公子突为宋雍氏女所生,为"宋外甥"。按照礼制,应由长子继承君位。但是宋国却想拥立公子突,故而要挟祭仲。祭仲权衡了利弊,认为宋国势大,不从其言,将会招致君死国灭的后果;从其言,则可伺机迎回公子忽,郑国也可以保存。后来祭仲的确做到了"突可故出,忽可故反"。对于这件事情的评价,《春秋》通过书字来表彰祭仲[1],认为他是贤者。《公羊传》贤祭仲的理由是祭仲"知权",并由此对于行权做了严格的界定:第一,权需要"反于经然后有善"。第二,权"舍死亡无所设"。第三,行权只可"自贬损",不可"害人以行权"。

首先来看第一条,行权必须"反于经然后有善"。这里的"经"指的是"常"。对于"常"有两种不同的理解,有人将"常"理解为抽象的"常道",那么"权"就属于"经"的一部分,如朱子所云:"伊川说权,便道权只在经里面。"[2]第二种理解是将"常"视为具体的一项礼制,如《孟子》中的"男女授受不亲"之礼。我们倾向于第二种说法。就祭仲之事而言,"经"指的就是君臣之礼。《春秋》严君臣之分,有"大夫不敌君""大夫不得专废置君"之礼制,此处祭仲擅自废立国君,即违背了君臣之礼。

"反"字也有两种解释,按李新霖先生的说法,一为

---

[1] 按照《春秋》的名例,大夫称名氏。"仲"是字,不是名。杜预注《左传》认为"仲"是名,不是字,与《公羊传》之说不同,我们不取杜说。
[2] 黎靖德编,《朱子语类》卷三七,中华书局,1986年,第991页。

"反背于经",一为"反归于经"。[1]《公羊传》之"反于经然后有善",应取"反背"之说。林义正先生云:"《公羊传》里的'经'是指'礼',是人类社会在一般情况下致善的行动常规,而'权'是指违反一般常规而后有善的行动措施,经与权是横列的相反关系,同时,两者均是指向同一目标——善。"[2]我们认为"善"就是抽象意义上的"经""常道",之前的"反经"之"经"指的是具体的礼制,与抽象意义上的"经""常道"不在一个层面。

"善"有两个含义,一是动机之善。林义正先生云:"汉儒将'权'以背反于'经'释之,但却不流于权谋诈术,盖以'然后有善'为限制之故。"[3]《春秋》讲究原心定罪,若动机不善,就不必考虑其他问题。就祭仲行权而言,他的动机是为了保存郑国,非别有所图,故而是善的。"善"的第二个含义是结果之善。祭仲最后做到了"突可故出,忽可故反",所以行权才是成功的。

"动机之善"与"结果之善"这两点都反映在《春秋》的书法之中。

【春秋经】(桓公十一年)突归于郑。

【公羊传】突何以名?挈乎祭仲也。其言归何?顺

---

[1] 李新霖,《春秋公羊传要义》,第192页。
[2] 林义正,《春秋公羊传伦理思维与特质》,台湾大学出版中心,2003年,第144页。
[3] 林义正,《春秋公羊传伦理思维与特质》,第142页。

祭仲也。

【春秋经】郑忽出奔卫。

【公羊传】忽何以名?《春秋》伯、子、男一也,辞无所贬。[1]

这段文字记录了祭仲受宋国的胁迫而"出忽立突",然而这并非是祭仲的本意,所以《公羊传》认为忽、突名字的书法,就表现了祭仲的"动机之善"。首先,"突归于郑"是很奇怪的书法,公子突是篡国之贼,《春秋》一般以"当国之辞"书之。即去掉"公子"之氏,而冠以国氏,明其欲当国为君,如庄公九年,"齐小白入于齐"。这里当书"郑突入于郑",《春秋》却书"突"。《公羊传》认为这表示突"挈乎祭仲"。何注云:"挈,犹提挈也。"[2]因为"突入于郑"的经文上接"九月,宋人执郑祭仲",《春秋》经文连在一起看,则"祭仲"在"突"之上,这表明突之得位是受祭仲提挈。同时不书"入"而书"归",也有讲究。"入"是篡辞,而"归"是"无恶"之辞。然而突明显是篡位,《春秋》却书"归",完全是顺着祭仲的角度讲的,因为祭仲立突为君,最终的目标是为了"出突立忽","出突立忽"无恶,故暂时立突为君亦无恶,《春秋》以此表明祭仲的动机是纯正的。

而"郑忽出奔卫"也是奇怪的书法,按照《春秋》之

---

[1]《春秋公羊传注疏》卷五,第173—174页。
[2]《春秋公羊传注疏》卷五,第173页。

例，国君出奔，则书名以绝之，如桓公十五年"郑伯突出奔蔡"。此处《春秋》书"郑忽出奔卫"，《公羊传》对此的解释是"《春秋》伯、子、男一也，辞无所贬"，这里的"贬"是因丧事而贬，并非是因为出奔而贬。所谓的丧贬，指的是嗣君在先君去世未逾年时，不称本爵，而称"子"，表示思慕先君，不忍当父之位。然而"子"字既有"儿子"的意思，又是五等爵制中的"子"爵。《春秋》改制，合"伯子男"为一，则称"郑伯"与称"郑子"为一等，体现不出嗣君因丧而贬损之义，故而书名。这里《公羊传》强调丧贬，是为了表明郑忽出奔是无恶的。然而按照礼制，国君出奔是大恶，忽出奔无恶，也是从顺着祭仲的角度讲的，表明祭仲的动机纯正。

行权除了动机纯正之外，也要有善的结果，那就是"突之故出，忽之故反"[1]。

【春秋经】（桓公十五年）五月，郑伯突出奔蔡。

【公羊传】突何以名？夺正也。

【春秋经】郑世子忽复归于郑。

【公羊传】其称世子何？复正也。曷为或言归，或

---

[1] 董仲舒《春秋繁露·竹林》云："故凡人之有为也，前枉而后义者，谓之中权，虽不能成，《春秋》善之，鲁隐公、郑祭仲是也。"（见《春秋繁露义证》卷二，第60—61页）似乎董仲舒认为祭仲行权未能成功。我们推测董仲舒是根据桓公十五年祭仲死后，突又入郑，忽又出奔而言的。但是当时祭仲已死，自然不能掌控郑国。所以对于祭仲行权是否成功的标准，应该是祭仲生前的"突之故出，忽之故反"。

第三章　董仲舒《春秋》学中的大义

言复归?复归者,出恶,归无恶。复入者,出无恶,入有恶。入者,出入恶。归者,出入无恶。[1]

突之出奔,忽之复归,《公羊传》分别使用了"夺正""复正"之辞。"夺正"就表明突得位本就不正,"复正"则表明先前忽之出奔是不得已之举。我们认为只有达到了善的结果,才能称为"知权",否则光有善的动机,也只是徒劳,甚至会背上千古骂名。故而何休以为,"复正"之辞是为了"效祭仲之权"[2],陈立《公羊义疏》认为"效"就是"验"的意思。只有突之故出,忽之复归,方能验证祭仲之行权,所以善的结果是行权的必要条件。

《公羊传》对于行权的第二个规定是"舍死亡无所设"。这里的"死亡"指的并非是祭仲的生命。因为对于臣子来说,绝不能贪恋自己的生命,而行废立国君之事。所以"死亡"指的是郑昭公的生命以及郑国的存亡。《公羊传》认为,君必死,国必亡,方可行权,如果没有到这种程度,祭仲大可行臣子之义,从容赴死,如此既忠君爱国,又有千古美名。而且祭仲"君必死,国必亡"的推测,并非是虚设危险,这一点在《春秋》中也有体现。

【春秋经】(桓公十五年)秋,九月,郑伯突入于栎。

---

[1]《春秋公羊传注疏》卷五,第184—185页。
[2]《春秋公羊传注疏》卷五,第185页。

【公羊传】栎者何？郑之邑。曷为不言入于郑？未言尔。曷为末言尔？祭仲亡矣。然则曷为不言忽之出奔？言忽为君之微也，祭仲存则存矣，祭仲亡则亡矣。[1]

祭仲"君必死，国必亡"的判断是基于忽是微弱之君，不能自存。这一点在祭仲死后马上就表现出来了。案忽之复归在桓公十五年五月，之后祭仲死了，到了九月份，突就重新回到了郑国，忽又一次出奔了。而且《公羊传》认为，不书忽之出奔，是体现"忽为君之微也，祭仲存则存矣，祭仲亡则亡矣"，如匹夫一般。这就验证了先前"君必死，国必亡"的判断。之所以要有这么严格的规定，是因为行权本身就意味着礼制中的某一方面遭到破坏，如果不必行权而行权，则是对于伦常的显著破坏。比如说，忽是明君，则祭仲没有必要行权，否则就是乱臣贼子的行径。孔广森云："嫂不溺则不援，君不危社稷则不变置，是以反覆申明行权之匪易，均之事也，施于君死国亡则为权，施于生己存己则为私，亦视其心而已。"[2]

接下来衍生出一个问题，决定"行权"的标准是什么？这就牵涉到对于"权"字另外一个意义的理解。何休云："权者，称也。"[3]称是称量物体的重量，权然后知轻重。这就意味着在决定行权之时，自己先要有判断，所违反的

---

[1]《春秋公羊传注疏》卷五，第186—187页。
[2] 孔广森，《春秋公羊经传通义》卷二，第317页。
[3]《春秋公羊传注疏》卷五，第170页。

"经",也就是具体的礼制,与所要保护的对象孰轻孰重。就祭仲之事而言,祭仲损害的是一时的君臣之礼,保全的是国君的性命以及整个郑国,显然后者是更加重要的。只有分别了两者的轻重,方能决定是否行权。孔广森云:"权之所设,良以事有岐趋,道或两窒,利害资于审处,轻重贵其称量。是故身与义权则义重,义与君权则君重,君与国权则国重。"[1]同时在行权完成之后,还要对于行权者进行评价,是否"功大于过"。陈立云:"此《公羊》精义也,逐君罪重,存国功尤重,以存国之功除逐君之罪,所以为别轻重也。"[2]我们可以看到,分别轻重并不是计算利益,而是以义理为旨归。国重于君,君重于臣,都是义理上的轻重,不是以自身的现实利益作为考量标准。

《公羊传》行权的第三个规定是,只可自贬损以行权,不可害人以行权。这也是为了防止乱臣贼子以行权之名,行一己私欲。在祭仲行权的例子中,如果只考虑自己的利益,那么"出忽立突"是很自然的事。而且也可曲解行权的规定,将"舍死亡无所设"解释成自己的生命,以此自饰。这样行权就完全失去了善的目的,彻底沦为权术诈谋。所以《公羊传》规定,不仅不可以害人行权,甚至"反经"造成的危害,也必须由行权者承担。就祭仲之事而言,"出忽立突"是犯了逐君之罪,如果行权失败,自己将背负千古的骂

---

[1] 孔广森,《春秋公羊经传通义》卷二,第317页。
[2] 陈立,《公羊义疏》卷一五,第536页。

名；即便成功，之前的逐君之罪也是洗不掉的，只能是通过更大的功劳来抵消而已，所以对于祭仲来说，无论如何行权都是"自贬损"。《公羊传》做如此严格的规定，就是要保证行权最后归于善。

2 董仲舒《春秋》学中的经权观

《公羊传》明言行权者，仅祭仲一例，而且极其审慎地对行权施加了诸多限制。董仲舒《春秋》学的特色，在于不同事件的比较。董子对于经权问题的看法，也是通过对比而得的。通过对比，经权问题中的诸多面向更加细致地展现出来，对于行权的界定也越发严格。

（1）行权的结果要合礼义

首先，董仲舒将逢丑父与祭仲进行对比。《公羊传》之所以称许祭仲"知权"，其中有一点就是祭仲能够使得"君以生易死"，保全了郑昭公的生命。而逢丑父[1]牺牲自己，换取了君王的生命，但是董仲舒认为他"不中权"。《春秋繁露·竹林》云：

> 逢丑父杀其身以生其君，何以不得谓知权？丑父欺晋，祭仲许宋，俱枉正以存其君。然而丑父之所

---

[1] 案《公羊传》作"逢丑父"，《春秋繁露》作"逢丑父"。在引文中我们不做统一，但是在论述中统一写成"逢丑父"。

为,难于祭仲,祭仲见贤而丑父犹见非,何也?曰:是非难别者在此。此其嫌疑相似而不同理者,不可不察。夫去位而避兄弟者,君子之所甚贵;获虏逃遁者,君子之所甚贱。祭仲措其君于人所甚贵以生其君,故《春秋》以为知权而贤之。丑父措其君于人所甚贱以生其君,《春秋》以为不知权而简之。其俱枉正以存君,相似也;其使君荣之与使君辱,不同理。故凡人之有为也,前枉而后义者,谓之中权,虽不能成,《春秋》善之,鲁隐公、郑祭仲是也。前正而后有枉者,谓之邪道,虽能成之,《春秋》不爱,齐顷公、逢丑父是也。夫冒大辱以生,其情无乐,故贤人不为也,而众人疑焉。《春秋》以为人之不知义而疑也,故示之以义,曰国灭君死之,正也。正也者,正于天之为人性命也。天之为人性命,使行仁义而羞可耻,非若鸟兽然,苟为生,苟为利而已。是故《春秋》推天施而顺人理,以至尊为不可以加于至辱大羞,故获者绝之。以至辱为亦不可以加于至尊大位,故虽失位弗君也。已反国复在位矣,而《春秋》犹有不君之辞,况其涵然方获而虏邪。其于义也,非君定矣。若非君,则丑父何权矣。故欺三军为大罪于晋,其免顷公为辱宗庙于齐,是以虽难而《春秋》不爱。丑父大义,宜言于顷公曰:"君慢侮而怒诸侯,是失礼大矣。今被大辱而弗能死,是无耻也而复重罪。请俱死,无辱宗庙,无羞社稷。"如此,虽陷其身,尚有廉名。当此之时,死贤于生。故君子生以辱，不如死以荣，正是之谓也。由法论之，则丑父欺而不中权，忠而不中义，以为不然？复察《春秋》。《春秋》之序辞也，置王于春正之间，非曰上奉天施而下正人，然后可以为王也云尔。

今善善恶恶，好荣憎辱，非人能自生，此天施之在人者也。君子以天施之在人者听之，则丑父弗忠也。天施之在人者，使人有廉耻。有廉耻者，不生于大辱。大辱莫甚于去南面之位而束获为虏也。曾子曰："辱若可避，避之而已。及其不可避，君子视死如归。"谓如顷公者也。[1]

逢丑父之事见于《公羊传》成公二年。

【春秋经】六月，癸酉，季孙行父、臧孙许、叔孙侨如、公孙婴齐帅师，会晋郤克、卫孙良夫、曹公子手及齐侯战于鞌，齐师败绩。秋，七月，齐侯使国佐如师。己酉，及国佐盟于袁娄。

【公羊传】君不行使乎大夫，此其行使乎大夫何？佚获也。其佚获奈何？师还齐侯，晋郤克投戟，逡巡再拜稽首马前。逢丑父者，顷公之车右也，面目与顷公相似，衣服与顷公相似，代顷公当左。使顷公取饮，顷公操饮而至，曰："革取清者。"顷公用是佚而不反。

---

[1] 苏舆,《春秋繁露义证》卷二，第59—63页。

逢丑父曰:"吾赖社稷之神灵,吾君已免矣。"郤克曰:"欺三军者,其法奈何?"曰:"法斩。"于是斩逢丑父。[1]

齐顷公由于得志自满,连续侵伐邻国,又侮辱晋、鲁之使臣,故而招致了鲁、晋、卫、曹四国的攻击,战于鞌,齐师大败。齐顷公被晋军包围,危急之时,逢丑父与齐顷公调换了位置,逢丑父假冒顷公的身份,命顷公两次去取水,顷公借机逃跑,而逢丑父却牺牲了自己的生命。就《公羊传》文本而言,仅仅说是"斩逢丑父",未对逢丑父有价值上的评判。董仲舒则认为:"逢丑父当斩。"[2]而且丑父虽然保全了齐顷公的生命,但是"不中权"。董仲舒做出如此的评价,关键的原因是丑父行权的结果不善。

董仲舒认为,对于行权的结果的评价,不能仅以君王个人的生死作为标准,而是要符合礼义的规定。祭仲行权,虽然逐郑昭公,但是将昭公置于"去位而避兄弟"的位置[3],对昭公没有贬损。逢丑父是将齐顷公置于"获虏逃遁"的位置,违反了礼义对于君王的规定。按照礼制,国君以国为体,代表的不是个人,而是礼义上的身份,在面

---

[1]《春秋公羊传注疏》卷一七,第700—704页。
[2] 苏舆,《春秋繁露义证》卷三,第92页。
[3] 此处董仲舒讲的"去位而避兄弟",是从祭仲行权的角度讲的。郑昭公本身是微弱之君,出奔肯定有罪,然而出奔是行权的一部分,故而是"无恶"的,且有"去位而避兄弟"之贵。

临被俘的情况下，作为礼义身份的国君是必须死位的，否则就失去了君主的价值，而与"苟为生，苟为利"的鸟兽等同。逢丑父的行为，挽救的仅仅是作为个人的齐顷公，却使得顷公大违礼义，不配为君。这也导致了逢丑父的"不中权"。董仲舒认为："其（齐顷公）于义也，非君定矣。若非君，则丑父何权矣。"所以逢丑父正确的做法是为顷公明确国君之义，指出祸乱之由，鼓励顷公慷慨就死，在最后一刻不失国君的价值。

董仲舒通过对逢丑父的批评，指出行权的结果一定要符合礼制的要求，否则即使保全了君王的生命，也不是"中权"，反而是"邪道"。这完全是以价值立论，是对于《公羊传》的合理引申。

（2）行权之"枉"要在"可以然之域"

董仲舒对于行权的第二个界定是：行权之"枉"要在"可以然之域"。按照《公羊传》的说法，权是"反于经然后有善"，就祭仲之事而言，先是"出忽立突"，所达到的结果是"突故出而忽故反"，可谓是曲线救国。但是《公羊传》对这个"前枉"的度并没有具体的限定，董仲舒则将其严格限定在礼制的范围之内，即"可以然之域"。《春秋繁露·玉英》云：

> 器从名、地从主人之谓制。权之端焉，不可不察也。夫权虽反经，亦必在可以然之域。不在可以然之

域，故虽死亡，终弗为也，公子目夷是也。故诸侯父子兄弟不宜立而立者，《春秋》视其国，与宜立之君无以异也。此皆在可以然之域也。至于鄫取乎莒，以之为同居，目曰"莒人灭鄫"，此在不可以然之域也。故诸侯在不可以然之域者，谓之大德，大德无逾闲者，谓正经。诸侯在可以然之域者，谓之小德，小德出入可也。权谲也，尚归之以奉钜经耳。[1]

"器从名、地从主人"讲的是命名之制，器物的名称采用最先占有者的命名，地名则用最后占有者的命名。这里指代的是礼制。董仲舒认为"制"是"权之端"，苏舆云："权者事之发，而其端仍本于制。"[2]"权"即使是"反于经"，"反"的程度也要在"可以然之域"。就立国君而言，"可以然之域"指的是"诸侯父子兄弟不宜立而立者"。"不宜立者"仅指其非第一继承人而已，但仍属于君王一族之人，有得立之道。董仲舒认为，《春秋》从国家的角度来看，"不宜立者"一旦被立为国君，和"宜立者"（即第一顺位继承人）没有区别。这是在"可以然之域"。"不在可以然之域"者，指的是异姓继承君位。董仲舒举了"莒人灭鄫"的例子，事见襄公六年。所谓的"莒人"指的是莒国的公子，他是鄫国国君的外孙。"莒人灭鄫"并非是莒公子率兵灭了鄫

---

[1] 苏舆，《春秋繁露义证》卷三，第78—80页。
[2] 苏舆，《春秋繁露义证》卷三，第79页。

国，而是以外孙的身份继承了鄫国的君位。外孙虽然有血缘关系，但毕竟是异姓，不具备继位的资格，超出了礼制的范围，"不在可以然之域"，不得为权。董仲舒认为，公子目夷行权，就体现了"可以然之域"。公子目夷之事见于《公羊传》僖公二十一年。

> 宋公与楚子期以乘车之会，公子目夷谏曰："楚，夷国也，强而无义，请君以兵车之会往。"宋公曰："不可。吾与之约以乘车之会，自我为之，自我堕之，曰不可。"终以乘车之会往。楚人果伏兵车，执宋公以伐宋。宋公谓公子目夷曰："子归守国矣。国，子之国也。吾不从子之言，以至乎此。"公子目夷复曰："君虽不言国，国固臣之国也。"于是归，设守械而守国。楚人谓宋人曰："子不与我国，吾将杀子君矣。"宋人应之曰："吾赖社稷之神灵，吾国已有君矣。"楚人知虽杀宋公，犹不得宋国，于是释宋公。宋公释乎执，走之卫。公子目夷复曰："国为君守之，君曷为不入？"然后逆襄公归。[1]

公子目夷面对襄公被执，有两种选择，一是自立为君，行权以拒楚国。因为从礼制上讲，目夷为襄公之庶兄，有继位的资格，在"可以然之域"。一是答应楚国的要求，伺机

---

[1]《春秋公羊传注疏》卷一一，第449—450页。

复兴宋国,然宋国毕竟被灭,"不在可以然之域"。

反观祭仲行权的例子,宋人的要求是"出忽立突"。忽与突都是郑庄公的儿子,都具备继位的资格。所以祭仲依宋人的要求,先立突为君,是在"可以然之域"。段熙仲先生云:"忽不可反,突犹是吾君之子也,郑国不亡于宋也。"[1]段先生所云,正合此义。由此可见,权虽然反于经,但是所"反"的范围一定要在"可以然之域",这就进一步使得"权"不流于权术诈谋,而通向最终的善。这是董仲舒对于《公羊传》经权问题的一个发展。

(3)行权与死节

董仲舒对于行权的第三个界定,是将行权与死义联系在一起。《公羊传》称许祭仲为"知权",很大程度上是看重祭仲的机变才能。那么如果没有祭仲之才,在危机时刻该如何自处呢?董仲舒云:

> 鲁隐之代桓立,祭仲之出忽立突,仇牧、孔父、荀息之死节,公子目夷不与楚国,此皆执权存国,行正世之义,守惓惓之心,《春秋》嘉气义焉,故皆见之,复正之谓也。[2]

---

[1] 段熙仲,《春秋公羊学讲疏》,第562页。案文中"突"本作"实",若作"实"字则文义不通,疑为"突"字之讹。
[2] 苏舆,《春秋繁露义证》卷四,第118页。

这段文字中所举之例并非都是行权,"鲁隐之代桓立""祭仲之出忽立突""公子目夷不与楚国"是"执权存国"[1],而仇牧、孔父、荀息则是"死节"。段熙仲先生认为:"董君以孔父、仇牧、荀息与鲁隐公、祭仲相提并论,盖一则许其行正世之义,一则许其执权存国,其事之济不济不同,其守惓惓之心则一也。"[2]董仲舒将行权与死节放在一起是有深意的。我们先来看一下荀息死节的例子。

【春秋经】(僖公十年)晋里克弑其君卓子,及其大夫荀息。

【公羊传】及者何?累也。弑君多矣,舍此无累者乎?曰,有。孔父、仇牧皆累也。舍孔父、仇牧无累者乎?曰,有。有则此何以书?贤也。何贤乎荀息?荀息可谓不食其言矣。其不食其言奈何?奚齐、卓子者,骊姬之子也,荀息傅焉。骊姬者,国色也。献公爱之甚,欲立其子,于是杀世子申生。申生者,里克傅之。献公病,将死,谓荀息曰:"士何如则可谓之信矣?"荀息对曰:"使死者反生,生者不愧乎其言,则可谓信矣。"献公死,奚齐立。里克谓荀息曰:"君杀正而立不正,废长而立幼,如之何?愿与子虑之。"荀

---

[1] 鲁隐公之事,董仲舒认为是行权,大概是根据隐公元年的传文"隐于是焉而辞立,则未知桓之将必得立也;且如桓立,则恐诸大夫之不能相幼君也,故凡隐之立,为桓立也"而言的。
[2] 段熙仲,《春秋公羊学讲疏》,第566页。

息曰:"君尝讯臣矣,臣对曰:'使死者反生,生者不愧乎其言,则可谓信矣。'"里克知其不可与谋,退,弑奚齐。荀息立卓子。里克弑卓子,荀息死之。荀息可谓不食其言矣![1]

晋献公宠爱骊姬,想立骊姬之子为君,进而杀死世子申生,迫使公子重耳出奔。晋献公死前将奚齐、卓子托付于荀息。荀息也遵守信用,最终与国君一起被杀。两个君主被弑,是国之大事,符合"舍死亡无所设"的规定,可以行权。但是荀息没有行权的才能,当初里克说"君杀正而立不正,废长而立幼,如之何?愿与子虑之"之时,荀息应该有所警觉,但是荀息不能防患于未然。奚齐被杀之后,里克弑君之罪已定,荀息又未能治里克之罪。之后卓子又被杀,荀息也慷慨赴死。由此看来,《春秋》贤荀息,看重的是荀息的义节,并非是能力。而行权则必然要求成功,对于才能的要求很高。段熙仲先生云:"能如祭仲之所为则行权,不能如祭仲之所为则死义可也。何者?行权不可必者也。《传》曰:'是不可得则病。'若死义则操之在我者也。《春秋》贤死义,反复发传于孔父、仇牧、荀息,所谓书之重、辞之复,中必有美者焉。"[2] 段先生的这个讲法极有见地,董仲舒将行权与死义对举,就是给后人指明义理,若有才则可行

---

[1]《春秋公羊传注疏》卷一一,第418—420页。
[2] 段熙仲,《春秋公羊学讲疏》,第565—566页。

权,无才则可死节,此为"正世"之义。

(4) 后世对于董仲舒经权观的批评

司马迁述董仲舒之言云:"为人臣者不知《春秋》,守变事而不知其权,必陷篡弑之诛,死罪之名。"可见行权非常困难,若不加以限制,则不免流于诈术。故而《公羊传》对此做了许多限定,认为行权要有善的目的,有善的结果,不虚设危险,自贬损而不害人。董仲舒又进一步,将行权的结果、枉之限度纳入到礼制的范围中,又提出死义问题。可以说经权理论在公羊学中已经相当圆满了。奇怪的是,在后世学者眼中,祭仲行权遭到了极大批评。而董仲舒的观点在东汉已有不同的声音,到清儒焦循那里,又提出了尖锐的批评。我们有必要做一下梳理。

首先是祭仲行权受到的批评。大概有以下几种观点,第一是质疑"君必死,国必亡"之说。如刘敞云:

> 若祭仲知权者,宜效死勿听,使宋人知虽杀祭仲,犹不得郑国乃可矣。且祭仲谓宋诚能以力杀郑忽而灭郑国乎?则必不待执祭仲而劫之矣。如力不能而夸为大言,何故听之?且祭仲死焉足矣,又不能是,则若强许焉,还至其国而背之,执突而杀之可矣。何故黜正而立不正,以为行权?乱臣贼子孰不能为此者乎?[1]

---

[1] 刘敞,《春秋权衡》卷九,《通志堂经解》本,第14页下。

刘氏以为，从宋人劫持祭仲这一点上，就能推断出宋不足以灭郑。以此立论，则祭仲没有行权的必要，那么之后的逐君就是大恶。又认为祭仲还有更简单的办法，就是假装许诺，回国即反悔而杀突，不至于落到"出忽立突"那么复杂的情况。吕大圭也有类似的看法，甚至认为："祭仲死，则郑怒于宋，民知有义，宋必不能逞志于我。"[1]我们认为，祭仲当时之形势，肯定极其险恶，必非如刘、吕二氏想象得那么简单。以祭仲之才，逐君行权尚能做到，强许毁约之策，岂能想不到。又战争瞬息万变，有赖能臣之力，又岂是凭推测之词能够预判的。况祭仲为郑国大夫，非如后世之论者能够隔岸观火，又安敢轻断。刘、吕二氏之论，并非是实质性的质疑。

第二个质疑，是责祭仲当死位。实则上引刘敞之论，已提及这个问题。刘氏既然认为祭仲虚设危险，自然责其死位。而这个问题连带引出了祭仲逐君，并非是自贬损，而是害人以行权。如金贤云："祭仲见执，惟知偷生之为安，而不知死难之为义，遂从乱以忘君，其为不道亦甚矣。"[2]这个观点是接续虚设危险而来的，那么祭仲自然保全的是一己私利。这又引出了第三点质疑，即认为祭仲绝非忠臣，而是弄权之奸臣。如王应麟云："若祭仲者，董卓、司马师、孙琳、桓温之徒也，其可褒乎？"[3]这种形象，与《公羊传》中的

---

[1] 吕大圭，《春秋或问》卷六，《通志堂经解》本，第4页下。
[2] 转引自《钦定春秋传说汇纂》卷六，四库全书荟要本，第5页上。
[3] 王应麟，《困学纪闻》卷七，四部丛刊本，第1页下。

形象完全相反。但是虚设危险的质疑一旦解决，就不会有这样的结论。我们认为，宋人的这种观念，并不是有意忽视《公羊传》，而是受到了《穀梁传》和《左氏传》的影响。

《穀梁传》是这样评价祭仲之事的。

【春秋经】（桓公十一年）突归于郑。

【穀梁传】曰突，贱之也。曰归，易辞也。祭仲易其事，权在祭仲也。死君难，臣道也。今立恶而黜正，恶祭仲也。[1]

在《穀梁传》中，"权"字表示权力，并非是"经权"之"权"，所以祭仲根本没有行权之事。[2] 也就没有"反经合善""君必死国必亡""自贬损"等问题了。既然如此，《穀梁传》纯粹以君臣之义责之，认为祭仲当死君难，不当立恶黜正。我们推测，宋人对于祭仲不死君难的指责，很有可能是从《穀梁传》的立场出发的。

而《左氏传》记录祭仲之事，又大不一样。

【左氏传】（桓公十一年）（宋庄公）诱祭仲而执之，曰："不立突，将死。"亦执厉公而求赂焉。祭仲

---

[1] 《春秋穀梁传注疏》卷四，第49页。
[2] 钟文烝据此认为，"权"字本指废立之权，此为圣门相传说经语，《公羊传》误解为祭仲行权，衍为侈大之论。（详见钟文烝，《春秋穀梁经传补注》，中华书局，1996年，第112页）

与宋人盟，以厉公归而立之。[1]

【左氏传】（桓公十五年）祭仲专，郑伯患之，使其婿雍纠杀之，将享诸郊。雍姬知之，谓其母曰："父与夫孰亲？"其母曰："人尽夫也，父一而已，胡可比也？"遂告祭仲曰："雍氏舍其室而将享子于郊，吾惑之，以告。"祭仲杀雍纠，尸诸周氏之汪。公载以出，曰："谋及妇人，宜其死也。"夏，厉公出奔蔡。六月，乙亥，昭公入。[2]

【左氏传】（桓公十七年）初，郑伯将以高渠弥为卿，昭公恶之，固谏，不听。昭公立，惧其杀己也。辛卯，弑昭公，而立公子亹。[3]

【左氏传】（桓公十八年）齐人杀子亹，而轘高渠弥。祭仲逆郑子（子仪）于陈而立之。是行也，祭仲知之，故称疾不往。人曰："祭仲以知免。"仲曰："信也。"[4]

首先，桓十一年祭仲被执时，没有"国重君轻"的行权考量，仅是为了保命而逐昭公。桓十五年之厉公出奔，是因祭仲专权，厉公要杀祭仲，祭仲先下手为强，本非为迎回昭公，无动机之善。又据《公羊传》记载，祭仲死于桓十五年，之后厉公才进入郑国。据《左氏传》则十七年高渠弥弑

---

[1] 杨伯峻，《春秋左传注》，中华书局，1990年，第132页。
[2] 杨伯峻，《春秋左传注》，第143页。
[3] 杨伯峻，《春秋左传注》，第150页。
[4] 杨伯峻，《春秋左传注》，第153页。

昭公，祭仲尚在世，而不能讨贼。十八年又认可"祭仲以知免"之言以自嘲。综上，祭仲无疑是个权臣的形象，无怪乎王应麟将其与董卓、曹操等人并列。

且不论三传的事实哪一家正确。我们需要明白的是，《公羊传》只是借祭仲之事明行权之义，《公羊传》笔下的祭仲不等于历史上的祭仲。孔广森云："假祭仲以见行权之道，犹齐襄公未必非利纪也，而假以立复仇之准。所谓《春秋》非记事之书，明义之书也，苟明其义，其事可略也。"[1]而宋人通取三传，不主一家，更不论知借事明义之旨，故而未能认同《公羊传》的经权理论，那么董仲舒的观点也就连带被忽视了。

第二个问题是批评董仲舒对于逢丑父的论断。丑父牺牲自己的性命救了齐顷公，董仲舒也承认"丑父之所为，难于祭仲"，但是从义理上来说，丑父不是行权。但这个观念在东汉时已经松动了。何休就对逢丑父抱有同情之心，认为丑父本人不当贬。[2]东汉的冯衍则将祭仲与逢丑父完全等同起来。

> 衍闻顺而成者，道之所大也；逆而功者，权之所贵也。是故期于有成，不问所由；论于大体，不守小节。昔逢丑父伏轼而使其君取饮，称于诸侯；郑祭仲

---

[1] 孔广森，《春秋公羊经传通义》卷二，第317页。
[2] 详见第六章的论述。

立突而出忽，终得复位，美于《春秋》。盖以死易生，以存易亡，君子之道也。诡于众意，宁国存身，贤智之虑也。[1]

冯衍认为，祭仲与逢丑父都是知权的，原因是两者的结果都是"以死易生，以存易亡"。冯氏仅仅是重结果，而未辨别结果是否合乎礼义的要求，回避了董仲舒的问题。而焦循则直接批评董仲舒"不知权"。

《公羊传》"欺三军"之言出自晋，晋之斫之也固宜。亦未尝有讥丑父为邪道，为不知权。董子据晋人之言，以为丑父"欺三军"，则是以司寇据仇敌之片言，以入被诬者之罪。若谓丑父是时宜与顷公同死社稷，尤为迂论。顷公归而宾媚人成盟，晋师退矣。顷公发愤有为，齐且大振。晋侯且高其义，畏其德，使诸侯复归其侵地。若与丑父同死靡笄之下，晋率鲁、卫之军，直入徐关，国已无主，其屏更不可测。顷公之遁，无异孔子之微服过宋。孔子微服不为辱，顷公何辱之有……余谓逢丑父千古之大忠，非身死于国亡事败之后，无补于君父者可较也。君子知权莫过于是，董仲舒以为不如祭仲，失之甚矣。况《左氏》述丑父

---

[1]《后汉书》卷二八上，中华书局，1965年，第962页。然而冯衍的说法，如"伏轼""称于诸侯"等，可能是受了《左氏传》的影响，并非是公羊家言。但这足以表明东汉时的风尚。

之言，晋人实免之。晋人固许其忠，讵有忠于事君而为枉为邪道者乎？公羊氏以祭仲为知权，姑置勿论，董子斥丑父不知权，董子固未知权也夫？[1]

焦循以为董仲舒"未知权"，完全是从功利的角度来看待逢丑父之事的。逢丑父救了齐顷公的性命，顷公归国后，先同晋国达成了盟约，后来发愤图强，齐国大振。《公羊传》云："鞌之战，齐师大败。齐侯归，吊死视疾，七年不饮酒，不食肉。晋侯闻之曰：'嘻！奈何使人之君七年不饮酒，不食肉！请皆反其所取侵地。'"焦循据齐顷公之后的表现，认为这些都要归功于逢丑父，认为丑父是"千古之大忠"。焦氏据此反驳董仲舒：第一，董氏之言，是站在晋人的立场上，属于片面污蔑之词。第二，董仲舒让逢丑父劝齐顷公死位，是迂腐之言，丝毫不利于齐国，是"小人之权"。

我们认为，焦循的说法是很有问题的。首先，董仲舒评价逢丑父绝非是站在晋国的立场，而是以礼制仁义作为标准。认为仁义是天赋予人的，是人之为人的根据。礼制建立在仁义之上，礼制对于国君的要求是"国灭君死之"，所以绝非是晋国的立场。焦循又将齐顷公归国后的发愤图强与逢丑父联系在一起。但如果从礼义的角度来看，齐顷公逃遁是一事，之后的重振齐国是另一事，两者反映的义理是不同的。顷公逃遁所要表达的义理是国君当死位，重振齐国所要

---

[1] 焦循，《焦循诗文集》，广陵书社，2009年，第179—180页。

表达的义理是国君须勤勉。《春秋》是借事明义之书，两者互不相妨。焦循以功利的眼光来看义理的问题，则将价值与功利放在同一个层面看待，这样义理也就成了利益问题，事情本身无是非可言，要参考与之相关的无数的事件的利益，方能确定是非，这会无穷倒退。而且丑父当时也不能预料到顷公之后的作为，不能据此作为价值判断的依据。所以焦循虽然严厉地批评了董仲舒的观点，但在义理上是不可取的。

第四章 董仲舒《春秋》学中的微言：改制

按照皮锡瑞的讲法，《春秋》有大义，有微言，大义在于诛讨乱臣贼子，而微言则在于改立法制。[1]改制对于公羊家来讲是极其重大的问题，而董仲舒作为《公羊》先师，十分重视改制问题。"六科十指"中的"承周文而反之质"[2]，说的就是改制的问题。而《春秋繁露》中的《三代改制质文》一篇，则详细论述了改制的内容。然而要确切地理解董仲舒的改制思想，却存在着诸多的困难。

首先，后世对于董仲舒的改制思想的理解，有很大的争论。以康有为为代表的公羊学家，极力推崇董子的改制思想，认为："《春秋》专为改制而作。然何邵公虽存此说，亦难征信，幸有董子之说，发明此义。"[3]在实际的政治中，康

---

[1] 皮锡瑞云："《春秋》有大义，有微言。所谓大义者，诛讨乱贼以戒后世是也；所谓微言者，改立法制以致太平是也。"又云："孔子惧弑君弑父而作《春秋》，'《春秋》成而乱臣贼子惧'，是《春秋》大义。'天子之事''知我罪我''其义窃取'，是《春秋》微言。大义显而易见，微言隐而难明。"（见《经学通论》，第365—366页）
[2] 苏舆，《春秋繁露义证》卷五，第145页。
[3] 康有为，《春秋董氏学》，载《康有为全集》（二），上海古籍出版社，1990年，第773页。

有为也通过推尊董子,来推行改革。另一方面,以苏舆、朱一新为代表的康有为的反对者们,却试图将董仲舒与"改制"剥离开来。苏舆甚至认为《三代改制质文》一篇仅仅是"但述师说",并非是《公羊传》或者董仲舒自己的思想;同时将改制思想归于何休,认为何休用"改制"以及其他相关的概念,如"王鲁""通三统"《春秋》当新王"等来注释《公羊传》,才造成了后世对于《公羊传》以及董子的误解。[1]徐复观先生则认为,"改制""绌夏亲周故宋王鲁"等思想"最表现了仲舒《春秋》学的特色,而为后来许多附会之说所自出"。又认为董仲舒的"以《春秋》当新王""实是以孔子即是新王",并且通过历史事实的考察,认为"王鲁绌夏亲周故宋"等思想,"在《公羊传》中是毫无根据的",是出于董仲舒的附会。[2]

上述三种不同的看法都有不合理之处。康有为认为唯有董仲舒能明《春秋》专为改制而作,这显然是"有为"之言。苏舆等人将董仲舒与改制思想剥离,也是武断的。因为"王鲁""通三统"《春秋》当新王"等概念,《春秋繁露》有明文。徐复观先生认为改制思想是出于董仲舒的附会,则是从历史的角度看待问题,将改制问题坐实了看,但是这种理解方式是否合理,是值得商榷的;另外《公羊传》是否已有改制的思想,也是值得讨论的。

---

[1] 详见苏舆,《春秋繁露义证》卷七,第184页。
[2] 徐复观,《两汉思想史》,第220—223页。

所以我们有必要对于董仲舒的改制思想进行全面的考察。具体分四个方面进行：首先，讨论改制思想与《公羊传》的渊源；其次，讨论改制的具体内涵，揭示改制的三个层面；再次，讨论改制的逻辑起点，即《春秋》当新王，并明确改制是孔子所"托"，不可以"坐实"看待；最后，讨论董仲舒的改制思想与"辟秦"的关系。

一 董仲舒改制思想来自《春秋》

《公羊传》虽未有"改制"二字，然而确有改制之内容。

【春秋经】（桓公十一年）郑忽出奔卫。
【公羊传】忽何以名？《春秋》伯、子、男一也，辞无所贬。[1]

段熙仲先生云："新王改制之说，《传》有明文：'《春秋》伯、子、男一也。'通三为一，正《春秋》之改制也。"[2]周代诸侯有五等爵制，分别是公、侯、伯、子、男，段先生认为"通伯、子、男为一"，改为三等爵制，就是《公羊传》改制的明文。而且《公羊传》"辞无所贬"的论断，也印证了改制之事。

---

[1]《春秋公羊传注疏》卷五，第174页。
[2] 段熙仲，《春秋公羊学讲疏》，第453页。

郑国之君本为伯爵,所以忽当称为"郑伯"。但当时其父郑庄公去世不满一年,按照《春秋》的名例,"君薨称子某,既葬称子"[1],则忽应称"郑子",表明嗣君居丧期间,应尽子道,不忍当父之位,这就是"辞有所贬"。故而因丧贬而称"郑子",在周代五等爵制的体系下是没有任何问题的。然而《春秋》却书"郑忽",则有另外的考虑。《公羊传》认为,"郑子"的称谓,不能够体现嗣君居丧的贬损之义,因为《春秋》改制,将周代五等爵制中的"伯、子、男"合为一等,所以称"郑伯"与"郑子"是没有区别的,只好通过称名来体现丧贬。[2]

而《公羊传》"《春秋》伯、子、男一也"的观点,也是董仲舒的改制理论的渊源。董仲舒云:

> 《春秋》郑忽何以名?《春秋》曰:伯、子、男一也,辞无所贬。何以为一?曰:周爵五等,《春秋》三等。[3]

可见董仲舒的改制思想,是接着《公羊传》说的。同时董书中与改制相关的一些概念,也是从《春秋》的书法中

---

[1]《春秋公羊传注疏》卷九,第344页。
[2] 按照《春秋》的名例,国君出奔也是书名的,但是此处书"郑忽",并非是因其出奔而称名,而是因居丧而贬损称名。其中原因,简单说,就是郑忽的出奔是祭仲行权的一个环节,后来在祭仲的帮助下,郑忽还是回到了郑国,所以郑忽先前的出奔并没有罪过,故不是因出奔而书名。详细的论述见第三章中的"经权之义"一节。
[3] 苏舆,《春秋繁露义证》卷七,第203—204页。

得出的，我们举"绌夏"这个概念为例。董仲舒云：

> 《春秋》作新王之事，变周之制，当正黑统。而殷周为王者之后，绌夏改号禹谓之帝，录其后以小国，故曰绌夏存周，以《春秋》当新王。不以杞侯，弗同王者之后也。称子又称伯何？见殊之小国也。[1]

按照"通三统"的讲法，王者兴起，以前两朝的子孙为"二王后"，封之为大国。以周朝为例，宋国和杞国是二王后，故封为大国。董仲舒认为，《春秋》当新王，是作为一个假托的新的王者，故而周和宋就是新的二王后，封为大国，杞国则由二王后降为小国。这就是"绌夏"。按照《春秋》三等爵，公为一等，侯为一等，伯子男为一等，其中伯子男为小国。如果没有"绌夏"的话，则杞当称"杞公"，而《春秋》中只有"杞伯"和"杞子"。所以董仲舒认为，"称子又称伯"，是因为《春秋》"绌夏"，"弗同王者之后"。此外，"王鲁""亲周""故宋"等概念，都可以在《春秋》具体的文辞中找到根据。[2]

---

[1] 苏舆，《春秋繁露义证》卷七，第199—200页。
[2] 比如"王鲁"的概念可通过内外之辞来体现，详见下文。"亲周"则《公羊传》有明文，宣公十六年夏，成周宣谢灾，《传》云："外灾不书，此何以书？新周也。""新周"与"亲周"含义相同，都是将周视为新的二王后。"故宋"即宋国还是作为二王后。《春秋》通过书宋国的灾异，"为王者之后记灾（异）"，以明宋国还为二王之后。其实改制的思想源头可追溯到孔子。段熙仲先生认为《论语》中的"质胜文则野，（转下页）

二 改制的层次

由上可知,董仲舒改制的思想来自《春秋》,在《春秋》的基础,他又有更加详细的论述。《春秋繁露·楚庄王》中的一段插话,可以看作是董子讨论改制的总纲:

> 《春秋》之于世事也,善复古,讥易常,欲其法先王也。然而介以一言曰:"王者必改制。"……今所谓新王必改制者,非改其道,非变其理,受命于天,易姓更王,非继前王而王也。若一因前制,修故业,而无有所改,是与继前王而王者无以别。受命之君,天之所大显也。事父者承意,事君者仪志。事天亦然。今天大显己,物袭所代而率与同,则不显不明,非天志。故必徙居处、更称号、改正朔、易服色者,无他焉,不敢不顺天志而明自显也。若夫大纲、人伦、道理、政治、教化、习俗、文义尽如故,亦何改哉?故王者有改制之名,无易道之实。孔子曰:"无为而治者,其舜乎!"言其主尧之道而已。此非不易之效与?问者曰:物改而天授显矣,其必更作乐,何也?曰:乐

(接上页)文胜质则史"即是文质说之所从来,"殷因于夏礼,所损益可知也;周因于殷礼,所损益可知也""周监于二代,郁郁乎文哉!吾从周""行夏之时,乘殷之辂,服周之冕,乐则《韶》《舞》"即是《春秋》改制说所由起也(见《春秋公羊学讲疏》,第457页)。可见董仲舒改制之说渊源有自。

异乎是。制为应天改之，乐为应人作之。彼之所受命者，必民之所同乐也。是故大改制于初，所以明天命也。更作乐于终，所以见天功也。缘天下之所新乐而为之文曲，且以和政，且以兴德。天下未遍合和，王者不虚作乐。乐者，盈于内而动发于外者也。应其治时，制礼作乐以成之。成者，本末质文皆以具矣……由此观之，正朔、服色之改，受命应天；制礼作乐之异，人心之动也。二者离而复合，所为一也。[1]

董仲舒在这里将改制分为三个层次：首先是"受命应天"层面的改制。所改内容包括正朔、服色、居处、称号等象征性的东西，借此表明政权的合法性来自于天，将自身与前朝的继体守文之君区别开来。《白虎通》也表达了相同的意思：

王者受命必改朔何？明易姓，示不相袭也。明受之于天，不受之于人，所以变易民心，革其耳目，以助化也。[2]

何休亦云：

王者受命必徙居处，改正朔，易服色，殊徽号，

---

[1] 苏舆，《春秋繁露义证》卷一，第15—23页。
[2] 陈立，《白虎通疏证》卷八，中华书局，1994年，第360页。

变牺牲,异器械,明受之于天,不受之于人。[1]

董仲舒认为,只要是"受命"之王,就必须改制以"应天",以革命取得天命的王者需要改制;通过禅让取得天命的王者,也需要应天改制。《汉书·董仲舒传》云:

> 孔子曰:"亡为而治者,其舜乎!"改正朔,易服色,以顺天命而已。[2]

可见"受命应天"层面的改制是政治生活中的必要程序[3],起到"慎始"的作用,同时将政治与天道紧密联系在一起。

改制的第二层含义,是"救衰补弊",按照《三代改制质文》中的表述,就是"文质"之改[4],涉及具体的社会问题,针对的是"乱世"。出现乱世的原因是王朝所推行的制度各有所偏,或偏向文,或偏向质,到了后期就滋生了很多

---

[1]《春秋公羊传注疏》卷一,第11页。
[2] 王先谦,《汉书补注》卷五六,第4046页。
[3] 郑玄也持有相同的观点,郑玄认为:"帝王易代,莫不改正。尧正建丑,舜正建子。"(见《尚书正义》卷三,上海古籍出版社,2007年,第77页)《白虎通》亦云"禹舜虽继太平,犹宜改以应天"(陈立,《白虎通疏证》卷八,第360页)。
[4] 文质层面的改制,取自段熙仲先生的讲法。段氏云:"改制盖有二义:其一以新民之耳目,以明受命,所谓'所以神其事'也;其一则承前代之敝而不可不有以救之,此则文质之说也。"(详见《春秋公羊学讲疏》,第461页)

弊病，需要矫枉过正。在改革达到教化的目的之后，就可以制礼作乐，形成自身的一套法度。

当然，如果社会没有弊病，"继治世"的王者就不需要在文质上有所改革。《汉书·董仲舒传》云：

> 道者，万世亡弊；弊者，道之失也。先王之道必有偏而不起之处，故政有眊而不行，举其偏者以补其弊而已矣。三王之道所祖不同，非其相反，将以救溢扶衰，所遭之变然也。故孔子曰："亡为而治者，其舜乎！"改正朔，易服色，以顺天命而已。其余尽循尧道，何更为哉！故王者有改制之名，亡变道之实。然夏上忠，殷上敬，周上文者，所继之救，当用此也。孔子曰："殷因于夏礼，所损益可知也；周因于殷礼，所损益可知也；其或继周者，虽百世可知也。"此言百王之用，以此三者矣。夏因于虞，而独不言所损益者，其道如一而所上同也。道之大原出于天，天不变，道亦不变，是以禹继舜，舜继尧，三圣相受而守一道，亡救弊之政也，故不言其所损益也。繇是观之，继治世者其道同，继乱世者其道变。[1]

董仲舒认为，尧、舜、禹禅让是"继治世"，故而不需要在实质性的制度上有所改革。殷、周都是"继乱世"，故

---

[1] 王先谦，《汉书补注》卷五六，第4046—4047页。

而需要有"救弊之政",依照文质的损益进行改革。[1]之所以能够依据文质进行改革,其前提是文、质之法都本于道,是道的两端。

所以改制的第三个层面,便是"改制而不变道"。董仲舒认为:"王者有改制之名,亡变道之实。"我们认为,这个不变之"道"应该有具体所指,《礼记·大传》有更为经典的表述:

> 立权度量,考文章,改正朔,易服色,殊徽号,异器械,别衣服,此其所得与民变革者也。其不可得变革者则有矣:亲亲也,尊尊也,长长也,男女有别,此其不可得与民变革者也。[2]

"亲亲""尊尊""长长""男女有别"是最基本的政治、伦理价值,郑玄认为是"人道之常"。这与董氏所云的"道之大原出于天,天不变,道亦不变"是一致的。

由上可知,董仲舒的改制思想有三个层面:一是"受命应天"层面的改制,目的是表明天命的转移,以此新民耳目,具体的内容是象征性的,未有实质性的改革;而且不管是禅让还是革命,都需要改制以自显。一是"救衰补弊"层

---

[1] 《春秋繁露·三代改制质文》中有"文质再而复""天地人三而复""文质夏商四而复"三种不同的讲法,但是针对的问题都是补弊救衰,故而在此仅用"文质再而复"的说法来指代。
[2] 《礼记正义》卷四四,第1353—1354页。

面的改制,针对的是由"文质"所引起的具体社会弊病,是实质性的改制,并以此奠定一朝之法;而且继乱世方改制,继治世则不必改。一是"改制不变道",亲亲、尊尊、长长、男女有别等最基本的政治、伦理价值是不能改变的。改制的三个层次紧密相连。"道"是改制的基础,"受命应天"是为了彰显天道,"文""质"则是"道"的两端,"文质损益"是不断向道回归的过程。明确了改制的三个层次之后,我们可以系统地考察董仲舒《三代改制质文》中的改制理论。

三 改制应天中的三正、三统

董仲舒论改制的第一个层次是"受命应天",解决的是王朝合法性的问题。在具体的改制内容中,改正朔是最重要的,因为历法直接是天道的体现。然而改正朔的讲法并不见于《春秋经》或《公羊传》,是董仲舒对于经传的阐发:

> 《春秋》曰"王正月",《传》曰:"王者孰谓?谓文王也。曷为先言王,而后言正月?王正月也。"何以谓之王正月?曰:王者必受命而后王。王者必改正朔,易服色,制礼乐,一统于天下,所以明易姓,非继人,通以已受之于天也。王者受命而王,制此月以应变,故作科以奉天地,故谓之王正月也。[1]

---

[1] 苏舆,《春秋繁露义证》卷七,第184—185页。

《春秋》在鲁隐公元年书写了"王正月"三字，从文字表面上看，仅仅是时间的记录，没有改正朔的意思。[1] 而《公羊传》则敏锐地注意到，在"正月"之前，还有"王"字，表明这是特定王者的正月，但是也没有明确表示，王者兴起当改正朔。董仲舒则认为，王者的"特定性"是通过"改正朔"表现的，以此代表天命的转移。不仅如此，董仲舒还提出了"三正"的概念，将改正朔的思想系统化。

> 三正以黑统初。正日月朔于营室，斗建寅。天统气始通化物，物见萌达，其色黑……法不刑有怀任新产，是月不杀。听朔废刑发德，具存二王之后也。亲赤统，故日分平明，平明朝正。正白统奈何？曰：正白统者，历正日月朔于虚，斗建丑。天统气始蜕化物，物始芽，其色白……法不刑有身怀任，是月不杀。听朔废刑发德，具存二王之后也。亲黑统，故日分鸣晨，鸣晨朝正。正赤统奈何？曰：正赤统者，历正日月朔于牵牛，斗建子。天统气始施化物，物始动，其色赤……法不刑有身，重怀藏以养微，是月不杀。听朔废刑发德，具存二王之后也。亲白统，故日分夜半，

---

[1]《春秋》有"春王正月""春王二月""春王三月"的经文，四月以下就没有"王"字，《公羊传》对此也没有相应的解释，后人则根据正月、二月、三月有"王"字推出改正朔的意思，但是就经传本身来看，并没有明确的改正朔之义。

夜半朝正。[1]

所谓的"三正",指的是三种不同的历法,分别以建寅之月(即夏历一月)、建丑之月(即夏历十二月)、建子之月(即夏历十一月)为正月;同时以平明、鸣晨、夜半为一日之始。董仲舒认为,王者改正朔是为了顺应天命,"三正"系统就是天道的体现,原因是建子、建丑、建寅三月,是万物刚开始生长的阶段,万物由"始动"到"始芽"到"萌达",颜色也经历了赤、白、黑三个阶段,过了这三个月,万物就"不齐"了[2],所以古人称之为"三微之月"。

董氏又云:

> 其谓统三正者,曰:正者,正也,统致其气,万物皆应而正,统正其余皆正,凡岁之要,在正月也。法正之道,正本而末应,正内而外应,动作举错,靡不变化随从,可谓法正也。[3]

可见正月是"岁之要",起到"统正其余皆正"的效果,故而改正朔要顺应天道,只能限定在万物初始的"三微

---

[1] 苏舆,《春秋繁露义证》卷七,第191—195页。
[2] 《白虎通》云:"正朔有三何本?天有三统,谓三微之月也。明王者当奉顺而成之,故受命各统一正也。敬始重本也……不以二月后为正者,万物不齐,莫适所统,故必以三微之月也。"(见陈立,《白虎通疏证》卷八,第362—363页)
[3] 苏舆,《春秋繁露义证》卷七,第197页。

之月"。这是"三正"系统的第一个要求。第二个要求是,王者改正朔要按照"三正"的顺序,这样就必须考虑到前朝的统绪,如果前朝是以建子之月为正月,那么本朝只能改为建寅之月,这也是天道的顺序,不可跳跃。《白虎通》亦云:"三正之相承,若顺连环也。"[1]这个规定实际上是肯定了前朝的合法性,同时也提醒新的王者,"天子命无常,唯德是庆"[2],是取法天道的宽容的政治历史观[3]。

董仲舒非但承认前朝曾经的合法性,甚至在"三正"系统中提出了"存二王之后"的要求。董仲舒三言"具存二王之后",这就是"通三统"的观念。具体来说,就是封前两朝的后人为大国,在其封国境内推行原本的正朔和制度,供王者取法,尊而不臣。这是"三正"系统的第三个要求。只有做到了上述三个要求,改正朔才是合天道的。

同时,在"三统"之上,董仲舒更有"五帝""九皇"的讲法。

> 绌三之前曰五帝……故汤受命而王,应天变夏作殷号,时正白统。亲夏故虞,绌唐谓之帝尧,以神农为赤帝……文王受命而王,应天变殷作周号,时正赤

---

[1] 陈立,《白虎通疏证》卷八,第364页。
[2] 苏舆,《春秋繁露义证》卷七,第187页,原文作"天子命无常,唯命是德庆",今依苏舆之说改。
[3] 苏舆亦云:"古者易代则改正,故有存三统三微之说,后世师《春秋》遗意,不忍先代之遽从绌灭,忠厚之至也。"(见《春秋繁露义证》卷七,第191页)

统。亲殷故夏，绌虞谓之帝舜，以轩辕为黄帝，推神农以为九皇。[1]

王者之法，必正号，绌王谓之帝，封其后以小国，使奉祀之。下存二王之后以大国，使服其服，行其礼乐，称客而朝。故同时称帝者五，称王者三，所以昭五端，通三统也。是故周人之王，尚推神农为九皇，而改号轩辕谓之黄帝，因存帝颛顼、帝喾、帝尧之帝号，绌虞而号舜曰帝舜，录五帝以小国。下存禹之后于杞，存汤之后于宋，以方百里，爵号公。皆使服其服，行其礼乐，称先王客而朝……帝，尊号也，录以小何？曰：远者号尊而地小，近者号卑而地大，亲疏之义也。故王者有不易者，有再而复者，有三而复者，有四而复者，有五而复者，有九而复者，明此通天地、阴阳、四时、日月、星辰、山川、人伦，德侔天地者称皇帝，天佑而子之，号称天子。故圣王生则称天子，崩迁则存为三王，绌灭则为五帝，下至附庸，绌为九皇，下极其为民。有一谓之三[2]代，故虽绝地，庙位祝牲犹列于郊号，宗于代宗。故曰：声名魂魄施于虚，极寿无疆。[3]

董仲舒认为，王者兴起，则封二王后为大国，通自身

---

[1] 苏舆，《春秋繁露义证》卷七，第186—187页。
[2] 苏舆以为"三"当作"先"。
[3] 苏舆，《春秋繁露义证》卷七，第198—203页。

一统而为"三统";同时,二王后以上五个朝代则为"五帝",封之为小国;"五帝"之上则为"九皇",封之为附庸;九皇之上则降为民,没有封地。三统、五帝、九皇是不断变动的,所谓的"三而复、五而复、九而复"体现了天命的流转。另一方面因为天道本身是"不易者",故而要优待王者之后,有大国、小国、附庸之封,即使"下极为民",也能"宗于代宗",作为历史上的王者受到祭祀。可以说,"五帝""九皇"之说是"通三统"的延伸。

四 改制中的"再而复""三而复""四而复"

"三正""三统"是形式上的改制,是要解决王朝更替的合法性问题,然而对于乱世而言,改制还应该"补衰救弊"。董仲舒改制理论中的"再而复""三而复""四而复"便是针对实质性的制度。

首先是"文质再而复"。"文质"的思想可追溯到孔子。

> 子曰:"质胜文则野,文胜质则史。文质彬彬,然后君子。"[1]

"质"有朴实、朴素、底子的意思,引申则有本质的意思。"文"有装饰的意思。孔子用"文"与"质"形容野人

---

[1]《论语·雍也》。

和史官，认为野人直情径行，质朴有余而失之于鄙陋，史官修饰过度，君子则要求文质兼备。同时孔子也有将"文"的概念用于礼制的倾向，如《论语·八佾》云："周监于二代，郁郁乎文哉！吾从周。"董仲舒则完整地将文质的概念运用到礼制之上。首先以文质来区别礼的内涵与仪节，董氏云："礼之所重者在其志……志为质，物为文。文著于质，质不居文，文安施质？质文两备，然后其礼成。"[1]更进一步，董仲舒认为礼的内在价值也有文质之分，那就是"亲亲"与"尊尊"之异。"亲亲"与"尊尊"是礼制的两个面向，缺一不可，然而具体到某个朝代的礼制时，则或偏于"亲亲"，或偏于"尊尊"。无论偏向哪一方，到政教衰乱之时，都会出现相应的弊端，需要从相反的一端进行改制除弊。董仲舒云：

> 主天法质而王，其道佚阳，亲亲而多质爱。故立嗣予子，笃母弟，妾以子贵。昏冠之礼，字子以父。别眇夫妇，对坐而食，丧礼别葬，祭礼先嘉疏，夫妇昭穆别位。制爵三等，禄士二品。制郊宫明堂内员外椭，其屋如倚靡员椭，祭器椭。玉厚七分，白藻三丝，衣长前衽，首服员转。鸾舆尊盖，备天列象，垂四鸾。乐桯鼓，用羽籥僸，僸溢椭。先用玉声而后烹，正刑多隐，亲戚多赦。封坛于左位。

---

[1] 苏舆，《春秋繁露义证》卷一，第27页。

> 主地法文而王,其道进阴,尊尊而多礼文。故立嗣予孙,笃世子,妾不以子称贵号。昏冠之礼,字子以母。别眇夫妻,同坐而食,丧礼合葬,祭礼先秬鬯,妇从夫为昭穆。制爵五等,禄士三品。制郊宫明堂内方外衡,其屋习而衡,祭器衡同,作秩机。玉厚六分,白藻三丝,衣长后衽,首服习而垂流。鸾舆卑,备地周象载,垂二鸾。乐县鼓,用《万舞》,儛溢衡。先烹而后用乐,正刑天法,封坛于左位。[1]

董仲舒认为"文质"之异是取法天地阴阳,具体的表现是礼制上的主导原则有区别,质家讲究"亲亲",文家讲究"尊尊"。[2]礼制原则的不同,直接影响到具体政治、伦理的倾向,其中包含了继位的次序、母子关系、夫妻之间的尊卑以及刑罚的原则等。在处理这些问题时,到底是注重天然的血缘,还是政治上的尊卑,这对于一个王朝来说是实质性[3]的大事。

---

[1] 苏舆,《春秋繁露义证》卷七,第210—211页。
[2] 很多学者根据《汉书·严安传》"臣闻邹衍曰'政教文质者,所以云救也'"之语,以为用文质递变言世运是邹衍的观点。但是董仲舒所言的文质实际上是礼制中的"尊尊"与"亲亲"的原则,纵使借鉴了邹衍的说法,其精神实质还是礼制的原则,非阴阳家之旨趣,况且文质之说能追溯到孔子。
[3] 当然也有学者不同意这种观点,宋艳萍先生认为:"'质文说'所关注的基本上是政权的形式和特色,而非政治制度本身。"(详见宋艳萍,《公羊学与汉代社会》,学苑出版社,2010年,第282页)陈苏镇先生也认为:"(主天法商的虞舜礼制)显然是狭义的礼,大多只有(转下页)

首先是继位顺序的问题。董仲舒所提及的"立嗣予子""立嗣予孙"含义不明，何休则将这个问题讲得非常清楚，何休云："嫡子有孙而死，质家亲亲，先立弟；文家尊尊，先立孙。"[1]董仲舒所言的"立子""立孙"指的应该也是"嫡子有孙而死"的情况。从礼制上看，无论是质家还是文家，对于嫡长子继位是没有争论的，因为嫡长子是父亲的"正体"[2]。所谓的"体"指的是"父子一体"，强调直接的血缘联系，体现"亲亲"之情；"正"注重嫡系概念，体现"尊尊"之义。嫡长子兼具"体""正"，嫡孙是"正而不体"，庶子则是"体而不正"。在嫡长子有孙而死的情况下，质家重"亲亲"，故而立血缘上更近的庶子；文家重"尊尊"，则立嫡孙。

其次是母子关系，更确切说是"母以子贵"的问题。所谓的"母以子贵"，指的是妾子立为国君，追尊自己的生

（接上页）象征性意义。"（详见陈苏镇，《〈春秋〉与汉道——两汉政治与政治文化研究》，第165页）但是我们认为，"质文说"所反映的"亲亲"与"尊尊"的原则，恰恰是政治的指导原则，具体的政治制度，如下文所论述的继位次序等，虽然是属于狭义的礼制，但都是"亲亲""尊尊"原则的延伸，不能视为仅有象征性的意义。而礼制的象征性部分，如宋先生所论的"政权的形式和颜色"，属于"受命应天"层面，是"三正"的问题，而文质观念以及相应的政治制度，应该是实质性的问题。

[1]《春秋公羊传注疏》卷一，第18页。
[2]"正体"的概念取自《仪礼·丧服》。《丧服传》在解释父为长子服斩衰的原因时，认为长子是"正体于上，又乃将所传重也"。其他儿子非"正体"，故父亲只为众子服齐衰不杖期。

母为夫人的制度[1]。按照礼制,只有国君之妻可以称为夫人,妾不能称为夫人,而妾子继位之后,问题就复杂了。质家认为,妾子继位,从血缘的角度,必定想要推尊自己的生母,这是"亲亲"之情,故而"母以子贵",妾母得为夫人。文家则坚持尊尊之义,认为妾子既然成了法定的继承人,那么他法定的母亲就是嫡母;相反,妾子如果追尊生母,则是"子尊加于母",从"尊尊"的角度看来,是不合法的,故而"妾不以子称贵号"。可见强调"亲亲"还是"尊尊",直接影响到母子关系。

然后是夫妻关系。夫妻关系有两层含义:一方面,从"尊尊"的角度来说,天无二日,家无二主,夫为妻纲,夫尊而妻卑。另一方面,从生育子女的角度来讲"夫妻胖合",同时夫妻之间又有亲亲之情,故而相对来说夫妻又是平等的。这两种观念在质家和文家的制度中有不同的侧重,具体的表现就是夫妻方位的问题。质家的方位是"对坐而食,丧礼别葬,昭穆别位"。"对坐"是相向而坐,类似于《仪礼》中的宾主之位,是平等的,而夫妻对坐侧重的是"亲亲"之情。"丧礼别葬"和"昭穆别位"也是这个道理。文家的方位则是"同坐而食,丧礼合葬,妇从夫为昭穆"。"同坐"是同向而坐,则一定要分别尊卑,"同坐而食"就是表现夫为妻纲的"尊尊"之义。可见文家与质家对夫妇一伦的理解也是各有侧重的。

---

[1] 此处仅以诸侯之制为例,故言"夫人"。

再次是刑罚的原则。对待一般人的犯罪，自然是按照法律的规定行刑。但是对于君王亲属犯罪的处罚，则有不同的原则。文家本着"尊尊"之义，对待亲属犯罪是"正刑法天"一视同仁，苏舆注云："执法称天而行，不避亲戚……《左氏传》所云'大义灭亲'，皆是也。"[1]质家则本着"亲亲"之情，"正刑多隐，亲戚多赦"。按照《礼记·文王世子》的讲法，所谓"隐"，是在隐蔽之处行刑；所谓"赦"，是在行刑时，国君出于亲情而下赦免之令，然而有司仍旧依法而行。并非不追究亲属犯罪的责任，而是在追究的同时融入亲情的因素，兼顾法律与人情，使得对亲属犯罪的惩罚不那么的理所当然。文家与质家两种刑罚原则，虽然在结果上都惩治了亲属的犯罪，但是所体现的价值是完全不一样的。

由上可见"文""质"所代表的是两种倾向不同的价值理念，所涉及的内容也关系具体的政治伦理生活。礼义规范一旦兴起之后[2]，必然有"文""质"两个层面，理想的王朝是文质完美的结合，兼顾"亲亲"与"尊尊"。但是文质层面的改制本为"继乱世"而设，三代以下的王朝都有所偏。新的王朝兴起，也依据文质循环的顺序进行改制除弊，然而矫枉必须过正，也会有新的弊端，如此往复，这就是董仲舒所言的"文质再而复"。

---

[1] 苏舆，《春秋繁露义证》卷七，第209页。
[2] 若是礼义规范没有兴起，则完全是质朴之情，有质而无文，就谈不上文质的问题了。

董仲舒改制思想中还有"商、夏、文、质四而复",在"文""质"之上又增加了"商""夏"两种制度。

> 主天法商而王,其道佚阳,亲亲而多仁朴。故立嗣予子,笃母弟,妾以子贵。昏冠之礼,字子以父。别眇夫妇,对坐而食,丧礼别葬,祭礼先膘,夫妻昭穆别位。制爵三等,禄士二品。制郊官明堂员,其屋高严侈员,惟祭器员。玉厚九分,白藻五丝,衣制大上,首服严员。鸾舆尊盖,法天列象,垂四鸾。乐载鼓,用锡儛,儛溢员。先毛血而后用声。正刑多隐,亲戚多讳。封禅于尚位。
>
> 主地法夏而王,其道进阴,尊尊而多义节。故立嗣与孙,笃世子,妾不以子称贵号。昏冠之礼,字子以母。别眇夫妇,同坐而食,丧礼合葬,祭礼先亨,妇从夫为昭穆。制爵五等,禄士三品。制郊官明堂方,其屋卑污方,祭器方。玉厚八分,白藻四丝,衣制大下,首服卑退。鸾舆卑,法地周象载,垂二鸾。乐设鼓,用纤施儛,儛溢方。先亨而后用声。正刑天法,封坛于下位。[1]

"四而复"中的"商""夏"并不是具体的朝代之名,而是与"文""质"一样,都是制度之名。然而"商""夏"

---

[1] 苏舆,《春秋繁露义证》卷七,第205—209页。

也是法天地阴阳，所涉及的具体制度，以及制度所反映的"亲亲"与"尊尊"的倾向，与"文""质"基本上是相同的。《说苑·修文》篇云："商者，常也。常者质，质主天。夏者，大也。大者，文也。文主地。"汪高鑫先生据此，从训诂的角度认为"一商一夏，亦即一质一文"[1]。苏舆亦云："其实商夏亦文质之代名。"[2]段熙仲先生也认为："（商夏文质）其目则四，其实则二。"[3]康有为甚至认为："天下之道，文质尽之。"[4]康氏之言略显夸张，但是就改制救弊的角度来看，有"文""质"这对概念足矣，为何还要有"商""夏"这两个概念？我们需要考察"四而复"的具体所指。董氏云：

> 四法修于所故，祖于先帝，故四法如四时然，终而复始，穷则反本……故天将授舜，主天法商而王……天将授禹，主地法夏而王……天将授汤，主天法质而王……天将授文王，主地法文而王。[5]

我们看到，舜用"商"法，禹用"夏"法，汤、文王则用"质""文"之法。舜禹的制度作为一个整体来说，与

---

[1] 汪高鑫，《董仲舒与汉代历史思想研究》，第156页。
[2] 苏舆，《春秋繁露义证》卷七，第184页。
[3] 段熙仲，《春秋公羊学讲疏》，第458页。
[4] 康有为，《春秋董氏学》，载《康有为全集》（二），第786页。
[5] 苏舆，《春秋繁露义证》卷七，第212页。

殷周的制度又有不同。《礼记·表记》云:

> 子曰:"虞夏之道,寡怨于民。殷周之道,不胜其敝。"子曰:"虞夏之质,殷周之文,至矣。虞夏之文,不胜其质;殷周之质,不胜其文。"[1]

按照《表记》的说法,虞夏是质,而殷周是文。孔颖达《正义》亦云:"夏家虽文,比殷家之文犹质;殷家虽质,比夏家之质,犹文于夏。故夏虽有文,同虞之质;殷虽有质,同周之文。"[2]以此反观董仲舒"一商一夏,一质一文"之说,则"商夏"较"文质"更加质朴。康有为云:"天下之道,文质尽之。然人智日开,日趋于文。"[3]可见后世是越来越文。那么后世之改制是否可以用虞夏之法?《表记》又云:

> 子言之曰:"后世虽有作者,虞帝弗可及也已矣。"[4]

《表记》认为虞帝之法是后世王者"弗可及"的,段熙仲先生据此而言董子"商夏文质四而复"的思想,云:"古质而今文,孔子叹虞帝之不可及,固可与《春秋》改文为

---

[1]《礼记正义》卷六二,第2082页。
[2]《礼记正义》卷六二,第2083页。
[3] 康有为,《春秋董氏学》,载《康有为全集》(二),第786页。
[4]《礼记正义》卷六二,第2083页。

质之说合。"[1]由最质朴的"虞帝之不可及",则后世"渐文"的王者,当依"文质再而复"之法进行改制。既然如此,那为什么在"文质"之上,还要加上"商夏"二法,是否如苏舆所云,《三代改制质文》是"但述师说","四而复"仅仅是保存异说而已呢?我们认为"商夏文质四而复"之说,是在"文质再而复"的循环改制中,加入了历史渐进的因素。康有为将其与"三世说"结合了起来:

> 天下之道,文质尽之。然人智日开,日趋于文。三代之前,据乱而作,质也;《春秋》改制,文也。故《春秋》始义法文王,则《春秋》实文统也。但文之中有质,质之中有文,其道递嬗耳。汉文而晋质,唐文而宋质,明文而国朝质。然皆升平世质家也,至太平世,乃大文耳。后有万年,可以孔子此道推之。[2]

这段话虽然不是针对"四而复"而言的,但是在改制之中融入历史的思想是明显的。康有为认为尽管"天下之道,文质尽之",但总体的趋势是向"文"的方面发展的。尽管按照"文质再而复"的观点,《春秋》应该属于"质家",康有为则认为《春秋》实文统"。这个矛盾,在"四而复"的系统中就能够得到合理的解释,《春秋》虽然是

---

[1] 段熙仲,《春秋公羊学讲疏》,第458页。
[2] 康有为,《春秋董氏学》,载《康有为全集》(二),第786页。

"质家",但是与"商夏"之法比起来,还是偏文的。更重要的是,康有为将"文质"改制与"三世说"结合起来,把三代以下的"文质"改革,归在"升平"之世,则确定了"文质"改制在历史中的性质。[1]我们认为,董仲舒在"文质再而复"之上又提出"商夏文质四而复"的观点,是为了表明改制之中也应有进化的元素。

另一方面,段熙仲先生认为,董仲舒"四而复"思想来自《论语·卫灵公》"颜渊问为邦。子曰:'行夏之时,乘殷之辂,服周之冕,乐则《韶》《舞》。'"在公羊家看来,孔子改制为后王制法,之所以提及舜、夏、殷、周四朝,是为了集群代之美事。《宋书·礼志》云:

> 孔子称"行夏之时,乘殷之辂,服周之冕,乐则《韶》《舞》"。此圣人集群代之美事,为后王制法也。[2]

既然是"集群代之美事"为万世之法,故而改制以"太平"为最终目的。而在董仲舒在"文质"之上加"商夏"

---

[1] 当然康有为以"太平世"为"大文",则是他的"有为之言"。康氏理解的"文"为西方的物质文明,出于当时的政治需要,中国要向西方学习,故而将"大文"定为"太平世"之法。但公羊学中的"文"指的是礼制上的"尊尊"之义,并非物质文明,所以康氏以"太平世"为"大文"的说法,未必符合公羊学的原意(详细的考证参见曾亦老师之《共和与君主:康有为晚期政治思想研究》,上海人民出版社,2010年,第123—180页),然而康氏将"文质再而复"与"三世说"结合的思路,却颇为可取。
[2]《宋书》卷一四,中华书局,1974年,第328页。

之法，正是在改制之中融入历史进化的元素，不断接近"太平世"之制。二说似可相通。

在董仲舒"救衰补弊"层面的改制中，除了性质相近的"文质再而复""商夏文质四而复"之外，还有"三而复"的说法。"三而复"亦可以追述到孔子。

> 子张问："十世可知也？"子曰："殷因于夏礼，所损益可知也；周因于殷礼，所损益可知也；其或继周者，虽百世可知也。"[1]

孔子认为夏殷周三代的礼制不同，有所损益，董仲舒据此提出了"三而复"的概念。"三而复"有两种，一为"三正"，一为"三教"。"三正"属于"受命应天"层面的改制，前文已有论述；"三教"则是实质性的礼制损益，董仲舒《对策》云：

> 册曰："三王之教所祖不同，而皆有失，或谓久而不易者道也，意岂异哉？"臣闻夫乐而不乱、复而不厌者谓之道。道者，万世亡弊；弊者，道之失也。先王之道必有偏而不起之处，故政有眊而不行，举其偏者以补其弊而已矣。三王之道所祖不同，非其相反，

---

[1]《论语·为政》。

将以救溢扶衰，所遭之变然也。故孔子曰："亡为而治者，其舜乎！"改正朔，易服色，以顺天命而已。其余尽循尧道，何更为哉！故王者有改制之名，亡变道之实。然夏上忠，殷上敬，周上文者，所继之救，当用此也。孔子曰："殷因于夏礼，所损益可知也；周因于殷礼，所损益可知也；其或继周者，虽百世可知也。"此言百王之用，以此三者矣。夏因于虞，而独不言所损益者，其道如一而所上同也。道之大原出于天，天不变，道亦不变，是以禹继舜，舜继尧，三圣相受而守一道，亡救弊之政也，故不言其所损益也。繇是观之，继治世者其道同，继乱世者其道变。[1]

"三王之教"虽然是汉武帝的策问之语，但是董仲舒所言的"夏上忠，殷上敬，周上文"却是"三教"的具体内容。董仲舒在《对策》中区分了"继治世"与"继乱世"两种情况，而"三教"改制属于"继乱世"。设立"三教"的目的，在于"救溢扶衰"，由此我们认为，"三而复"也属于"救衰补弊"层面的改制。关于"忠""敬""文"之教具体的弊端，《礼记·表记》云：

> 子曰："夏道尊命，事鬼敬神而远之，近人而忠焉，先禄而后威，先赏而后罚，亲而不尊；其民之敝，

---

[1] 王先谦，《汉书补注》卷五六，第4046—4047页。

蠢而愚，乔而野，朴而不文。

殷人尊神，率民以事神，先鬼而后礼，先罚而后赏，尊而不亲；其民之敝，荡而不静，胜而无耻。

周人尊礼尚施，事鬼敬神而远之，近人而忠焉，其赏罚用爵列，亲而不尊；其民之敝，利而巧，文而不惭，贼而蔽。"[1]

所谓的"敝"，按照郑玄的解释，产生于"政教衰失之时"，"忠""敬""文"分别有"野""鬼""薄"的弊病。另一方面，"忠""敬""文"的循环，恰好能够互相补救弊病。《白虎通》云：

王者设三教者何？承衰救弊，欲民反正道也。三正[2]之有失，故立三教，以相指受。夏人之王教以忠，其失野，救野之失莫如敬。殷人之王教以敬，其失鬼，救鬼之失莫如文。周人之王教以文，其失薄，救薄之失莫如忠。继周尚黑，制与夏同。三者如顺连环，周而复始，穷则反本。[3]

"三教"虽各有所偏，但都出自于"道"，故可相救，正如《白虎通》所云："三教一体而分，不可单行……忠、

---

[1]《礼记正义》卷六二，第2079—2080页。
[2] "正"陈立以为当作"王"。
[3] 陈立，《白虎通疏证》卷八，第369页。

敬、文无可去者也。"[1]同时,像"文质"取法天地阴阳一样,"三教"也有所取法,《白虎通》云:

> 教所以三何?法天地人。内忠,外敬,文饰之,故三而备也。即法天地人各何施?忠法人,敬法地,文法天。[2]

可见"忠""敬""文"三教是取法天地人,故而有"三而复"之说。同时"三教"与"文质"都是为了"救衰补弊",针对的都是具体的礼制问题,故而董仲舒以"文质"配"三教"。

> 王者以制,一商一夏,一质一文。商质者主天,夏文者主地,《春秋》者主人。[3]

仅从礼制层面来看,"文质"说对应的是"尊尊"与"亲亲"两项基本原则,文质损益也就是"尊尊""亲亲"各有偏重,而"三教"之义却没有"文质"来得明朗。"三教"中的"敬"与"文"可以分别对应"质"与"文",而"法人"的"忠教"却比较复杂。从《白虎通》"内忠,外敬,文饰之"之语看来,"忠"似乎比"敬"来得更加质朴。所

---

[1] 陈立,《白虎通疏证》卷八,第370—371页。
[2] 陈立,《白虎通疏证》卷八,第371页。
[3] 苏舆,《春秋繁露义证》卷七,第204页。

以我们认为，"忠教"似乎不像"亲亲"与"尊尊"那样，属于制礼的原则，"三教说"相对于"文质说"而言，应该是异说。

而董仲舒所云的"三而复"中的"三正"，却能很好地与"文质"说结合。"三正说"解决形式上的"改制应天"问题，"文质说"则解决实质性的"救衰补弊"问题，分别对应改制的两个层面。据此我们推测，董仲舒的"三教"之说或本于"三正"。[1]

经过上述讨论，我们认为董仲舒"救衰补弊"层面的改制有"文质再而复""商夏文质四而复""忠敬文三而复"三种说法。其中"文质说"中的"亲亲""尊尊"是礼制损益的根本原则；"商夏文质说"从根本性质上也属于"文质

---

[1] 实际上董仲舒"三正说"的具体内容中，已经融入了"三教"的元素。《春秋繁露·三代改制质文》云："三正以黑统初。正日月朔于营室，斗建寅……冠于阼，昏礼逆于庭，丧礼殡于东阶之上……正白统者，历正日月朔于虚，斗建丑……冠于堂，昏礼逆于堂，丧事殡于楹柱之间……正赤统者，历正日月朔于牵牛，斗建子……冠于房，昏礼逆于户，丧礼殡于西阶之上。"（详见苏舆，《春秋繁露义证》卷七，第191—195页）其中黑、白、赤三色，以及建寅、建丑、建子之制属于"改制应天"层面的内容；而戴冠、亲迎、殡尸的地点之异，则反映礼制精神之不同，属于"三教"的范围。以殡尸为例：在礼制中，不同的方位有不同的意义，东阶上是主人所在的地方，西阶上是宾客的位置，楹柱之间则介于主客之间。正黑统殡尸于东阶之上，则还把死者当成主人，反映的是"忠"的精神。正白统殡尸于西阶之上，将死者当作宾客，则完全以鬼神事之，反映的是"敬"的精神。正赤统殡尸于楹柱之间，则兼用宾主之道对待死者，反映的是"文饰"的精神。可见董仲舒的"三正"之中，也融入了"三教"的元素，然而"改正朔"终究是最主要的，"三教"之说与"文质说"不合，疑为异说。

说"，额外提出"商夏"之法，为的是将历史进化的观念引入改制之中，最终使得所改之制能"兼群代之美事"，达到"致太平"的效果；"忠敬文三而复"由"三正"演变而来，相对"文质说"而言，属于异说。

五 "《春秋》当新王"与"王鲁"

由上文可知，董仲舒的改制思想来源于《春秋》以及《公羊传》，并且形成了改制的系统思想，无论是哪一种改制的说法，最后都指向"《春秋》当新王"。所谓的"王"指的是王者，在公羊家看来，《春秋》虽然是一本书，但是寄托着孔子拨乱反正致太平之志，故而将其"视为"一个"王者"；而所谓的"新"，是相对周朝而言的，《春秋》继周之后成为一个"新王"。从现存的材料来看，"《春秋》当新王"是由董仲舒首先提出的，但是《公羊传》中已有"新周"的说法。

【春秋经】（宣公十六年）夏，成周宣谢灾。

【公羊传】成周者何？东周也。宣谢者何？宣宫之谢也。何言乎成周宣谢灾？乐器藏焉尔。成周宣谢灾，何以书？记灾也。外灾不书，此何以书？新周也。[1]

---

[1]《春秋公羊传注疏》卷一六，第681—683页。

"《春秋》当新王"的前提是周道不足观[1],《公羊传》"新周"二字表达了这个意思。《春秋》记录灾异有特定的书法,一般来说仅记录鲁国以及"二王后"即宋国的灾异[2],其他则视为"外灾"而不书,周天子亦在"外灾"之列。然而《春秋》于鲁宣公十六年书"成周宣榭灾",依照灾异的书法,只有把周视为新的"二王后",这条经文才显得合理[3],所以《公羊传》言"新周"。此外经文书"成周",也印证了这一点,何休云:"系宣榭于成周,使若国文,黜而新之,从为王者后记灾也。"[4]何休以为,《春秋》变"京师"为"成周",就好像将周天子等同于列国,那么就可以将其视为王者之后,而记录灾异。

《公羊传》的"新周",到了董仲舒那里就演化为"《春秋》当新王""王鲁""绌夏""亲周""故宋"等一系列的概念。结合"绌夏故宋"来看,董仲舒的"亲周"也就是《公羊传》的"新周"[5],即将周视为新的"二王之后"。同时董

---

[1] 周道不足观的具体表现见于《诗经》,张厚齐先生有专门的论述,详见氏著《春秋王鲁说研究》,花木兰出版社,2010年,第65—67页。
[2] 《春秋》在特殊的情况下,比如他国的灾害波及了鲁国或者为天下记异,才记录他国的灾异。
[3] 孔广森别出新意,以为"新周"并非是以周为新的"二王后",而是具体的地名,如新绛、新郑之类。然而孔说无法解释《公羊传》"外灾不书"的说法,所以我们不取。
[4] 《春秋公羊传注疏》卷一六,第683页。
[5] 很多学者都认为"亲周"和"新周"是不一样的。如苏舆以为"亲周"指的是"差世远近以为亲疏",即有新的王朝兴起,则周在时间上离新的王朝最近,故有"亲周"之说,而董子并没有以周为新的"二王后"的意思(详见《春秋繁露义证》卷七,第189页)。钱穆先生(转下页)

仲舒更明确地提出了"《春秋》当新王"的观点,以《春秋》当"一统",并将其放到了改制系统的不同层次中。

首先在"改制应天"层面,《春秋》亦改正朔、易服色,而"通三统"。

> 《春秋》曰:"杞伯来朝。"王者之后称公,杞何以称伯?《春秋》上绌夏,下存周,以《春秋》当新王。《春秋》当新王者奈何?曰:王者之法,必正号,绌王谓之帝,封其后以小国,使奉祀之。下存二王之后以大国,使服其服,行其礼乐,称客而朝……《春秋》作新王之事,变周之制,当正黑统。而殷、周为王者之后,绌夏改号禹谓之帝,录其后以小国,故曰绌夏存周,以《春秋》当新王。[1]

董仲舒认为,《春秋》作为新的王者"当正黑统",这是按照"三正"理论进行的"改正朔、易服色"。同时将周、宋作为"二王后",封之为大国,连同自己而为"三统";又将原来的"二王后"杞国绌为小国,是为"五帝"。这些就

(接上页)甚至认为《公羊传》的"新周"是"亲周"之讹,"亲周"表明"周与鲁最亲"(详见《国学概论》,商务印书馆,1997年,第98页)。我们认为,"亲""故""绌"是一个整体,董仲舒不仅有"亲周故宋绌夏"之说,还有"亲夏故虞绌唐""亲殷故夏绌虞"之说,都与改制中的"三王五帝"之说相合,讲的都是天命转移的问题,所以董仲舒的"亲周"就是《公羊传》"新周"的意思。

[1] 苏舆,《春秋繁露义证》卷七,第197—200页。

是"受命应天"层面的改制。

其次，董仲舒认为《春秋》也有实质性的礼制改革，即以质道挽救周朝的文弊。

> 礼之所重者在其志。志敬而节具，则君子予之知礼。志和而音雅，则君子予之知乐。志哀而居约，则君子予之知丧。故曰：非虚加之，重志之谓也。志为质，物为文。文著于质，质不居文，文安施质？质文两备，然后其礼成。文质偏行，不得有我尔之名。俱不能备而偏行之，宁有质而无文。虽弗予能礼，尚少善之，介葛庐来是也。有文无质，非直不予，乃少恶之，谓州公寔来是也。然则《春秋》之序道也，先质而后文，右志而左物。故曰："礼云礼云，玉帛云乎哉？"推而前之，亦宜曰：朝云朝云，辞令云乎哉？"乐云乐云，钟鼓云乎哉？"引而后之，亦宜曰：丧云丧云，衣服云乎哉？是故孔子立新王之道，明其贵志以反和，见其好诚以灭伪。其有继周之弊，故若此也。[1]

董仲舒认为，"志"是内在的意向、感情，"节"是外在的仪节，两者分别对应礼制中的"质"和"文"。理想的礼制是文质的完美结合。如果文质只能选择一种时，"宁有质而无文"。做出这种选择就是因为《春秋》要救周朝的文弊。

---

[1] 苏舆，《春秋繁露义证》卷一，第27—30页。

另一方面，董仲舒又将"《春秋》当新王"与"王鲁"联系起来。

> 故《春秋》应天作新王之事，时正黑统。王鲁，尚黑，绌夏，亲周，故宋。[1]

"王鲁"从字面上看，就是以鲁国为王者的意思。同时从"正黑统""绌夏，亲周，故宋"之文来看，董仲舒所理解的"王鲁"与"《春秋》当新王"是等同的。那么问题就来了，无论是"受命应天"层面，还是"文质损益"层面的改制，都归属于王者。鲁国作为诸侯国，怎么能取代周天子作为王者呢？这也就是在问：《春秋》仅仅是一本书，怎么能成为新的王者呢？所以对"王鲁"的解说，对于理解"《春秋》当新王"以及相应的改制，是相当重要的。董仲舒认为，"王鲁"仅仅是"托王于鲁"，并非真的以鲁国为王者。

> 今《春秋》缘鲁以言王义，杀隐桓以为远祖，宗定哀以为考妣，至尊且高，至显且明……大国齐宋，离不言会。微国之君，卒葬之礼，录而辞繁。远夷之君，内而不外。当此之时，鲁无鄙疆，诸侯之伐哀者皆言我。邾娄庶其、鼻我，邾娄大夫。其于我无以亲，以近之

---

[1] 苏舆，《春秋繁露义证》卷七，第187—189页。

故，乃得显明。隐桓，亲《春秋》之先人也，益师卒而不日。于稷之会，言其成宋乱，以远外也。黄池之会，以两伯之辞，言不以为外，以近内也。[1]

孔子曰："吾因行事，加吾王心焉。"假其位号以正人伦。[2]

所谓"缘鲁以言王义"，即借鲁国来表明王者之义，鲁国仅仅是假托的王者，而非事实的王者。[3]孔子所重在"王心"，而非"行事"。我们认为，改制的"假托义"，也是由董仲舒首先发明的。康有为云：

"缘鲁以言王义"，孔子之意专明王者之义，不过缘托于鲁，以立文字。即如隐、桓，不过托为王者之远祖，定、哀为王者之考妣，齐、宋但为大国之譬，邾娄、滕、薛亦不过为小国先朝之影。所谓"其义则

---

[1] 苏舆，《春秋繁露义证》卷九，第279—282页。
[2] 苏舆，《春秋繁露义证》卷六，第163页。
[3] 徐复观先生就误解了董仲舒"假托"王者的意思，徐先生以为："仲舒之所谓'新王'……实是以孔子即是新王；孔子作《春秋》，即是孔子把新王之法，表现在他所作的《春秋》里面。"又云："'王鲁'，是说孔子在《春秋》中赋予鲁国以王的地位。而鲁国之王，并不是鲁君而是孔子自己。"（《两汉思想史》，第222—223页）徐先生也谈到了孔子将新王之法存于《春秋》之中，但是《春秋》当新王"与"孔子自王"是不一样的。孔子有德无位，故不可自王，只能假托《春秋》言自己的王道理想，并假托鲁国为王者，自王不合法，立言是合法的。所以董仲舒明言"缘鲁以言王义"是假托的意思，并无孔子自王之说。

第四章 董仲舒《春秋》学中的微言：改制

丘取之"也。自伪《左》出后，人乃以事说经，于是周、鲁、隐、桓、定、哀、邾、滕皆用考据求之，痴人说梦，转增疑惑，知有事不知有义，于是孔子之微言没而《春秋》不可通矣。尚赖有董子之说得以明之。[1]

康氏之说十分精辟，董仲舒所言的"缘鲁以言王义"，所重并非是现实的鲁国，而是天下的王法，鲁国仅仅是表达王法的工具而已。孔子之所以要"托王于鲁"，是因为改制是王者之事，孔子有德无位，若明显的作一改制之法，则当时周天子还在，有僭越之嫌[2]；如果假借鲁国国史，通过褒贬案例来彰显法度，就能"因其国而容天下"[3]，这是圣人谦逊的体现。陈立《公羊义疏》云："以《春秋》当新王不能见之空言，故托之于鲁，所以见之行事也，所谓托新王受命于鲁也。托王于鲁，非以鲁为王，夫子以匹夫行褒贬之

---

[1] 康有为，《春秋董氏学》，载《康有为全集》（二），第778页。
[2] 公羊学对于改制是很谨慎的，现实中唯有王者方能改制，孔子之"《春秋》当新王"虽然只是"改制之言"，但是也要避事实上的改制之嫌。在公羊家看来，非但孔子如此，就连周公也是如此。文公十三年，世室屋坏。《公羊传》云："周公用白牡，鲁公用骍犅。"何休云："白牡，殷牲也。周公死有王礼，谦不敢与文、武同也。不以夏黑牡者，嫌改周之文当以夏，辟嫌也。"（详见《春秋公羊传注疏》卷一四，第569—570页）按照"三正"理论，夏尚黑，殷尚白，周尚赤，继周而兴的王朝应该改制尚黑。周公虽然因为大功而可以使用"王礼"，但毕竟是臣子，故而有所限制：一方面要与周天子相区别，不能用赤牲；另一方面还要避改周制之嫌，不能用黑牲。可见对于现实层面的改制，圣人需要避嫌。
[3] 苏舆，《春秋繁露义证》卷五，第142页。

权,不可无所藉,故托鲁为王,以进退当世士大夫,正以载之空言不如行事之深切著明也。"[1]"王鲁"为假托,则"《春秋》当新王"也是假托,假托之王则为"素王","素"就是"空"的意思。故而董仲舒《对策》云:"孔子作《春秋》,先正王而系万事,见素王之文焉。"[2]

既然"王鲁"《春秋》当新王"是假托,自然不会明显与"时王"产生矛盾。董仲舒认为,孔子之"托王于鲁"仅仅由内外文辞的差异来体现,不显改周天子的制度。

> 内出言如,诸侯来曰朝,大夫来曰聘,王道之意也。[3]

朝聘指的是国与国之间的外交活动,诸侯称朝,大夫称聘。然而鲁国的外交活动则有不同的文辞,鲁君或者大夫出访他国不言"朝""聘",而是书"如";反之,他国则分别国君与大夫访问鲁国的情况,称"来朝"或"来聘"。按照礼制,诸侯拜见天子称"朝",诸侯互相的拜访也称为"朝"。"如"字的意思,《尔雅·释诂》云:"如,往也。"仅表示到了某个地方去,远远没有"朝"庄重。《春秋》分别内外之辞,表明鲁国要高于其他诸侯国,以此体现"王鲁"之义,何休云:"传言来者,解内外也。《春秋》王鲁,王者

---

[1] 陈立,《公羊义疏》卷一,第15页。
[2] 王先谦,《汉书补注》卷五六,第4035页。
[3] 苏舆,《春秋繁露义证》卷四,第116页。

无朝诸侯之义，故内适外言如，外适内言朝聘，所以别外尊内也。"[1]

同时"王鲁"之义又体现在对朝鲁诸侯的褒奖上。

> 诸侯来朝者得褒，邾娄仪父称字，滕、薛称侯，荆得人，介葛卢得名。[2]

邾娄仪父在春秋之前失爵，应当称"名"，因其先朝鲁国，故受到褒奖而称字。可见《春秋》是通过"内外之辞"，将鲁国区别于其他诸侯，以明"王鲁"之义。鲁没有称王，周未降为"公"，而且《春秋》处处表现出了对于时王的尊戴，比如周天子依旧"王者无敌"。[3]

【春秋经】（成公元年）秋，王师败绩于贸戎。

【公羊传】孰败之？盖晋败之。或曰贸戎败之。然则曷为不言晋败之？王者无敌，莫敢当也。[4]

---

[1]《春秋公羊传注疏》卷三，第108页。
[2] 苏舆，《春秋繁露义证》卷四，第116页。
[3] 这一点可以解除徐复观先生等人的质疑，徐先生以为："在《春秋》中既然是'王鲁'，则置周于何地？"（《两汉思想史》，第223页）李新霖先生亦云："汉世公羊家王鲁之说，不仅非《公羊传》本意，亦与孔子'从周'之志不合，可勿辩矣。"（见《春秋公羊传要义》，第56页）然而按照董仲舒的意思，"王鲁"本是假托，又仅仅由内外之辞体现，在《春秋》中周天子依旧是王者，"王鲁"与时王并不矛盾。
[4]《春秋公羊传注疏》卷一七，第699页。

周天子虽然微弱而被晋国打败，然而从礼制上讲，晋是臣，周是天子，两者不对等，晋国没有与周天子开战的资格，故而不书"晋败王师"，而书"王师自败"，以此体现尊时王之义。对于"王鲁"与尊时王的关系，徐彦云：

《春秋》之义，托鲁为王，而使旧王无敌者，见任为王，宁可会夺？正可时时内鲁见义而已。[1]

所以"《春秋》当新王""王鲁"都是假托，孔子只是借鲁国明王义，供后世王者取法。其实，不仅是"《春秋》当新王"，包括之前的"三正""文质再而复""商夏文质四而复""五帝""九皇"之说都是假托，不可以坐实地看待。孔子改制以致太平，所针对的对象是后起的王者，在真正的王者没有起来之前，权且以《春秋》代替。所以董仲舒的改制理论，不是为了解释历史事实，而是着眼于汉代具体的改制。

六 董仲舒的改制理论与"辟秦"

由上可知，董仲舒改制理论最终的关注点在于汉朝本身的"复古更化"。之所以要"复古更化"，是因为汉承秦

---

[1]《春秋公羊传注疏》卷一七，第700页。

制，循而未改。虽然"承秦"有其特定的历史背景[1]，然而汉代很多儒者都对秦朝进行了不遗余力的批评。贾谊云：

> 商君遗礼义，弃仁恩，并心于进取，行之二岁，秦俗日败。故秦人家富子壮则出分，家贫子壮则出赘。借父耰锄，虑有德色；母取箕帚，立而谇语。抱哺其子，与公并倨；妇姑不相说，则反唇而相稽。其慈子耆利，不同禽兽者亡几耳。然并心而赴时，犹曰蹶六国，兼天下。功成求得矣，终不知反廉愧之节，仁义之厚。信并兼之法，遂进取之业，天下大败；众掩寡，智欺愚，勇威怯，壮陵衰，其乱至矣。是以大贤起之，威震海内，德从天下。曩之为秦者，今转而为汉矣。然其遗风余俗，犹尚未改。[2]

董仲舒《对策》云：

> 圣王之继乱世也，埽除其迹而悉去之，复修教化而崇起之。教化已明，习俗已成，子孙循之，行五六百岁尚未败也。至周之末世，大为亡道，以失天

---

[1] 根据陈苏镇先生的研究，汉之"承秦"包括据秦之地、用秦之人、承秦之制等几个方面。而刘邦之所以能够取得天下，所依仗的也是秦地、秦人，而用秦制则是政治上的一种策略，在取天下阶段不得不为（详见陈苏镇，《〈春秋〉与汉道——两汉政治与政治文化研究》第一章第二节）。
[2] 王先谦，《汉书补注》卷四八，第3671页。

下。秦继其后，独不能改，又益甚之，重禁文学，不得挟书，弃捐礼谊而恶闻之，其心欲尽灭先王之道，而颛为自恣苟简之治，故立为天子十四岁而国破亡矣。自古以徕，未尝有以乱济乱，大败天下之民如秦者也。其遗毒余烈，至今未灭，使习俗薄恶，人民嚻顽，抵冒殊扞，孰烂如此之甚者也。[1]

在董仲舒看来，秦朝的做法是"尽灭先王之道，而颛为自恣苟简之治"，后果是使得风俗败坏。依照贾谊的说法，风俗的败坏集中体现在伦常的毁弃。"借父耰锄，虑有德色；母取箕箒，立而谇语""妇姑不相说，则反唇而相稽"，则"尊尊""亲亲"之义尽失，"抱哺其子，与公并倨"则是男女无别，而"亲亲""尊尊""男女有别"是伦理的根基，不变的常道。汉承秦制，也继承了这些"遗毒余烈"，汉朝要"复古更化"，必须要彻底摒除秦朝的弊政。这种"辟秦"的思想也延伸到了董仲舒的改制思想中。依照董氏的改制理论，秦朝的做法完全是"变道"而非改制，而且秦始皇所行的"改制"之事，也是不合法的。秦始皇之"改制"，见于《史记·秦始皇本纪》：

> 秦初并天下，令丞相、御史曰："……寡人以眇眇之身，兴兵诛暴乱，赖宗庙之灵，六王咸伏其辜，

---

[1] 王先谦，《汉书补注》卷五六，第4028—4029页。

天下大定。今名号不更,无以称成功,传后世。其议帝号。"丞相绾、御史大夫劫、廷尉斯等皆曰:"昔者五帝地方千里,其外侯服夷服,诸侯或朝或否,天子不能制。今陛下兴义兵,诛残贼,平定天下,海内为郡县,法令由一统,自上古以来未尝有,五帝所不及。臣等谨与博士议曰:'古有天皇,有地皇,有泰皇,泰皇最贵。'臣等昧死上尊号,王为'泰皇'。命为'制',令为'诏',天子自称曰'朕'。"王曰:"去'泰',著'皇',采上古'帝'位号,号曰'皇帝'。他如议。"制曰:"可。"[1]

始皇推终始五德之传,以为周得火德,秦代周德,从所不胜。方今水德之始,改年始,朝贺皆自十月朔。衣服旄旌节旗皆上黑。数以六为纪,符、法冠皆六寸,而舆六尺,六尺为步,乘六马。更名河曰德水,以为水德之始。刚毅戾深,事皆决于法,刻削毋仁恩和义,然后合五德之数。于是急法,久者不赦。[2]

秦始皇的改制包括两个方面,一是依据"五德终始"理论,定秦为水德,并且以夏历的十月作为正月;一是定其称号为"皇帝"。这两项内容在董仲舒的改制系统中属于"三正三统"的范畴,而且都不符合规定。董仲舒认

---

[1]《史记》卷六,第235—236页。
[2]《史记》卷六,第237页。

为，改正朔必须在"三微之月"，即夏历的十一月、十二月、一月之中有序地进行更替。而秦朝以夏历的十月作为正月，在"三微之月"之外，不合天道，没有"正始"的含义，故而是不合法的。同样的，在处理新朝与前朝的关系上，新的朝代称"王"，拥有整个天下；"二王后"亦称"王"，而封为大国；再往前的王者之后则绌为"五帝"，封为小国；再往前则是"九皇"，封为附庸。从称号上讲，"皇""帝"要尊于"王"，然而"皇""帝"是后人追加前代的封号[1]，虽然尊贵，但是现实中的封国却越来越小，这就是董仲舒所谓"远者号尊而地小"[2]，故有"绌"为"五帝"，"推"为"九皇"之说。秦始皇不称"王"，而称"皇帝"，名为尊崇，实为贬绌。而且按照秦始皇的意思，"皇帝"之称是为了表明功德史无前例，在统绪上又是水德胜火德，是相克的关系[3]，所以对前朝没有恭敬谦卑之义，对于天命的延续与流转也没有敬畏，故而不合"通三统"之旨。如此则秦虽改制，不得为正统。段熙仲先生甚至认为，公羊学中的改制思想，实际上是针对秦朝的发愤之言。

---

[1] 苏舆云："秦称皇帝，据此则皇帝连称，自古所无，美其德故为追尊，秦误用耳。"（见《春秋繁露义证》卷七，第201页）
[2] 苏舆，《春秋繁露义证》卷七，第200页。
[3] 秦始皇用的"五德终始说"与"三统说"最大的不同是对于前朝的态度，秦朝的五德说讲究相克，三统说强调的是天命的延续，并优待二王后。两者虽然都是历史循环论，都有所尚之色，但是精神实质是不一样的。

《春秋》大一统，而又言通三统，书王正月，而又言三正，何也？儒生发愤于暴秦而屏之，不以当正统故耳。三统、三正俱以夏、商、周三代为正统，暴秦素在不足齿数之列。天统，地统，人统，为三统；子正，丑正，寅正，为三正。彼秦皇、李斯自以为功烈足以度越三皇五帝，而王又为七国之所通称，是以有去"泰"著"皇"，号曰"皇帝"之妄，儒生愤之而有三统之说。王者三而止，其上则绌而为五帝，更上则推而远之，曰九皇。曰"绌"、曰"推"，俱有《春秋》家贬外之意流露其间。意若曰：秦人虽自矜大，其实非正称号也。故曰："元年春王正月，正也。其余（天王、天子）皆通矣。"号曰皇帝，不足妄窃之以自娱，适为绌远之辞耳。有是哉，儒生之迂也。夏以十三月为正，商以十二月为正，周以十一月为正，彼秦人者又妄以十月为正，亦欲尽革前世之制者也。儒生愤之，以三正纳于三统。立于天地之间者，人而已矣。是以有天、地、人之三统。秦之以十月为正，则于此无说也。统之所以必三而复者此也……秦始皇、李斯能焚儒生百家之书，而不能禁其不腹诽也。无如秦何矣，则屏之于统与德之外，儒生之迂也，儒生之发愤也。[1]

段先生此语，真为通人之论，董仲舒的改制思想本为

---

[1] 段熙仲,《春秋公羊学讲疏》, 第742—743页。

假托，落脚点是继承秦制的汉朝，故而改制思想也是"有为之言"。虽然如此，在托古改制背后，是董仲舒对于儒家最根本的价值与制度的坚持，以及对于政治、伦理、文化的"变""不变""如何变"的思索，这一点也被后世公羊家继承，并不断焕发光彩。

第五章　董仲舒的"《春秋》决狱"

　　董仲舒的《春秋》学对于后世的影响，除了意识形态的建构外，还有"《春秋》决狱"。《后汉书·应劭传》云："故胶西相董仲舒老病致仕，朝廷每有政议，数遣廷尉张汤亲至陋巷，问其得失。于是作《春秋决狱》二百三十二事，动以经对，言之详矣。"[1]《汉书·艺文志》著录有"《公羊董仲舒治狱》十六篇"。[2]《后汉书》所言之二百三十二事，大概属于《公羊董仲舒治狱》十六篇中的内容。然而此书已经亡佚，马国翰《玉函山房辑佚书》辑得八条，根据沈家本的考订，其中可靠的材料仅有六条。[3]这六件"疑狱"，正如

---

[1]《后汉书》卷四八，第1612页。
[2] 王先谦，《汉书补注》卷三〇，第2930页。
[3] 马国翰辑得的八条材料中，有两条并不可靠。其一是"为姑讨夫"案，《礼记正义》引《五经异义》云："妻甲夫乙殴母，甲见乙殴母而杀乙。《公羊》说：甲为姑讨夫，犹武王为天诛纣。"沈家本以为："此条《异义》但称《公羊》说而不言仲舒，果否为《决狱》之文，无他可证。玉函辑本谓，案其文义，亦《决事》之文，亦臆度之词。"其二是《艺文类聚》所引《汉书》之文云："武帝外事夷狄而民去本，董仲舒上说曰：'《春秋》他谷不书，至于麦禾不成则书之。以此见圣人五谷最重粟麦。'"沈家本以为此条"与《决狱》无涉"，详见沈家本，《历代刑法考》，中华书局，1985年，第1773页。

黄静嘉所云："并不是关于案情方面即事实认定之疑，而是在法律适用上之'疑'。"[1]之所以如此，是因为汉律来源于秦律，体现的是法家的精神。而董仲舒的《春秋》决狱，就是用儒家经义来改造汉律，由此开启了法律的"儒家化"。之后经过了晋代的"准五服论罪"，直至"一准乎礼"的唐律，法律"儒家化"方告完成。另一方面，法律的"儒家化"，也是经义的法典化。而经典解释是非常复杂的，对一特定的主题，不仅存在着同一学派内部的争论，也存在着不同经典之间的争论。经义的法典化，就是在这些争论中择取最优的解释，并将问题不断深入细化的过程。下面我们试着从这个角度，来分析董仲舒《春秋》决狱的案例。

一 拾道旁弃儿养以为子[2]

> 甲无子，拾道旁弃儿乙养之，以为子。及乙长，有罪杀人，以状语甲，甲藏匿乙。甲当何论？仲舒断曰：甲无子，振活养乙，虽非所生，谁与易之。《诗》云：螟蛉有子，蜾蠃负之。《春秋》之义，父为子隐。甲宜匿乙，诏不当坐。（《通典》卷六十九 东晋成帝咸和五年散骑侍郎贺乔妻于氏上表引）

此案涉及两个问题：第一是亲属间的容隐问题，第二

---

[1] 黄静嘉，《中国法制史论述丛稿》，清华大学出版社，2006年，第15页。
[2] 案件的标题均为沈家本所取，见于《历代刑法考》，第1770—1773页。

是异姓养子问题。

首先是容隐问题。秦律规定，亲属犯罪，不能容隐，反而鼓励互相告发。如《睡虎地秦墓竹简·法律答问》云："'夫有罪，妻先告，不收。'妻媵（朕）臣妾、衣服当收不当？不当收。"[1]由于连坐制度的存在，丈夫犯罪，妻子当收为奴婢，但如果妻子告发丈夫，非但自己"不收"，而且连带陪嫁的财产也不被没收。又《岳麓书院藏秦简 四》云："父母、子、同产、夫妻或有罪而舍匿之其室及敝（蔽）匿之于外，皆以舍匿罪人律论之。"[2]可见秦律中，夫妻、父子、同产之间都不能容隐，秦代没有容隐的制度。[3]

---

[1]《睡虎地秦墓竹简》，文物出版社，1990年，第133页。
[2]《岳麓书院藏秦简 四》，上海辞书出版社，2016年，第235页。
[3] 稍有争议的是《法律答问》中的"非公室告"问题，《法律答问》云："'子告父母，臣妾告主，非公室告，勿听。'可（何）谓'非公室告'？主擅杀、刑、髡其子、臣妾，是谓'非公室告'，勿听。而行告，告者罪。告【者】罪已行，它人有（又）袭其告之，亦不当听。"又云："'公室告'【何】殹（也）？'非公室告'可（何）殹（也）？贼杀伤、盗它人为'公室'；子盗父母，父母擅杀、刑、髡子及奴妾，不为'公室告'。"（《睡虎地秦墓竹简》，第117、118页）有学者据此认为秦代已有亲亲相隐的制度。然而根据韩树峰等学者的考证，"非公室告"仅限于家庭内部尊长对于卑幼的人身犯罪、财产犯罪，不涉及公共秩序，故而"子告父母，臣妾告主"，官府不予受理，且要追究告者的责任。而尊长一旦"贼杀伤、盗它人"，侵犯到了公共秩序，则属于"公室告"，官府可以受理。而且即便是"非公室告"，也仅规定卑幼不可告尊长，而尊长仍可告卑幼。那么秦律"非公室告"的本质，不在于提倡亲属间的相互容隐，而是从节约治理成本的角度，对于纯粹家庭内部的人身、财产犯罪不详加干涉，仅片面保护尊长的权利。详见韩树峰，《汉魏无"亲亲相隐"之制论》，载《中国古代法律文献研究》第6辑，社会科学文献出版社，2012年，第221—237页。

同样地，西汉初年的法律也鼓励亲属间互相告发，《二年律令》云：

> 以城邑亭障反，降诸侯，及守乘城亭障，诸侯人来攻盗，不坚守而弃去之若降之，及谋反者，皆要（腰）斩。其父母、妻子、同产，无少长皆弃市。其坐谋反者，能偏（遍）捕，若先告吏，皆除坐者罪。
>
> 劫人、谋劫人求钱财，虽未得若未劫，皆磔之；罪其妻子，以为城旦舂。其妻子当坐者偏（遍）捕，若告吏，吏捕得之，皆除坐者罪。[1]

由上可知，无论是谋反大罪，还是普通的抢劫罪，都连坐亲属，然而亲属若能告发，则可除罪。那么很显然，在西汉初年的《二年律令》中，没有亲属间容隐的制度。又《汉书》记载，元朔五年（公元前124），临汝侯灌贤"坐子伤人首匿，免"。[2]则武帝时父首匿子仍不被允许。然而这种鼓励亲属告发的制度显然是违背儒家伦理的。在儒家伦理中，治国、平天下的基础在于齐家，政治的根本在于人伦。而亲属间的相互告发会疏离骨肉，瓦解人伦，最终也会动摇政治的根基。故而董仲舒据"《春秋》之义，父为子隐"，认为"甲宜匿乙，诏不当坐"。

---

[1]《张家山汉墓竹简》，文物出版社，2006年，第7、18页。
[2] 王先谦，《汉书补注》卷一六，第681页。

学者多以为董仲舒所引的"父为子隐"出自《论语·子路》,并非出自《春秋》。其实在《春秋公羊传》中也有"父为子隐"的事例。

>【春秋经】(文公十四年)冬,单伯如齐。齐人执单伯。齐人执子叔姬。
>
>【公羊传】执者曷为或称行人,或不称行人?称行人而执者,以其事执也;不称行人而执者,以己执也。单伯之罪何?道淫也。恶乎淫?淫乎子叔姬。然则曷为不言齐人执单伯及子叔姬?内辞也,使若异罪然。
>
>【春秋经】(文公十五年)十有二月,齐人来归子叔姬。
>
>【公羊传】其言"来"何?闵之也。此有罪,何闵尔?父母之于子,虽有罪,犹若其不欲服罪然。[1]

子叔姬为鲁文公之妹,出嫁齐国,由鲁国大夫单伯负责护送。不料两人在途中淫乱,至齐国被识破,齐人把他们抓了起来,后来又将子叔姬休了,遣返回鲁国。按照《春秋》之义,淫乱是大恶,要被诛绝,如陈侯佗。[2] 但站在亲情的角度,父母更应该为子女容隐其恶。所以在遣返子叔姬

---

[1]《春秋公羊传注疏》卷一四,第579—580、584页。
[2]《春秋公羊传》(桓公六年)"蔡人杀陈佗。陈佗者何?陈君也。陈君则曷为谓之陈佗?绝也。曷为绝之?贱也。其贱奈何?外淫也。恶乎淫?淫于蔡,蔡人杀之"。

的书法上，《春秋》不用被出之辞"子叔姬来归"，而是书"齐人来归子叔姬"，如普通大夫被遣返一般。《公羊传》进一步解释道："父母之于子，虽有罪，犹若其不欲服罪然。"这即是《论语》"父为子隐"之义。

此外，《春秋公羊传》中还有一组涉及亲亲相隐的事件，即鲁公子友容隐其兄公子庆父的弑君之罪。这里面的含义更加深刻。

【春秋经】（庄公三十二年）冬，十月，乙未，子般卒。

【公羊传】（闵公元年）孰弑子般？庆父也。杀公子牙，今将尔，季子不免。庆父弑君，何以不诛？将而不免，遏恶也。既而不可及，因狱有所归，不探其情而诛焉，亲亲之道也。恶乎归狱？归狱仆人邓扈乐。曷为归狱仆人邓扈乐？庄公存之时，乐曾淫于宫中，子般执而鞭之。庄公死，庆父谓乐曰："般之辱尔，国人莫不知，盍弑之矣？"使弑子般，然后诛邓扈乐而归狱焉。季子至而不变也。[1]

【春秋经】（闵公二年）秋，八月，辛丑，公薨。

【公羊传】公薨何以不地？隐之也。何隐尔？弑也。孰弑之？庆父也。杀公子牙，今将尔，季子不免。

---

[1]《春秋公羊传注疏》卷九，第343、346—348页。

> 庆父弑二君,何以不诛?将而不免,遏恶也。既而不可及,缓追逸贼,亲亲之道也。[1]

子般为鲁庄公之世子,公子庆父欲篡位,故而指使仆人邓扈乐杀了子般,随后又归罪于邓扈乐,将其灭口。作为执政大夫的公子季友赶到后,见"狱有所归",考虑到庆父是自己的同母兄长,就不再追查事情的真相。《公羊传》认同季友的做法,故云:"不探其情而诛焉,亲亲之道也。"同样地,当闵公二年,庆父再次弑杀闵公时,季友又放走了庆父,《公羊传》还是认同了他的做法,云:"缓追逸贼,亲亲之道也。"分析上述三个例子,从性质上说,子叔姬的淫逸是普通的罪行,而庆父的弑君则属于后世"十恶不赦"的罪行。从容隐的主客体而言,子叔姬之事属于尊长容隐卑幼,庆父之事属于卑幼容隐尊长。可见无论何种罪行,《公羊传》都主张亲属之间双向容隐,"亲亲之道"完全凌驾于法律之上,可以说是"亲亲唯大"。《春秋繁露·王道》亦云:"鲁季子之免罪……明亲亲之恩也。"苏舆云:"免罪,谓缓追庆父。"[2]可见董仲舒也持"亲亲唯大"的容隐观。

---

[1]《春秋公羊传注疏》卷九,第355页。
[2] 苏舆,《春秋繁露义证》卷四,第120页。又《精华篇》云:"《春秋》之听狱也,必本其事而原其志。志邪者不待成,首恶者罪特重,本直者其论轻。是故逢丑父当斫,而辕涛涂不宜执,鲁季子追庆父,而吴季子释阖庐。此四者罪同异论,其本殊也。俱欺三军,或死或不死;俱弑君,或诛或不诛。听讼折狱,可无审耶!"(见苏舆,《春秋繁露义证》卷三,第92—93页)董仲舒讲到"鲁季子追庆父"时,用了(转下页)

这种容隐观到汉宣帝时期化为制度，并稍有调整。地节四年（公元前66）诏书云：

> 父子之亲，夫妇之道，天性也。虽有患祸，犹蒙死而存之。诚爱结于心，仁厚之至也，岂能违之哉！自今子首匿父母，妻匿夫，孙匿大父母，皆勿坐。其父母匿子，夫匿妻，大父母匿孙，罪殊死，皆上请廷尉以闻。[1]

汉宣帝这道诏书首次在制度上落实了亲属容隐的原则，但学界对于容隐的具体内容有不同的理解。第一种观点认为，卑幼对于尊长所有的罪行都可以容隐；而反过来，尊长对于卑幼只有殊死罪才可以上请廷尉裁决，轻于殊死的罪行则不得容隐。那么这在性质上属于卑幼对尊长的单向容隐。如韩树峰认为："从隐匿主体看，诏书重在强调子为父隐，孙为祖隐，妻为夫隐。虽然后者隐匿前者的限制较此前放松，但只有殊死罪才上请廷尉，决定是否从轻发落，至于其他罪行，应该与此前判罚没有区别。"[2] 第二种观点认为，

（接上页）"诛"字，指的是僖公元年《公羊传》记载，庆父弑杀闵公后出奔，之后又想回鲁国，季子不许，庆父"抗輴经而死"。可见董仲舒赞成季子之前的"缓追逸贼"，也赞成之后的拒贼于国门之外，想要以这样的方式达成亲情与国法的两全。但我们认为，只要赞成"缓追逸贼"，就属于"亲亲唯大"的容隐观。

[1] 王先谦，《汉书补注》卷八，第352页。
[2] 韩树峰，《汉魏无"亲亲相隐"之制论》，第228页。

卑幼对尊长的所有罪行都可以容隐，而尊长对卑幼的罪行，只有殊死罪才上请廷尉裁决，轻于殊死的罪行则可以直接容隐，不需上请。那么这在性质上属于双向容隐。如韩织阳云："卑幼首匿尊长不负刑事责任；尊长首匿卑幼，死刑以外的不负刑事责任。"[1]我们认为，诏书的主旨在于提倡亲属间的容隐，从这个前提出发，尊长容隐幼卑的重罪，尚可上请廷尉，轻罪反而不得容隐，似乎不合逻辑，故而采用第二种观点。

另外，根据宋杰的研究，"殊死"一词既可以表示死刑，也可以指代一类罪名，"代表特殊的重大死罪，如谋反、大逆不（无）道等等"。[2]并认为汉宣帝地节四年诏书中的"罪殊死"，就是这类重大死罪[3]，而不是单纯指代死刑。据此来看诏书的内容，对于谋反、大逆不道之罪，卑幼对尊长可以直接容隐，而尊长容隐卑幼则需上请廷尉裁决。之所以要裁决，大概是看父母是否有失教之责。所以我们认为，诏书大体延续了董仲舒"亲亲唯大"的容隐观，只是做了一定的调整，在谋反、大逆不道等罪名的容隐上，附加了尊长的

---

[1] 韩织阳，《再议秦简中的"公室告"——兼论"亲亲相隐"制度化起源》，《简帛》第18辑，上海古籍出版社，2019年，第55页。

[2] 宋杰，《汉代"弃市"与"殊死"辨析》，载《中国史研究》2015年第3期，第62页。

[3] 宋杰云："在汉代法律用语当中，'殊死'一词的含义除了表示死刑之外，还被作为某类罪名的代称。参见宣帝地节四年五月诏：'其父母匿子，夫匿妻，大父母匿孙，罪殊死，皆上请廷尉以闻。'"见《汉代"弃市"与"殊死"辨析》，第61页。

失教之责。

到了唐律,则对亲属间的容隐做了更加细致化的规定,《唐律疏议·同居相为隐》条云:

> 诸同居,若大功以上亲及外祖父母、外孙,若孙之妇、夫之兄弟及兄弟妻,有罪相为隐。
>
> 【疏】议曰:"同居",谓同财共居,不限籍之同异,虽无服者,并是。"若大功以上亲",各依本服。"外祖父母、外孙若孙之妇、夫之兄弟及兄弟妻",服虽轻,论情重。故有罪者并相为隐,反报俱隐。此等外祖不及曾、高,外孙不及曾、玄也。
>
> 其小功以下相隐,减凡人三等。
>
> 【疏】议曰:小功、缌麻,假有死罪隐藏,据凡人唯减一等,小功、缌麻又减凡人三等,总减四等,犹徒二年。
>
> 若犯谋叛以上者,不用此律。
>
> 【疏】议曰:谓谋反、谋大逆、谋叛,此等三事,并不得相隐,故不用相隐之律,各从本条科断。[1]

首先,唐律延续了亲属之间双向容隐的大原则,即《疏议》所说的"反报俱隐"。同时引入了丧服制度来区分不同的容隐等级:先将亲属分为两大类,一为同居共财的亲属

---

[1] 刘俊文,《唐律疏议笺解》,中华书局,1996年,第466—467页。

（不论有服无服），一为不同居的亲属；又将不同居的亲属分为大功以上和小功以下两个部分，其中外祖父母（小功亲）、外孙（缌麻亲）、庶孙妇（缌麻亲）、夫之兄弟及兄弟之妻（嫂叔无服），因为服轻而情重，也被视为大功以上之亲。容隐的规则是：同居共财的亲属，以及不同居的大功以上亲属相互容隐则无罪；不同居的小功以下亲属相互容隐，则做减罪的处罚，较一般的隐匿罪减三等。这个规定细化了不同的容隐义务，以大功以上和小功以下作为分野，也契合亲疏远近的人情差异。更重要的是，规定了谋叛以上的罪行，一律不得相隐。对比汉宣帝地节四年诏书，卑幼可以容隐尊长的殊死罪，尊长容隐卑幼的殊死罪要上请廷尉，显然唐律加强了国法的权威。

在亲亲相隐中，国法与人情始终是一个矛盾，首匿连坐是一个极端，"亲亲唯大"是另一个极端。唐律采取了折中的方案，即通过排除谋叛以上的罪行，来调和国法与人情的矛盾。但是以罪之大小作为判定容隐的标准，在义理上是不完美的，以《孟子》中假设的瞽瞍杀人案来推论，杀人罪轻于谋叛，那么舜作为天子可以直接容隐父亲的罪行，不需要放弃天子之位，"窃负而逃"。但是在《孟子》中，舜要先"弃天下"才可以容隐其父，说明国法与人情的选择不在于罪行的大小，而是取决于容隐者的身份。具有政治身份的人，应该以国法为重，大罪、小罪皆不可容隐；不具有政治身份的百姓，则以人情为重，大罪、小罪皆当容隐。这一点在公羊学中也有体现，即鲁公子友对其兄公子牙的有限容隐。

【春秋经】（庄公三十二年）秋，七月，癸巳，公子牙卒。

【公羊传】何以不称弟？杀也。杀则曷为不言刺之？为季子讳杀也。曷为为季子讳杀？季子之遏恶也，不以为国狱，缘季子之心而为之讳。

季子之遏恶奈何？庄公病，将死，以病召季子。季子至而授之以国政，曰："寡人即不起此病，吾将焉致乎鲁国？"季子曰："般也存，君何忧焉？"公曰："庸得若是乎？牙谓我曰：'鲁一生一及，君已知之矣。'庆父也存。"季子曰："夫何敢？是将为乱乎？夫何敢？"俄而，牙弑械成，季子和药而饮之，曰："公子从吾言而饮此，则必可以无为天下戮笑，必有后乎鲁国。不从吾言而不饮此，则必为天下戮笑，必无后乎鲁国。"于是从其言而饮之。饮之无傫氏，至乎王堤而死。

公子牙，今将尔，辞曷为与亲弑者同？君亲无将，将而诛焉。然则善之与？曰：然。杀世子、母弟，直称君者，甚之也。季子杀母兄，何善尔？诛不得辟兄，君臣之义也。然则曷为不直诛而酖之？行诛乎兄，隐而逃之，使托若以疾死然，亲亲之道也。[1]

---

[1]《春秋公羊传注疏》卷九，第337—342页。

公子牙想要拥立公子庆父为君，故而试图弑杀子般，然而刚准备好了器械，即被公子友诛杀。公子友是公子牙的同母弟，似乎应该容隐其罪。但由于公子友是执政大夫，这个身份决定了他首先应该恪守君臣之义，"诛不得避兄"，只能在刑杀的方式上做变通，即不以为"国狱"，而是私下毒杀，进而保全了公子牙的后人。这种处理方式也得到了《公羊传》的肯定，认为是"亲亲之道也"。我们看到，执政大臣的容隐是极其有限的，只能在遵守国法的大前提下，略微行使"亲亲之道"。

另一方面，上文论及公子友处理公子庆父的两次弑君，是"不探其情而诛焉"以及"缓追逸贼"，人情超越了国法，《公羊传》亦云"亲亲之道"。这里面有显著的矛盾。正如龚自珍所云："庆父弑二君，罪百于牙。酖牙也是，则逸庆父也非；逸庆父是，则酖牙也非。"[1]所以从何休开始的公羊学家们，都在不同程度上否定了公子季友"不探其情而诛"以及"缓追逸贼"的合理性，认为这两处"亲亲之道"的传文，实为"亲亲之过"。如何休云："论季子（不探其情而诛）当从议亲之辟，犹律亲亲得相首匿，当与叔孙得臣有差。"[2]叔孙得臣的罪行是得知公子遂要弑杀子赤，知贼不言，故被诛绝。公子友容隐庆父，并不是全然无罪，而是"与叔孙得臣有差"。何休解释"有差"，还是从亲亲相隐

---

[1] 龚自珍，《龚自珍全集》，上海人民出版社，1975年，第59页。
[2] 《春秋公羊传注疏》卷九，第346页。

的角度考虑，认为得臣与公子遂没有亲属关系，而公子友与庆父为同母兄弟，所以公子友可以比附于汉律"亲亲得相首匿"来减罪，从而与得臣之罪"有差"。陈立则把何休的逻辑说得更加清楚，云："注云'有差'，亦止谓差于得臣耳。弑君之贼，虽曰亲亲，究难舍纵。季子之不探其情，似亦未能全谓无过。"[1] 刘逢禄则完全切断了公子季友与"亲亲相隐"之间的联系，认为："得臣党遂弑赤，季友知贼不诛，坐视子般、闵公之弑，以成其立僖公之功。《春秋》褒其功而诛其意，于不书葬闵公、杀庆父见之。弑君之贼，吾闻大义灭亲矣，未闻亲亲得相首匿也。"[2] 刘逢禄立意非常严正，认为公子友放走庆父有大罪，甚至说他坐视国君被弑。之所以没有被治罪，因其有拥立僖公、安定鲁国的功劳，功大于过，故而《春秋》为之避讳。综上所述，将公子友容隐庆父的"亲亲之道"，定性为"亲亲之过"，是没有问题的。但刘逢禄的出发点是，凡是弑君之贼，都不得援引亲亲首匿之律。我们必须加一个限定，即对于执政大臣来说，弑君罪不能容隐，但对于没有政治身份的百姓而言，则可以容隐弑君罪。《公羊传》中吴公子札的事迹可以印证这个观点。

【春秋经】（襄公二十九年）吴子使札来聘。

【公羊传】吴无君、无大夫，此何以有君、有大

---

[1] 陈立，《公羊义疏》卷二七，第996页。
[2] 刘逢禄，《春秋公羊何氏释例后录》卷一《公羊申墨守》，第307页。

夫？贤季子也。何贤乎季子？让国也。其让国奈何？谒也、馀祭也、夷昧也，与季子同母者四，季子弱而才，兄弟皆爱之，同欲立之以为君。谒曰："今若是迮而与季子国，季子犹不受也。请无与子而与弟，弟兄迭为君，而致国乎季子。"皆曰："诺！"故诸为君者，皆轻死为勇，饮食必祝，曰："天苟有吴国，尚速有悔于予身。"故谒也死，馀祭也立。馀祭也死，夷昧也立。夷昧也死，则国宜之季子者也。季子使而亡焉。僚者，长庶也，即之。季子使而反，至而君之尔。阖庐曰："先君之所以不与子国而与弟者，凡为季子故也。将从先君之命与，则国宜之季子者也。如不从先君之命与，则我宜立者也。僚恶得为君乎？"于是使专诸刺僚，而致国乎季子。季子不受，曰："尔弑吾君，吾受尔国，是吾与尔为篡也。尔杀吾兄，吾又杀尔，是父子兄弟相杀，终身无已也。"去之延陵，终身不入吴国。故君子以其不受为义，以其不杀为仁。[1]

吴公子札有贤才，同母兄谒、馀祭、夷昧都想让国于札，故而约定了兄终弟及之制，并且都"轻死为勇"，期盼早日将吴国交予公子札。不料到最后，庶长兄僚趁公子札出使外国的空档继承了君位。公子札归国后，即君事吴王僚，而谒之子阖庐不服，弑杀了吴王僚，并想让位于公子札。这时候公子札面临两难：依据国法，阖庐是弑君贼，必须诛

---

[1]《春秋公羊传注疏》卷二一，第886—890页。

杀；依据亲情，则阖庐是侄儿，不忍诛杀。要解决国法与人情的两难，公子札只能抛弃政治身份，才能成全亲亲之恩，所以"去之延陵，终身不入吴国"，这和《孟子》中舜放弃天子之位"窃负而逃"是一致的。

所以综合鲁公子友与吴公子札的事迹，亲亲相隐在公羊学中有比较完善的解释，即有政治身份之人应当完全以国法为重，不得容隐亲属任何罪行；而无政治身份之平民，则可以完全容隐亲属。相对而言，董仲舒所持的"亲亲唯大"的容隐观是比较简单而又激进的。然而对于鼓励告发，不准容隐的秦汉律而言，矫枉必须过正。同时在经义法典化的过程中，唐律也没有回归正确的经义，而是选择了更具操作性的方式，即区分罪行的轻重来规定容隐的界限，更加注重国家的权威。

本案的第二个焦点，是异姓养子问题。"甲无子，拾道旁弃儿乙，养之以为子"，则甲乙之间并无血缘或者宗法上的联系。董仲舒援引《诗经》"螟蛉有子，蜾蠃负之"，认定异姓养子等同于亲子。但董仲舒的观点与《公羊传》相左，《公羊传》明确反对"异姓为后"。

【春秋经】（襄公五年）叔孙豹、鄫世子巫如晋。
【公羊传】外相如不书，此何以书？为叔孙豹率而与之俱也。叔孙豹则曷为率而与之俱？盖舅出也。莒将灭之，故相与往殆乎晋也。莒将灭之则曷为相与往殆乎晋？取后乎莒也。其取后乎莒奈何？莒女有为鄫夫人者，盖欲立其出也。

【春秋经】（襄公六年）莒人灭鄫。[1]

鄫国国君两次娶妻，前夫人生了世子巫，后夫人唯有一女，嫁回到莒国，生有一子，于鄫君为外孙。鄫君宠爱后夫人，故舍弃世子巫，立外孙为后。《春秋》认为，异姓为后，等同于灭国，故书"莒人灭鄫"。因为在人伦中，"亲亲"与"尊尊"是最重要的原则。"亲亲"即血缘纽带，"尊尊"则涉及父系宗法。而且在"为后"问题上，"尊尊"高于"亲亲"，外孙虽有血缘之亲，然而属于异姓，所以不能"为后"，更不用说路上捡来的婴儿。

那么董仲舒是否忽视了异姓不可为后的义理呢？引用此案的贺乔之妻于氏云："夫异姓不相后，礼之明禁，以仲舒之博学，岂暗其义哉！盖知有后者不鞠养，鞠养者非后，而世人不别。"[2]于氏认为，董仲舒并不否认"异姓不相后"的礼制，而是区别了"鞠养"与"为后"两个概念，只要"鞠养"而不"为后"，就可以认定为亲子。[3]然而我们

---

[1]《春秋公羊传注疏》卷一九，第796—797、802页。
[2]《通典》卷六九，中华书局，2016年，第1893页。
[3] 当然于氏讨论的是鞠养丈夫的侄儿作为亲子的问题，与异姓养子是不一样的。严格来说，鞠养丈夫的侄儿作为亲子，属于同一宗族内部的过继行为。某一房无子，才从其他房中择取"为人后者"，那么"鞠养"与"为后"是不能区分的。于氏区分"鞠养"与"为后"属于强词夺理。但是在异姓养子问题上，可以有"鞠养"而"不为后"的情况，比如纯粹基于人道主义的收养弃婴等，故而我们可以借用于氏的思路。

认为，董仲舒在《春秋决狱》中默认了异姓可以为后。首先在本案中，除了强调乙是"道旁弃儿"外，董仲舒还强调了"甲无子"。"甲无子"而收养乙，就是默认了乙为甲后。其次，在父子关系的认定上，董仲舒认为，养育之恩高于血缘关系。因为在"乞养子杖生父"案中，董仲舒认为："甲生乙，不能长育以乞丙，于义已绝矣！"[1] 既然父子关系最终决定于养育之恩，那么养父与养子的父子关系就能成立，异姓之子也可以为后。所以根据上面两条理由，我们认为，董仲舒抬高了养育之恩的地位，进而认同了"异姓为后"，但这与《春秋》大义是矛盾的。

对于法律儒家化或者经义法典化而言，这个矛盾是需要弥合的，大体来说有三种路径：第一种是在传统的服术中处理养恩，进而否定"异姓为后"。第二种是在肯定"异姓为后"的前提之下，妥善处置本生父母的服制，即改造董仲舒"（生父）不能长育，于义已绝"的说法。第三种则是区分不同的收养情景，进而规避"异姓为后"问题。这几种说法都保存在了《通典·异姓为后议》中。

第一种路径，限制养恩的上升，否定"异姓而后"。在传统经学体系中，儒家的人伦关系通过丧服制度显现，人伦关系的内在原则就是"服术"。《礼记·大传》云："服术有六：一曰亲亲，二曰尊尊，三曰名，四曰出入，五曰长幼，

---

[1]《通典》卷六九，第1893页。

六曰从服。"[1]其中"亲亲"与"尊尊"是主导性原则,"亲亲"侧重血缘亲情,"尊尊"侧重父系宗法以及君臣之义。父母的生恩是"亲亲""尊尊"两大原则的集中体现。更为重要的是,父母的养育之恩已经包含在生恩之中了,所以养育之恩不能成为一种普遍的"服术"。只有在"继父、继子"这对关系中,养恩才取得了相对独立的地位[2],然而也受到了生恩的严格限制。《仪礼·丧服》云:

> (齐衰不杖期章)继父同居者。
> 传曰:何以期也?《传》曰:夫死,妻稚子幼,子无大功之亲,与之适人,而所适者亦无大功之亲,所适者,以其货财为之筑宫庙,岁时使之祀焉,妻不敢与焉,若是则继父之道也。同居则服齐衰期,异居则服齐衰三月。必尝同居然后为异居,未尝同居,则不为异居。[3]

由上可知,继父名分之成立,有诸多条件:第一是年龄限制,即"子幼",按照郑玄和贾公彦的解释,指子未满十五岁。因为十五岁后能独立谋生,不必随母改嫁。第二是

---

[1] 《礼记正义》卷四四,第1360页。
[2] 关于继父服制中的养育之恩的上升过程,可参见拙文《论养恩在古代人伦观念中的变迁——以继父丧服的经说为中心》,载《哲学研究》2021年第8期。
[3] 《仪礼注疏》卷三一,上海古籍出版社,2008年,第931页。

双向困厄的限制,即继父、继子都没有大功以上亲属。由于大功以上的亲属有共财之义,继父、继子都没有大功以上亲属,表明他们都是孤苦之人,别无所依,才被允许互相扶持。第三,继父不但养育继子本人,而且为继子建造宫庙,使其能够祭祀生父。满足了以上三点,才有"继父同居者"的名义。换句话说,不忘生父,方有继父。而且回报继父与生父的恩德,也分为不同的方式:对于生父是注重祭祀,服斩衰服;对于继父则局限于生时的赡养,却没有死后的祭祀,丧服也最多服齐衰不杖期。所以继父的服制虽然是因养育之恩而设的,但还是要屈从于"亲亲"与"尊尊"。除了继父之外,没有其他亲属是纯粹因养恩而制服的了。[1]

以上是传统丧服制度中处理养恩的方式,而继父与养父都属异姓之人,故而有的学者试图用继父服制来消解"异姓为后"问题。

> 魏时或为《四孤论》曰:"遇兵饥馑有卖子者;有弃沟壑者;有生而父母亡,无缌亲,其死必也者;有俗人以五月生子妨忌之不举者。有家无儿,收养教训成人,或语汝非此家儿,礼,异姓不为后,于是便欲

---

[1] 《丧服》中也有其他涉及养恩的条目,如"慈母、继母嫁从为之服、庶母慈己者"等,但这些条目的根本原则还是亲亲之恩,或者是母子名分,如郑玄解释"继母嫁"条就从母子名分入手,而不以养恩为决定因素。所以我们认为,纯粹因养恩而制服的条目只有继父。

还本姓。为可然不？"[1]

军谋史于达叔议曰："此四孤者，非其父母不生，非遇公妪不济，既生既育，由于二家，弃本背恩，实未之可。子者父母之遗体，乳哺成人，公妪之厚恩也。弃绝天性之道，而戴他族，不为逆乎！郑伯恶姜氏，誓而绝之，君子以为不孝，及其复为母子，《传》以为善。今宜为子竭其筋力，报于公妪育养之泽，若终，为报父在为母之服，别立宫宇而祭之，毕己之年也。《诗》云'父兮生我，母兮鞠我'，今四子服报如母，不亦宜乎！爱敬哀戚，报惠备矣。"

崔凯《丧制驳》曰："以为宜服齐衰周，方之继父同居者。"[2]

于达叔认为，"四孤"被人收养，可以把所受的恩德分为生恩与养恩，报答本生父母以生恩，报答养父母以养恩。而且生恩更加重要，比如养父母只能称为"公妪"，又引用了郑庄公与武姜的事迹来证明生恩不可绝。所以对本生父母的服制、祭祀不能改变，而"公妪"的养育之恩只能报以父在为母的齐衰杖期服，以及"别立宫宇而祭之"。我们认为，于达叔区分生恩与养恩的思路是对的，但具体的做法欠妥。

---

[1]《通典》卷六九，第1896页。
[2]《通典》卷六九，第1897页。

因为纯粹的养育之恩的极限是继父的齐衰不杖期服，而于氏提出的父在为母的齐衰杖期，已经属于"亲亲"之服了；而且"别立宫宇"祭祀"公妪"，显然是反向运用了继父服制中的"别筑宫庙"祭祀生父，会造成祭祀系统的紊乱，是不可取的。故而崔凯将养父母的服制，由"父在为母服"纠正为"继父同居者"之服，同时也自然取消了"别立宫宇"祭祀养父母的制度，这样就彻底贯彻了通过限制养恩来取消"异姓为后"的思路了。

限制养恩虽然符合经义，但是无法回应现实，魏晋时期有大量抬高养恩的言论，如王朗云："收捐拾弃，不避寒暑，且救垂绝之气，而肉必死之骨，可谓仁过天地，恩逾父母者也。"[1]贺乔之妻于氏云："鄙谚有之曰：'黄鸡生卵，乌鸡伏之；但知为乌鸡之子，不知为黄鸡之儿。'"[2]又云："父母之于子，生与养其恩相半，岂胞胎之气重而长养之功轻？"[3]而且从人道主义的角度来看，"四孤"依赖领养才能生存，而养父母也有自身的考量，如果养育而无父子名分，就会使养父母在决定是否收养时产生犹豫，反而影响了"四孤"的生存，故而产生了第二种路径，即在肯定养恩具有优先性的前提下，适当安顿本生父母的服制。如吴商将"异姓为后"与女子出嫁相比附：

---

[1]《通典》卷六九，第1897页。
[2]《通典》卷六九，第1891页。
[3]《通典》卷六九，第1891页。

后汉吴商《异姓为后议》曰:"或问'以异姓为后,然当还服本亲。及其子,当又从其父而服耶?将以异姓而不服也?'答曰:'神不歆非族,明非异姓所应祭也。虽世人无后,并取异姓以自继,然本亲之服,骨血之恩,无绝道也。异姓之义,可同于女子出适,还服本亲,皆降一等。至于其子应从服者,亦当同于女子之子,从于母而服其外亲。今出为异姓作后,其子亦当从于父母服之也。父为所生父母周,子宜如外祖父母之加也。其昆弟之子,父虽服之大功,于子尤无尊可加。及其姊妹,为父小功,则子皆宜从于异姓之服,不得过缌麻也。'"[1]

吴商认为,按照经礼,异姓不能为后,但是世人有无子而取异姓为后者,那么只能从权变的角度默许这种现象。重点在于处理异姓养子与其本亲的关系。吴商把"异姓为后"与女子出嫁相比附。女子在家从父,既嫁从夫,由于身份发生了变化,又因"妇人不贰斩",所以在出嫁后,为夫服斩衰,而为父母降一等至齐衰不杖期,此为女子的"出降"。吴商认为,出后异姓者对待本生父母也可以"出降"一等至齐衰不杖期。同时,出后所生的儿子,对待父亲的生父,也只能比附为外祖父母而服小功。

然而将男子比附为女子,终究不伦不类,故而又有将

---

[1]《通典》卷六九,第1896页。

"异姓为后"比附成"为人后者"的思路。

> 宋庾蔚之曰:"四孤之父母,是事破不得存养其子,岂不欲子之活?推父母之情,岂不欲与人为后而苟使其子不存耶?如此则与父命后人亦何异?既为人后,何不戴其姓?'神不歆非类',盖舍己族,而取他族为后。若己族无所取后而养他子者,生得养己之老,死得奉其先祀,神有灵化,岂不嘉其功乎!唯所养之父自有后,而本绝嗣者,便当应还本其宗祀;服所养父母,依继父齐衰周。若二家俱无后,则宜停所养家,依为人后服其本亲例,降一等;有子以后,其父未有后之间,别立室以祭祀是也。"[1]

庾蔚之首先确定了"异姓为后"的合法性,从"四孤"的父母看来,孩子的生存是第一位的,那么出后异姓就等同于取得了生父母的同意。另一方面,从养父母的角度看来,本族中没有合适的"为人后者",收养异姓之子来"养老""奉祀",也是非常自然的事情,所以"神不歆非族"的原则是可以忽略的。更为重要的是,庾蔚之认定养父母的地位高于生父母,只有在养父母有子,生父母无子的情况下,养子才能复姓归宗。如果两家都无后,养子必须停留在养父母家。我们甚至还可以推论,在两家都有后的情况下,养子

---

[1]《通典》卷六九,第1898页。

也必须停留在养父母家。表现到丧服制度中，如果养子复姓归宗，则为本生父服斩衰，为养父母服齐衰不杖期，比照同居继父之服；如果养子停留养父母家，则为养父服斩衰，为本生父母降服至齐衰不杖期，比照为人后者为本生父母之服。

为人后者与女子子适人者，对于父母都有"出降"。庾蔚之在"异姓为后"议题上，强调养父母的优先地位，并用"出降"原则来对待本生父母。相比女子子适人者的"出降"，"为人后者"的"出降"，不需要在性别上化男为女，似乎是更加合理的一种比附。但是"为人后者"的"出降"是有前提的，即本生父与所后父同属一个宗族，故《丧服传》云："同宗则可为之后。"[1]而且本生父是小宗，所后父是大宗，大宗宗子是始祖的代表，是高于小宗的，因此大宗才可以取小宗之子过继。为人后者为所后者服斩衰，而"出降"本生父母，也是因为"持重于大宗者，降其小宗也"[2]，所以为人后者的"出降"，是宗族内部上下秩序的体现。然而在"异姓为后"中，本生父与养父显然不是同宗关系，更不是大宗与小宗的关系。庾蔚之判定养父母高于本生父母，是认为"生生大德"可以取代本族宗法，将"异姓为后"视为"父命后人"。我们认为，这相当于本生父母放弃了本族的宗法。如果是这样，那么即便是养父自有子而生父无后，

---

[1]《仪礼注疏》卷二九，第886页。
[2]《仪礼注疏》卷三〇，第916—917页。

养子也不应该复姓归宗，而庾蔚之却认为养子应当复姓归宗。这就说明生父母没有完全放弃本族宗法，所以庾蔚之的说法前后矛盾。更何况养父母方面还有"神不歆非族"的禁忌，不能用"神有灵化，岂不嘉其功乎"这种抒情的语言一笔带过。

所以"异姓为后"问题，既不能完全否定，也不能从正面证明其合法性，只能采取规避义理冲突的思路，即区分养子的"有识"与"未有识"。

> 王修议曰："当须分别此儿有识未有识耳。有识以往，自知所生，虽创更生之命，受育养之慈，枯骨复肉，亡魂更存，当以生活之恩报公姻，不得出所生而背恩情。报生以死，报施以力，古之道也。"[1]

"异姓为后"涉及三方面的意愿，即本生父母、养父母、养子本人。本生父母有本族的宗法限制，养父母又有"神不歆非族"的禁忌，在义理上都有难题。只有养子本人的"未有识"才能规避义理冲突。所以王修认为，如果收养时养子"有识"，养子只能报答养父母的"生活之恩"，不能"为后"；如果养子"未有识"，那么"异姓"问题可以规避，也就可以"为后"。

王修的思路是可取的，但化为法典，还需要考虑周全，

---

[1]《通典》卷六九，第1897页。

如"未有识"的判断标准是什么？如果本生父母日后相认，如何处理养子的归属？收养女婴是否有不同的规定等，唐律都做了细致的规定。《唐律疏议·养子舍去》条云：

> 即养异姓男者，徒一年；与者，笞五十。其遗弃小儿年三岁以下，虽异姓，听收养，即从其姓。
>
> 【疏】议曰：异姓之男，本非族类，违法收养，故徒一年；违法与者，得笞五十。养女者不坐。其小儿年三岁以下，本生父母遗弃，若不听收养，即性命将绝，故虽异姓，仍听收养，即从其姓。如是父母遗失，于后来识认，合还本生；失儿之家，量酬乳哺之直。[1]

首先，唐律在原则上禁止"异姓为后"，规定养异姓男者徒一年，与者笞五十。其次，由于女子"外成"，无关乎"为后"问题，所以收养异姓女子者不受处罚。再次，"生生"为大德，基于人道主义的收养也是必要的，应该允许在特定情况规避"异姓为后"的禁忌，即三岁以下小儿意识模糊，不知亲生父母，故可以从养父之姓。从养父之姓是比较模糊的说法，并不等于"异姓为后"，有两种需要考虑的情况：第一，如果养父自有子，那么养子自然不能"为父后"。第二，如果养父无子，那么从养父之姓就是

---

[1] 刘俊文，《唐律疏议笺解》，第941页。

"为后",但还要考虑本生父母来相认时,养子的归属问题。由于"异姓为后"只是规避义理冲突,没有完整的合法性,一旦本生父母来相认,就不能规避问题了,养子必须回归本生家庭,养父母只能获得金钱上的补偿。而且养子的回归是无条件的,并不需要考虑养父与生父各自有后、无后的问题。

所以唐律是完全将血缘关系置于异姓养恩之上,只留了很小的规避空间。其实董仲舒本人也反对"异姓为后",认为"在不可以然之域也"。[1]而"在不可以然之域"是"经权"关系中的一个概念,恰好可以用"经权"这对范畴来解读"异姓为后"的问题:否定"异姓为后"属于"经礼";肯定"异姓为后",则是"反经"而"在不可以然之域也",所以不属于"行权";依据养子的"有识、未有识"来规避义理冲突,并规定本生父母一旦相认,就必须复姓归宗,则是"反经"而在"可以然之域",既充分顾及人道主义收养,又将其对于"亲亲""尊尊"的损害降到了最小,最终"有善",符合"行权"的规定。综上,董仲舒在《春秋》决狱中,本着"推恩者远之而大,为仁者自然而美"[2]的精神做出的判决,会在义理上留下一些弊端,比如"异姓为后"问题,但在后来的经义法典化的过程中,这些弊端被妥善地解决了。

---

[1] 苏舆,《春秋繁露义证》卷三,第80页。
[2] 苏舆,《春秋繁露义证》卷二,第52页。

二 乞养子杖生父

甲有子乙以乞丙。乙后长大，而丙所成育。甲因酒色谓乙曰：汝是吾子。乙怒，杖甲二十。甲以乙本是其子，不胜其忿，自告县官。仲舒断之曰：甲生乙，不能长育，以乞丙，于义已绝矣！虽杖甲，不应坐。（《通典》卷六十九　东晋成帝咸和五年散骑侍郎贺乔妻于氏上表引）

甲生乙，而不能养育，交于丙。待乙长大之后，甲又仗着酒色道出了父子关系，遭到了乙的殴打，之后甲又报告县官，想要治乙"殴父"之罪。而"殴父"罪在汉律中的处罚是"枭首"。[1] 从个人品行而言，甲是一个极不负责的父亲，董仲舒判定"（乙）虽杖甲，不应坐"，可谓大快人心。然而从立法的层面看，本案还有两个争议点：第一，父子关系是否以养育之恩作为最终的判定标准？不能养育，是否可以直接判定为"义绝"？这种"义绝"是否有经典依据？第二，乙的"不应坐"应该怎样理解？是完全无罪，还是不坐"殴父罪"而有其他罪责需要承担？

由上文"拾道旁弃儿养以为子"案可知，董仲舒非常重视养育之恩，默认了"异姓为后"的合理性。在本案中，董仲舒甚至将养恩作为判定父子关系是否成立的最终标准，

---

[1] 详见下文"殴父案"。

忽视了血缘关系。而在传统的儒家伦理中，养恩并没有独立的地位，而是包含在生恩之中。所以在反映伦常原则的"服术"中，父子一伦只有"亲亲""尊尊"，不提及养育之恩。而董仲舒将养育之恩完全凌驾于"亲亲""尊尊"之上，是否有经典的依据呢？很多学者进行了考订。

俞樾云："仲舒所断两狱（指本案与"拾道旁弃儿养以为子"案），不引《春秋》何义，以意揣之，当是《公羊传》为人后者为之子之义，故不重所生而重所养也。"[1]《公羊传》"为人后者为之子"指的是过继给某人，就要成为某人的儿子。但是这一原则的确立，不是基于养育，而是基于宗法关系。在宗法中有"尊祖故敬宗"的逻辑，大宗宗子是始祖的代表，故而族人尊重宗子。也因为这个逻辑，所以大宗不能绝，在大宗无后的情况下，小宗应该过继儿子过去。"为人后者"与大宗宗子确立父子关系，而将本生父母降为叔父、叔母一般。所以"为人后者为之子"在本质上，是以大宗之"尊尊"取代小宗之"亲亲"，根本没有养育元素，故而不能得出董仲舒"不重所生而重所养"的结论。

黄源盛云："仲舒基于甲乙间已失'亲亲之义'，认为'于义已绝'，而断乙不应坐。按《春秋》僖公五年，经曰：'春，晋侯杀其世子申生。'《公羊传》解说：'曷为直称晋侯以杀？杀世子母弟，直称君者，甚之也。'……《春

---

[1] 俞樾，《茶香室丛钞》之《茶香室四钞》卷一一，中华书局，1995年，第1639页。

秋》以'杀'字责难晋献公尽失亲亲之道，作为父亲却不慈爱子女，骨肉亲情完全丧失，父子恩义已然断绝。本例，甲虽生乙，不能长育而就养于丙，是父不履行父之职，仲舒依上述经义，断其已失亲亲之义，而乙当时并不知其为生父而殴之，自不宜论以殴父之罪。"[1] 此外，黄氏还引用了《春秋繁露·精华》中"晋祸重而齐祸痛"一语，来佐证自己的观点。然而我们认为，晋献公之事，《公羊传》只是认为国君杀世子、母弟，比杀一般大夫更为恶劣，丧失了亲亲之情。但是杀害子女与不养育子女，在性质上有极大的分别。在本案中，甲并没有杀乙，反而是乞丙养育，使乙存活。所以不能用杀子的极端案例，来证明不养育子女即为"义绝"。

黄静嘉则认为"于义已绝"出自《春秋左氏传·庄公元年》："不称姜氏，绝不为亲，礼也。"[2] 然而"不称姜氏，绝不为亲"指的是鲁庄公的母亲文姜，与齐襄公私通，导致鲁庄公之父桓公被齐襄公所杀。母亲参与了弑杀父亲之事，儿子就要站在父亲的立场上，与母亲断绝关系。[3] 这与抚养之恩没有关系，故而此条也推不出董氏不抚养即"义绝"的结论。

---

[1] 黄源盛，《汉唐法制与儒家传统》，元照出版社，2009年，第51页。
[2] 黄静嘉，《中国法制史论述丛稿》，第19页。严格来说，董仲舒是公羊家，并非左氏学者，黄氏不当引用《左传》来证明董仲舒的观点。好在文姜参与杀夫之事，《公羊传》的记载与《左传》大体相同，我们可以一并论述。
[3] 当然，按照杜预的解释，"绝不为亲"指的是文姜应该与齐国断绝关系。但不管怎样，都与抚养无关。

翻检整部《公羊传》，我们并没有发现涉及养育之恩的内容。所以将养育之恩视为父子关系确立的最终标准，应该是董仲舒的创见。然而这一创见在义理上有很大的漏洞，俞樾就批评道："甲虽以子乙乞丙，谓乙便可杖甲，终是泯乱民彝，不可为训。"[1]又云："甲虽以乙与丙，然不得谓非父子。子可杖父，人理灭绝矣。虽汉儒绪言，吾不取也。"[2]黄源盛则说得更清楚："对仲舒之断，尚有一言者，即甲乙之间是否已全然丧失'亲亲之义'？倘若本案乙明知甲为生父，而激于不能长育的义愤，怒杖甲；此时仲舒之判又将如何？"[3]可见只要将养育之恩视为父子关系确立的最终标准，面对子女恶意报复父母，法律也不能科罪，这将瓦解"亲亲""尊尊"等基本的伦常原则，父子一伦也会转化为纯粹的功利关系。所以本案中董仲舒的观点，与肯定异姓养子一样，属于矫枉过正，过分抬高了养恩的地位。那么在经义法典化的过程中，必须进行纠偏。

比如唐律在认定法律意义上的亲疏关系时，就以血缘关系作为第一原则，《唐律疏议·称期亲父母》条云：

> 称"袒免以上亲"者，各依本服论，不以尊压及出降。
>
> 【疏】议曰：假令皇家绝服旁期，及妇人出嫁，若

---

[1] 俞樾，《茶香室四钞》卷一一，第1639页。
[2] 俞樾，《春在堂随笔》卷九，江苏古籍出版社，2000年，第127页。
[3] 黄源盛，《汉唐法制与儒家传统》，第53页。

> 男子外继，皆降本服一等，若有犯及取荫，各依本服，不得以尊压及出降即依轻服之法。[1]

所谓的"袒免以上亲"，指的是五服内的亲属，再加上同高祖之父的亲属，囊括了所有的亲属关系。在法律的认定上，所有亲属都按照"本服"来确认彼此间的亲疏关系，排除了"尊压及出降"。所谓的"本服"，指的是完全按照血缘关系而确定的服制，比如子为父斩衰，父为子不杖期等。所谓的"尊压及出降"，指的是在"本服"的基础上叠加了"尊尊"或者其他原则而产生的变化。以"男子外继"为例：男子本为父亲服斩衰三年，但过继给大宗宗子之后，就只能以大宗宗子为父，为之服斩衰；相应地，对待本生父亲的丧服，则由斩衰降至齐衰不杖期。这就是"男子外继，降本服一等"，体现的是"尊尊"原则对于血缘关系的调整，即"持重于大宗者降其小宗也"。而齐衰不杖期是为伯叔父制定的丧服，如果完全按照丧服制度来确定亲疏关系的话，为人后者对于本生父母，就只能以伯叔父母的身份来对待。但是唐律排除了"出降"，只认"本服"，如果为人后者殴打本生父母，就仍然以殴打父母的罪名来处置。这表明唐律对于亲疏关系的认定，只重视血缘关系，连"尊尊"原则都要让位于"亲亲"原则。同时，同一宗族中的过继是合法的，"异姓为后"本身是非法的，既然为人后者殴打本生父母，

---

[1] 刘俊文，《唐律疏议笺解》，第498页。

尚且要排除"出降",那么异姓养子与本生父母的关系,不可能因为不养育而判为"义绝"。这样,唐律就纠正了董仲舒的弊端。

另一方面,在汉代殴父罪的处罚是枭首,而且酷吏往往务求深刻,司法风气更是"缓深故之罪,急纵出之诛"[1],本案极有可能判乙枭首。董仲舒意在轻刑,故彻底地翻了案,将不养育定性为"义绝",那么乙就不当坐罪。然而董氏矫枉过正,直接颠覆了人伦的定义。其实轻刑的目标,也可以用"事实认识错误"来实现,所以本案的焦点不在于"义绝",而在于乙不知道,或者依据常理不能相信甲是其生父,那么自然就不能判为"殴父罪"。所以到了唐律就有了相关的规定,《唐律疏议·本条别有制》条云:

> 其本应重而犯时不知者,依凡论。
> 【疏】议曰:假有叔侄,别处生长,素未相识,侄打叔伤,官司推问始知,听依凡人斗法。又如别处行盗,盗得大祀神御之物,如此之类,并是"犯时不知",得依凡论,悉同常盗断。[2]

《唐律疏议》认为,如果当事人基于错误的事实认定而犯下重罪的话,应该认定为一般犯罪。比如叔侄两人生活在

---

[1] 王先谦,《汉书补注》卷二三,第1545页。
[2] 刘俊文,《唐律疏议笺解》,第482页。

两地，彼此不认识，结果侄儿打伤了叔父，本应定性为卑幼殴打期亲尊长，判处流二千里。[1]但由于侄儿不认识叔父，故而依照凡人相斗至伤来处理，判杖六十。[2]把"犯时不知，得依凡论"套用到本案中，那么乙虽殴父，由于"事实认识错误"，故而不判处"殴父罪"，而是依据凡人相殴来定罪。另一方面，本案中如果乙明知甲为己父，因怨恨甲不养育而殴打甲，自然应当定性为殴父，在唐律中就属于"十恶"中的"恶逆"了。由此可见，唐律"犯时不知，得依凡论"的原则，既避免了断案的"深刻"，使卑幼能够免遭重刑，同时又维护了人伦中的长幼尊卑秩序，是非常允当的。

龚自珍云："《春秋》张三大，治三细，其处三大也恒优，劾之也反厉；处三细恒惬，劾之也反恕；处三大恒直，待之也恒显；处三细恒曲，待之也恒隐……三大：君、父、夫；三细：臣、子、妇。"[3]在处理卑幼侵犯尊长的案件时，《春秋》是"立法严"而"其心恕"，既在立法上充分维护尊长，但也不是一味压制卑幼，而是多方核实案情，再依恕道来定罪。核实的标准往往是"原心定罪"，若卑幼确无谋害

---

[1]《唐律疏议·殴兄姊》条云："诸殴兄姊者，徒二年半；伤者，徒三年；折伤者，流三千里；刃伤及折支，若瞎其一目者，绞；死者，皆斩；詈者，杖一百。伯叔父母、姑、外祖父母，各加一等。"（刘俊文，《唐律疏议笺解》，第1557页）殴伤兄姊徒三年，叔父加一等则是流二千里。

[2]《唐律疏议·斗殴伤人》条云："诸斗殴人者，笞四十；伤及以他物殴人者，杖六十。"（刘俊文，《唐律疏议笺解》，第1468页）一般的斗殴至伤，判杖六十。

[3] 龚自珍，《龚自珍全集》，第63页。

尊长之动机，就可以免除卑幼之罪。唐律对于事实认定错误"得依凡论"的原则，严格来说不属于"原心定罪"的范畴，正如刘俊文所云："所谓事实错误，指因对事实认识错误而导致之犯罪行为。与过失犯不同，过失犯系主观无意而误犯，事实错误则系主观有意但误认客体而犯者。"[1]"原心定罪"区分的是主观上的动机，故而能够完全免罪；而"犯时不知"在主观上肯定属于故意，最多只能"依凡论"而不能完全无罪。然而在核实案情方面，"事实错误"与"原心定罪"起到的作用是一样，可以视为《春秋》的题中之意。

以上的问题论述清楚了，那么对于本案中"不当坐"的理解也就清楚了。董仲舒以养恩作为确定父子关系的最终标准，并未估计到由此产生的弊端，这是直接而略显轻率的判断，那么董氏所云的"不当坐"，我们更倾向于解释为完全无罪。但在经义法典化的过程中，矫枉过正的地方需要回到正轨，所以在唐律中，父子关系仍依血缘来定，那么相应的，"不当坐"就变为不坐"殴父罪"，而坐凡人斗殴罪。两相对比，唐律的设计显然更加完善、合理。

三 殴父

> 甲父乙与丙争言相斗，丙以佩刀刺乙，甲即以杖击丙，误伤乙，甲当何论？或曰殴父也，当枭首。议

---

[1] 刘俊文，《唐律疏议笺解》，第485页。

曰:"臣愚以父子至亲也,闻其斗,莫不有怵怅之心,扶杖而救之,非所以欲诟父也。《春秋》之义,许止父病,进药于其父而卒。君子原心,赦而不诛。甲非律所谓殴父也,不当坐。"(《太平御览》卷六百四十引)

汉律非常注重维护尊长,故而殴父罪的处罚为"枭首"。《二年律令·贼律》则有更加细致的规定:"子贼杀伤父母,奴婢贼杀伤主、主父母妻子,皆枭其首市。子牧杀父母,殴詈泰父母、父母、叚(假)大母、主母、后母,及父母告子不孝,皆弃市。"[1]"贼杀"指的是杀人行为已经完成,"牧杀"指的是"未杀而得"。可见只要有杀伤父母的结果或者动机,子女都要处以死刑。但在本案中,甲父乙与丙斗殴,丙以佩刀刺乙,甲在危急时刻本意是救助父亲,却误伤了父亲。如果按照汉律,当判甲枭首,但这显然是不合理的,故而董仲舒援引《春秋》之义"原心定罪",排除了甲的殴父罪。

所谓"原心定罪"指的是在确定罪名时,既要看行为的结果,更要考察行为人的动机,最终以动机来定性。董仲舒援引的"许止"之事,就是"原心定罪"的经典案例。

【春秋经】(昭公十九年)夏,五月,戊辰,许世子止弑其君买。

---

[1]《张家山汉墓竹简》,第13页。

【春秋经】（昭公十九年）冬，葬许悼公。

【公羊传】贼未讨，何以书葬？不成于弑也。曷为不成于弑？止进药而药杀也。止进药而药杀，则曷为加弑焉尔？讥子道之不尽也。其讥子道之不尽奈何？曰乐正子春之视疾也，复加一饭则脱然愈，复损一饭则脱然愈；复加一衣则脱然愈，复损一衣则脱然愈。止进药而药杀，是以君子加弑焉尔。曰"许世子止弑其君买"，是君子之听止也；"葬许悼公"，是君子之赦止也。赦止者，免止之罪辞也。[1]

许世子止给病重的许悼公进药，但没有事先尝药，许悼公服药后身亡。《春秋》首先基于事实，判定为许世子止弑君。后来考虑到许世子止的过错只是"子道不尽"，没有弑君的动机，故而书"葬许悼公"，原谅了许世子。因为按照《春秋》的凡例，君弑，贼不讨，则不书先君之葬；此处未见讨贼，而书了"葬许悼公"，就表明许世子并非弑君之贼，《春秋》宽赦了他。由此可见，"原心定罪"实际上做了两次判罚，第一次基于事实以及维护尊长的需要，定了弑君罪；第二次，则从动机上进行了核查，排除了弑君罪，维护了卑幼的权益。董仲舒将"许止"的判例用在本案上，甲虽然在事实上是殴父，但在动机上是帮助父亲，故而应该免罪，这是相当合理的。

---

[1]《春秋公羊传注疏》卷二三，第972—974页。

但在经典解释中,"原心定罪"的认定有宽严之分。董仲舒对于"原心定罪"的界定就相当宽松,即对于动机的考察十分简单。这个可以从董氏对待赵盾的态度中看出来。晋灵公昏庸无道,赵盾多次劝谏,灵公却屡次谋杀赵盾,但未成功,最后赵盾逃亡了。在赵盾逃亡的同时,赵盾的族弟赵穿弑杀了灵公,又将赵盾迎回。由于赵盾没有诛杀赵穿,为灵公讨贼,《春秋》在宣公二年书了"晋赵盾弑其君夷獆",却又在宣公六年使赵盾"复见"。[1]董仲舒简单地认为,赵盾平时是个贤臣,肯定没有弑君之心[2],《春秋》书"弑君"只是责备贤者,和讥刺许世子止"子道不尽"是一样的,所以最终是宽恕赵盾的。

而何休对于"原心定罪"的界定非常严格,要进一步追问,行为的动机是怎样确定的?怎样才能确保行为人无弑君之心?对于许世子止,何休云:"明止但得免罪,不得继父后,许男斯代立,无恶文是也。"[3]即认为,许世子止主动放弃了君位,后面继承许悼公的是许男斯,由此才能证明许世子止没有弑君之心,所以动机需要用行迹来证明。而对于赵盾之事,何休认为,赵盾不诛杀赵穿,就永远洗刷不掉遥

---

[1]《春秋经》(宣公)"六年,春,晋赵盾、卫孙免侵陈"。
[2]《春秋繁露·玉杯》云:"今案盾事而观其心,愿而不刑,合而信之,非篡弑之邻也。按盾辞号乎天,苟内不诚,安能如是?是故训其终始无弑之志。挂恶谋者,过在不遂去,罪在不讨贼而已。"详细的考证可以参考第六章。
[3]《春秋公羊传注疏》卷二三,第974页。

控弑君的嫌疑,所以不适用"原心定罪"。[1]两相比较,我们认为何休的讲法更加严正。经义落实为法典,要选取最为严正的解释,所以卑幼的除罪,一定要有铁证来证明其动机之善。

但在司法实践中,这种证据是非常难找的。就殴父案而言,即便甲平时非常孝顺父亲,也不能证明他完全没有恶意击打父亲的可能性,因为在《春秋》中,赵盾不能以平日的贤德,或者是对天起誓,来洗刷自己的嫌疑。所以,法典只能退一步来确保义理的稳定性,即对于动机之善,不采取寻求铁证来除罪的模式,而是统一依照过失罪来处理,这是对于"原心定罪"原则的一大调整。如《唐律疏议·殴詈祖父母父母》条云:

> 诸詈祖父母、父母者绞,殴者斩;过失杀者流三千里,伤者徒三年。
> 【疏】议曰:子孙于祖父母、父母,情有不顺而辄詈者合绞,殴者斩……过失杀者流三千里,伤者徒三年。"见血为伤",伤无大小之限。[2]

在殴詈祖父母、父母的行为上,《唐律疏议》没有彻底宽恕的条文,而是区分了故意与过失,并在量刑上做了显著

---

[1] 关于赵盾之事董仲舒与何休观点上的差异,详见第六章。
[2] 刘俊文,《唐律疏议笺解》,第 1561 页。

的区分。其中詈骂行为肯定是故意，所以处以绞刑。殴杀行为可以区分故意与过失，所以故意殴打祖父母、父母者斩，杀则更应该判斩刑；过失杀害祖父母、父母者流三千里，过失伤害则处以三年徒刑。仅从行为结果而言，杀伤重于詈骂，但《唐律疏议》更重视动机的善恶，所以对詈骂的处罚高于过失杀伤，而且殴詈、故意杀伤祖父母、父母的行为入"十恶"，但过失杀伤不入"十恶"。[1]这些规定既体现了"原心定罪"的精神，又考虑到了现实的操作性。

四　私为人妻

> 甲夫乙将舡（船），会海盛风，舡没，溺流死亡，不得葬。四月，甲母丙即嫁甲，欲当何论？或曰："甲夫死未葬，法无许嫁，以私为人妻，当弃市。"议曰："臣愚以为，《春秋》之义，言'夫人归于齐'，言夫死无男，有更嫁之道也。妇人无专刺（制）擅恣之行，听从为顺，嫁之者，归也。甲又尊者所嫁，无淫衍之心，非私为人妻也。明于决事，皆无罪名，不当坐。"（《太平御览》卷六百四十引）

本案的事实认定是：甲夫乙出海溺死，未得尸首，没有举行葬礼；在乙死后的第四个月，甲母丙即将甲改嫁，甲

---

[1] 刘俊文云："詈者依律入'十恶'之'不孝'，殴者依律入'十恶'之'恶逆'，而过失杀伤则不在'十恶'之列。"（《唐律疏议笺解》，第1563页）

是否构成"私为人妻"罪。本案涉及女子改嫁的诸多问题,但议论双方的关注点似乎不在一个层面。比如"或曰"认为甲构成"私为人妻"罪,注重的是"夫死未葬"的时间限定;董仲舒则着力论证一般意义上的改嫁的合理性,并没有提及"夫死未葬"的限定。为此,我们有必要弄清楚汉律中的"私为人妻"罪,是专门针对"夫丧未葬"时候的改嫁,还是囊括所有未经离异的改嫁行为?换言之,就是讨论"夫丧未葬"对于女子改嫁到底有无追加的处罚。

目前没有直接的材料来说明"夫丧未葬"对于"私为人妻"罪的影响,所以我们只能根据生死观念,以及刑罚等级等信息来推测。《张家山汉墓竹简·奏谳书》中有一起"杜泸和奸案",里面记载了司法官员间的一段对话:

> 律曰:不孝弃市。有生父而弗食三日,吏且何以论子?廷尉縠等曰:当弃市。有(又)曰:有死父,不祠其家三日,子当何论?廷尉縠等曰:不当论。有子不听生父教,谁与不听死父教罪重?縠等曰:不听死父教毋罪。有(又)曰:夫生而自嫁,罪谁与夫死而自嫁罪重?廷尉縠等曰:夫生而自嫁,及取(娶)者,皆黥为城旦舂。夫死而妻自嫁,取(娶)者毋罪。有(又)曰:欺生夫,谁与欺死夫罪重?縠等曰:欺死夫毋论。[1]

---

[1]《张家山汉墓竹简》,第108页。

根据陈治国的详细考订,"杜泸和奸案"发生在秦代,文书成于汉初。[1]那么里面廷尉毂等人的观点可以视为秦代的法律观念。这种法律观念重生而轻死,儿子对于生父"弗食三日",判为不孝弃市;儿子在父亲死后不进行祭祀,则无罪。同样的,妻子于丈夫在世时改嫁,妻子与后夫都黥为城旦舂;夫死改嫁则无罪,甚至有"欺死夫毋论"的讲法。那么秦代的"私为人妻"罪明确指的是丈夫在世时的改嫁,"夫丧未葬"没有任何意义。此外,"杜泸和奸案"中还透露了秦代的刑罚等级,里面有一句话"不孝弃市,不孝之次,当黥为城旦舂"[2],则"黥为城旦舂"加重一等即是"弃市",汉初的刑罚等级应该没有太大的变化。

西汉初年的《二年律令·亡律》中,对于"娶人妻"之罪,有直接的记载,其刑罚也是"黥以为城旦舂":

> 取(娶)人妻及亡人以为妻,及为亡人妻,取(娶)及所取(娶),为谋(媒)者,智(知)其请(情),皆黥以为城旦舂。[3]

本条规定了三种违法行为,一是娶他人之妻,二是娶逃亡的罪人为妻,三是嫁给逃亡的罪人为妻,只要主观上知

---

[1] 陈治国,《张家山汉简〈奏谳书〉"杜泸女子甲和奸"案年代探析》,载《中国历史文物》2009年第5期。
[2] 《张家山汉墓竹简》,第108页。
[3] 《张家山汉墓竹简》,第31页。

道对方是"亡人"或者是他人之妻,"取及所取"以及"为媒者",都要"黥为城旦舂"。男子娶他人之妻的处罚是"黥为城旦舂",那么"私为人妻"的女子该如何处罚,就牵涉到对原文"取及所取"的理解。如果将"取及所取"理解为三种行为中的夫妻双方,那么"私为人妻"罪的处罚与秦法一样,都是"黥为城旦舂"。但这种理解是错误的,因为"取及所取"连带着"为媒者",又在下文区分了"知情"与"不知情"的不同处罚,"私为人妻"者主观上肯定是"知情"的,所以"取及所取"应该理解为娶他人之妻中的男子,娶亡人为妻中的男子,以及嫁与亡人为妻中的女子,即三种违法行为中的被动一方。那么主动违法的一方按照情理应该罪加一等,相应的刑罚就是"弃市"。而且《二年律令》中是总论"娶人妻"罪行,并无"夫死夫存"的限定,那么相应地,"私为人妻"罪的一般处罚就是"弃市"。

对应到《春秋决狱》的案件中,"夫丧未葬"即改嫁,判为"私为人妻"罪,处以的刑罚也是"弃市"。我们可以做出两个推论:第一,秦代"欺死夫毋论",夫妻关系止于丈夫去世,汉律将夫妻关系的终点延续到夫丧下葬。所以"夫丧未葬"即改嫁,也要定为"私为人妻"罪。第二,丈夫生前或下葬前,妻子改嫁,处罚都是弃市,并无区别。所以"夫丧未葬"并没有附加"不义"的处罚。以上就是我们对于汉律"私为人妻"罪的界定。

既然如此,董仲舒在论辩的时候,就不需要回应"夫丧未葬"的限定条件。所以董氏先引用了《春秋》"夫人归于齐"，证明丈夫去世后，女子可以改嫁。又进一步论证，甲的改嫁行为是甲母主导，所以甲不当坐"私为人妻"罪。接下来的问题是，甲母作为主导者是否要承担罪责呢？董仲舒云："皆无罪名，不当坐。"黄源盛云："仲舒之意，认为甲母亦不当坐。"[1]我们认为这个判断是对的，因为"罪名"指向的对象是人，"皆"字只可能指甲与甲母，故而"皆无罪名"就是两人都无罪。所以董仲舒的逻辑是这样的：第一，汉律"私为人妻"罪涵盖丈夫生前、下葬前的改嫁行为。第二，女子在丈夫葬后是可以改嫁的，但葬前不可。第三，在"夫死未葬"的时候，如果是女子的母亲（即尊者）主导改嫁，那么女子与尊者都无罪。很显然，第三点有巨大的漏洞，在逻辑上也站不住脚。因为汉律相对于秦律而言，是将夫妻关系延长至夫丧下葬，意在加深夫妻间的义理联系；现在却规定只要尊者主持改嫁，女子和尊者都可以忽视"夫丧未葬"的限定，那就是自毁长城。所以这个义理失误需要在后续的经义法典化中加以纠正。

由上可知，我们对于董仲舒的一系列判断，是从对于汉律"私为人妻"罪的界定开始的。我们将"夫丧未葬"视为时间点的延伸，而没有附加"不义"的处罚，最后才推出了董说的漏洞。那么解决的方法就是赋予"丧中改嫁"以"不义"的名义，这样一来，"尊者所嫁"的问题就可以解决。即"尊者所嫁"如果不涉及"不义"，则女子与尊者都

---

[1] 黄源盛，《汉唐法制与儒家传统》，第48页。

无罪；如果涉及了"不义"，则女子本人无罪，而尊者要受到处罚。唐律就是这样完善相关条文的。首先，将"居夫丧而改嫁"定性为"不义"，且入"十恶"。

> 九曰不义。【注】闻夫[1]丧匿不举哀，若作乐，释服从吉及改嫁。
> 【疏】议曰：夫者，妻之天也。移父之服而服，为夫斩衰，恩义既崇，闻丧即须号恸。而有匿哀不举，居丧作乐，释服从吉，改嫁忘忧，皆是背礼违义，故俱为十恶。其改嫁为妾者非。[2]

《唐律疏议》非但把"夫丧未葬"即改嫁归入"不义"，而且根据丧服制度，将"夫丧未葬"扩展至"夫丧除尽"，即二十七个月，更强调"夫为妻纲"的"道义"。同时又针对妻、妾做了定性上的区分，夫丧内改嫁为妻入"十恶"，改嫁为妾不入"十恶"。[3]

其次，唐律对于"尊者所嫁"做了更为明确的分疏。如果改嫁不涉及"不义"，那么女方特定的尊者就有主导改嫁的权力，不必遵从女子守志的意愿。《唐律疏议·夫丧守

---

[1] "夫"字刘俊文《笺解》本误作"大"，今改正。
[2] 刘俊文，《唐律疏议笺解》，第64—65页。
[3] 具体的罪名处罚则见于"居父母夫丧嫁娶"条："诸居父母及夫丧而嫁娶者，徒三年；妾减三等。各离之。知而共为婚姻者，各减五等；不知者，不坐。"（刘俊文，《唐律疏议笺解》，第1023页）

志而强嫁》条云：

> 诸夫丧服除而欲守志，非女之祖父母、父母而强嫁之者徒一年，期亲嫁者减二等。各离之，女追归前家，娶者不坐。[1]

女子夫死守志不嫁，自然是符合儒家伦理的，然而婚姻的本质是"合二姓之好"，是家族主义的体现，故而在女子夫丧除服后可以改嫁，不涉及"不义"问题；而且女方的祖父母、父母代表着整个家族的意愿，所以能够决定女子是否改嫁。当然，除了祖父母、父母外，其他亲属都不能强迫女子改嫁。另一方面，如果涉及"不义"问题，如女子夫丧未除，女方的祖父母、父母就将女子改嫁，那么女子本人无罪，而主婚者有罪。故《唐律疏议·嫁娶违律》条云："诸嫁娶违律，祖父母、父母主婚者，独坐主婚。"[2]夫丧未除而改嫁属于"嫁娶违律"，同时祖父母、父母有改嫁的主导权，女子不能违抗，所以唐律只处罚主婚的祖父母、父母。此外，唐律还依据丧服制度，细致落实了其他亲属在"诸嫁娶违律"中的责任，同条云："若期亲尊长主婚者，主婚为首，男女为从。余亲主婚者，事由主婚，主婚为首，男女为从；事由男女，男女为首，主婚为从。"[3]除了祖父母、父母外，

---

[1] 刘俊文，《唐律疏议笺解》，第1043页。
[2] 刘俊文，《唐律疏议笺解》，第1075页。
[3] 刘俊文，《唐律疏议笺解》，第1076页。

余亲不具备完全的教令权,故而不能"独坐主婚",而是分主犯与从犯处置;其中期亲尊长又是最近的旁尊,故而直接定为主犯,男女为从犯;其余亲属则按照实际情况来确定主犯、从犯。由此可以看出,董仲舒的《春秋》决狱是比较粗放的,经义落实为法典的时候,更需要融入礼制的元素,特别是丧服制度,才可以完善相关的规定。

除了以上四个案例之外,董仲舒的《春秋》决狱还有"武库卒盗弩"与"放麑"两个案子:

(5)甲为武库卒,盗强弩弦,一时与弩异处,当何罪?论曰:兵所居比司马,阑入者髡,重武备,责精兵也。弩櫱机郭,弦轴异处,盗之不至,盗武库兵陈。论曰:大车无輗,小车无軏,何以行之。甲盗武库兵,当弃市乎?曰:虽与弩异处,不得弦不可谓弩,矢射不中,与无矢同,不入与无镞同。律曰,此边鄙兵所赃直百钱者,当坐弃市。(《白氏六帖事类集》卷二十八)

(6)君猎得麑,使大夫持以归。大夫道见其母随而鸣,感而纵之。君愠,议罪未定。君病恐死,欲托孤幼,乃觉之。大夫其仁乎,遇麑以恩,况人乎。乃释之,以为子傅。于议何如?董仲舒曰:君子不麑不卵,大夫不谏,使持归,非也;然而中感母恩,虽废君命,徙之可也。(《白氏六帖事类集》卷二十六)

这两个案子，黄静嘉与黄源盛两位先生已经做了充分的研究。其中"武库卒盗弩"案语义难明[1]，"放麑"案不具有司法上的意义[2]，故而很难据以考察经义法典化的过程，我们也无法推进前人的研究，只能置之不论了。

五　小结

汉承秦制，汉律继承了秦律的精神，属于法家的法律。董仲舒的《春秋》决狱，从宏观的角度看，是用儒家的经义改造法家的法律，纳入了"亲亲相隐""原心定罪"等观念，开启了法律"儒家化"的进程。如果从微观的角度看，法律的儒家化，同时也是经义的法典化，这同样是一个极其复杂的过程。体现在经典有不同的解释系统，经义化为法典一定要选择最为合理严正的经典解释，而且要兼顾现实的可操作性，甚至有时候会适当牺牲经义的合理性来照顾操作性。

---

[1] 如沈家本云："按武库地在禁中，兵又非常用之器，故罪重至弃市。边鄙兵所居比司马门，则亦与禁中等，故盗者亦当以盗武库兵论也。若弩、弦异处，董谓不可谓弩，自是持平之语，似此者自当以减论。赃值百钱当为别条。原文'边鄙兵所赃'句必有讹夺；恐当为'盗边鄙所居赃百钱即弃市'，重边防也。"(《历代刑法考》，第1397页) 诚如沈氏所言，董仲舒引用"大车无辁"等语，逻辑上都应该为减刑而设，最后的结论却是弃市，前后矛盾，语义不明。沈氏认为其中文字"必有讹夺"，我们认同这一观点。

[2] 本案中，大夫因被动物的母子之恩感动，私自放走了国君的猎物，后来君王感悟，委以托孤重任，董仲舒认同了国君"徙之"（即升迁官职）的做法。但本条在性质上只是皇帝个人的感悟，以及个别的人事处理，不具有法典化的意义。

董仲舒对于经义的阐释，未必都符合经典的原意，有时存在着过于"尚质"的倾向，比如董氏为了达到"轻刑"的目的，承认了"异姓为后"，又认定养育之恩高于血缘之亲等，留下了巨大的义理问题。而在"亲亲相隐""原心定罪"等议题上，董仲舒的观点又过于简单，不如何休严密。可以说，董仲舒的《春秋》决狱，存在着"矫枉过正"的弊病。

在经义法典化的过程中，纠正董仲舒的流弊，大概有两种路径：一是《春秋》学内部的调整，比如在"原心定罪"的问题上取何休的解释。另一个路径是以《丧服》学来纠偏，比如否定"异姓为后"等。法律"儒家化"的过程中，经历了《春秋》决狱、准五服定罪等阶段，最终完成于"一准乎礼"的唐律。其中《春秋》决狱确定了大原则，但本身又是粗疏的，而丧服制度是非常细致的，公羊学与《丧服》学的融合，最终成就了法律的"儒家化"。

第六章 《春秋》学中的董何之异

一 问题的提出

《春秋》及《公羊传》行文简略,其中的"微言大义"又往往通过"口说"流传,故而公羊学是专门之学,需要遵循"家法""师法"方能研习。董仲舒与何休作为汉代的经师,成为后世学者通向《公羊传》的阶梯。熊十力先生云:"使两汉无董、何,则《公羊》之学遂绝,而《春秋》一经之本意,终不得明于后世矣。"[1]清代以前的学者大多将董、何视为一体,未注意两者的差异,直到常州今文学派兴起后,这个问题才被提出来。诚如曾亦老师所言:

> 董、何之间的异同,素不为学者所重视,然自清中叶以后,随着常州今文学派之兴起,开始注意到董、何之间的差异,尤为重要者,此种差异直接影响到晚清变法思想以及经世学术之取向。[2]

---

[1] 熊十力,《读经示要》,载《熊十力全集》第三卷,湖北教育出版社,2001年,第1012页。
[2] 曾亦,《共和与君主:康有为晚期政治思想研究》,第101页。

根据曾亦老师的研究，刘逢禄在《春秋公羊何氏释例》一书中，已经提到了董、何异同问题。到魏源那里，则明确提出要绕开何休，回归董仲舒。魏氏著有《董子春秋发微》一书，可惜未能刊行，今仅存《董子春秋发微序》一文。康有为又通过表彰董子，为改革提供理论基础。苏舆有感于此，著《春秋繁露义证》一书，以求正本清源。然而苏氏在注释《春秋繁露》时，刻意强调了董、何之间的差别。我们认为，这些分别董、何，批评何休的观点，有的是正确的，而有的则是过度的区分。

比如苏舆在涉及"改制"的一些概念时，强行将董、何分离，认为"改制"的观念都来源于何休，与董仲舒毫无关系。

> 本篇（《春秋繁露·三代改制质文》）所纪，但述师说。至以《春秋》当新王诸义，不见于《传》，盖为改正而设，与《春秋》义不必相属。自何休取以注《传》，转令经义支离，为世诟病矣。[1]
>
> 邵公昧于董，兼盲于史，既动引此文（即"王鲁，尚黑，绌夏，亲周，故宋"）以释经传（苏舆自注"杞伯义本此篇，新周则何妄推"），又因王鲁造为黜周之说。《晋·王接传》已言何休训释甚详，而黜周王鲁，大体乖贬，且志通《公羊》，往往还为《公羊》疾病。

---

[1] 苏舆，《春秋繁露义证》卷七，第184页。

而后人并以讥吾董子,则诬矣。[1]

苏舆在"《春秋》当新王""新周"这两个命题上,强行将董、何分离,而归咎于何休,我们认为这是过度的区分。苏舆认为,"《春秋》当新王"不见于《公羊传》,而何休却用来注《春秋》"杞伯来朝"条。但是董仲舒在《三代改制质文》中明言:"《春秋》应天作新王之事。"[2]与何休所言的"《春秋》当新王"没有区别,故而苏舆不得不承认"杞伯义本此篇"。"新周"命题也是这样,根据《三代改制质文》的说法,王者有"通三统"之义,既然《春秋》当新王",则周由天下之主变为新的"二王后"。苏舆也承认,周成为"二王后"是董仲舒的讲法,并认为何休用"孔子以《春秋》当新王,上黜杞,下新周而故宋"来注《公羊传》"新周也",是"用董义"。而且苏舆更是敏锐地指出:"此文以《春秋》当新王,乃说《春秋》者假设之词。有绌、有亲、有故,新王之典礼宜然。"[3]可见公羊家所言的"通三统"、"《春秋》当新王"、"王鲁"、周成为新的"二王后",都是借事明义,在这一点上,董仲舒与何休是一致的。但是苏舆却强分董、何,认为董仲舒讲"亲周",何休言"新周",两者是不同的;"亲周"的"亲"是"远近亲疏"的意思,周与《春秋》相"亲近",是因为就世代而

---

[1] 苏舆,《春秋繁露义证》卷七,第190页。
[2] 苏舆,《春秋繁露义证》卷七,第187页。
[3] 苏舆,《春秋繁露义证》卷七,第189页。

言,周离《春秋》最近。苏舆云:"盖差世远近以为亲疏,推制礼以明作经之旨,理自可通。由一代言之,则有所闻、所见、传闻之不同,由异代言之,则有本代、前代之不同,其归一也。"[1]但是苏舆故意忽略了一个问题,周与《春秋》比较"亲",其前提是周与《春秋》是"异代"的关系。而"异代"关系之所以产生,是因为"《春秋》当新王"之后,周成了新的"二王后",这也就是"新周"的意思。所以苏舆所言的"亲周",是以"新周"作为前提的,董仲舒所言的"亲周"也就是"新周"的意思。[2]所以苏舆以"亲周""新周"分别董、何的做法是不合理的。苏舆之所以要这么做,是"有为之言",目的是抽掉康有为变法改制的依据,表面上是攻击何休,实际上是不信董仲舒的改制思想。[3]

而魏源区分董、何,批评何休的观点,则是合理的。魏源云:

---

[1] 苏舆,《春秋繁露义证》卷七,第189—190页。
[2] 历来学者的研究,都非常注重"亲周"与"新周"之异,以此抽掉"王鲁"的根基。但是结合董仲舒《三代改制质文》一篇来看,"亲周"就是"新周"。段熙仲先生认为:"或曰:新当为亲。然无论其为新周、亲周,其不同于杞、卫、陈、郑与齐必矣。比而观之,是有黜杞新周,以周、宋为二王之后意矣。"(见《春秋公羊学讲疏》,第475页)可见"新""亲"之别,无损于"通三统"之义,董、何在这一点上没有区别。
[3] 曾亦老师云:"至清末苏舆,有感于康南海轻言改制而致清社倾覆之祸,作《春秋繁露义证》……苏氏痛于清儒解经之误则然,至其将病源上溯至邵公,以董子之说正《公羊》之本来面目,则非确论也。"(见《共和与君主:康有为晚期政治思想研究》,第197页)

若谓董生疏通大诣，不列经文，不足颉颃何氏，则其书三科、九旨灿然大备，且弘通精淼，内圣而外王，蟠天而际地，远在胡毋生、何邵公《章句》之上。盖彼犹泥文，此优柔而餍饫矣；彼专析例，此则曲畅而旁通矣；故抉经之心，执圣之权，冒天下之道者，莫如董生。[1]

至其《三代改制质文》一篇，上下古今，贯五德、五行于三统，可谓穷天人之绝学，视胡毋生《条例》有大巫小巫之叹。况何休之偏执，至以叔术妻嫂为应变，且自谓非常可惪之论，玷经害教，贻百世口舌者乎？[2]

魏源从两个角度区分董、何。首先是董、何解经的方法不同，何休是"以例注经"，而董仲舒则是"以义说经"。[3] "以义说经"要优于"以例注经"，因为后者有"泥文"而不能"旁通曲畅"的缺点。其次，何休解经时，对于具体的问题，有大违义理之处，如"以叔术妻嫂为应变"一条"玷经害教"。然而魏源未列出具体的原因，我们试着论述其中的缘由。

---

[1] 魏源，《魏源集》，中华书局，2018年，第133页。
[2] 魏源，《魏源集》，第133页。
[3] 苏舆云："西汉书有两体：一、今所传《毛公诗传》，为注经体……一、说经体，如此书（即《春秋繁露》）及《韩诗外传》是也。"（见《春秋繁露义证·例言》，第2页）依照苏舆的分类，则何休的《春秋公羊经传解诂》为注经体。

案"叔术妻嫂"之说见于《公羊传》昭公三十一年。

【春秋经】冬,黑弓以滥来奔。

【公羊传】文何以无邾娄?通滥也。曷为通滥?贤者子孙宜有地也。贤者孰谓?谓叔术也。何贤乎叔术?让国也。其让国奈何?当邾娄颜之时,邾娄女有为鲁夫人者,则未知其为武公与?懿公与?孝公幼,颜淫九公子于宫中,因以纳贼,则未知其为鲁公子与?邾娄公子与?臧氏之母,养公者也。君幼则宜有养者,大夫之妾,士之妻,则未知臧氏之母者曷为者也。养公者必以其子入养。臧氏之母闻有贼,以其子易公,抱公以逃。贼至,凑公寝而弑之。臣有鲍广父与梁买子者,闻有贼,趋而至。臧氏之母曰:"公不死也,在是。吾以吾子易公矣。"于是负孝公之周,诉天子。天子为之诛颜而立叔术,反孝公于鲁。颜夫人者,妪盈女也,国色也,其言曰:"有能为我杀杀颜者,吾为其妻。"叔术为之杀杀颜者,而以为妻,有子焉,谓之盱。夏父者,其所为有于颜者也。盱幼而皆爱之,食必坐二子于其侧而食之,有珍怪之食,盱必先取足焉。夏父曰:"以来!人未足而盱有余!"叔术觉焉,曰:"嘻!此诚尔国也夫!"起而致国于夏父。夏父受而中分之。叔术曰:"不可。"三分之,叔术曰:"不可。"四分之,叔术曰:"不可。"五分之,然后受之。

公扈子者,邾娄之父兄也,习乎邾娄之故,其言曰:"恶有言人之国贤若此者乎!(【注】恶有,犹何有、宁有此之类也。言贤者,宁有反妻嫂、杀杀颜者之行乎?)诛颜之时天子死,叔术起而致国于夏父。(【注】言叔术本欲让,迫有诛颜天子在尔,故天子死则让,无妻嫂感儿争食之事。)当此之时,邾娄人常被兵于周,曰:'何故死吾天子?'"(【注】传复记公扈子言者,欲明夫子本以上传通之,故公扈子有是言。)[1]

按照《公羊传》的意思,叔术之所以为贤者,是因为他有让国之功,善善及子孙,故而抵消后世子孙的叛国之罪,所以《春秋》不说明"滥"为邾娄之邑,通"滥"为国。然而在提及叔术得国时,《公羊传》谈到了叔术有"妻嫂"的行为。事情的经过是这样的,邾娄颜公在鲁国淫乱,并纳贼人去杀鲁孝公。所幸的是,鲁孝公的乳母将自己的孩子与孝公互换,故而孝公免于一死。之后鲁国的鲍广父和梁买子将邾娄颜公之事上诉到周天子那里,导致颜公被诛杀,而周天子立叔术为邾娄国国君。邾娄颜公的夫人,即叔术的嫂子,立下重誓,谁杀了鲍、梁二人,就嫁给谁。结果叔术贪其美色,杀了鲍、梁二人,娶了嫂子为妻。

从表面上看,似乎"叔术妻嫂"是《公羊传》的观点,魏源将其看成是何休的主张有失公允。但问题是《公羊传》在这里谈及了两种不同的说法,一种就是上面所讲的"叔术

---

[1]《春秋公羊传注疏》卷二四,第1027—1032页。

妻嫂"而让国；另一种说法则认为，叔术并没有"妻嫂"等事情。前一种是传闻，后一种则是公扈子的观点。何休也承认，按照公扈子的观点，则"无妻嫂感儿争食之事"。《公羊传》本着"《春秋》信史"的精神，将两种不同的观点并存。然而这两种观点的真实性是有差别的，刘逢禄云：

> 叔术之事，传多存疑辞，末乃以公扈子之言为断，意以致国夏父，虽以家事干王事，而意合乎让，夫子追通之，以救末世争篡之祸……公扈子有见夫子通滥之意而为言，亦非。[1]

包慎言亦云：

> 《公羊》记言者之辞，传疑也；记公扈子之言，解惑也。扈为邾父兄，习邾故。不信公扈子之言，而执言者传闻之偏辞以讥《公羊》，则《公羊》非怪，而人自怪之耳。[2]

按照刘逢禄和包慎言的观点，公扈子之说要比传闻可信。这个也能从《公羊传》的文辞中看出，在传闻之说中，多有疑辞，如"未知其为武公与？懿公与？""未知其为鲁

---

[1] 刘逢禄，《公羊申墨守》，载《春秋公羊释例后录》，第325页。
[2] 转引自《公羊义疏》卷六七，第2601页。

公子与？邾娄公子与？"等。而公扈子的语词就非常确定，认为叔术没有"妻嫂"之事，那么"叔术妻嫂"就不是《公羊传》的观点。退一步讲，即使《公羊传》没有明确表示同意公扈子的观点，至少也是存疑的。然而何休却更认同传闻之说，并认为："传复记公扈子言者，欲明夫子本以上传通之。""上传"指的是"叔术妻嫂"的传闻，则何休认为，孔子认同的是传闻的观点，这样一来，就将"叔术妻嫂"这件事情坐实了。

然而《春秋》是拨乱反正之书，又为"礼义之大宗"，谨于男女之防。国君外淫当绝。

【春秋经】（桓公六年）蔡人杀陈佗。
【公羊传】陈佗者何？陈君也。陈君则曷为谓之陈佗？绝也。曷为绝之？贱也。其贱奈何？外淫也。恶乎淫？淫于蔡，蔡人杀之。[1]

陈国为侯爵，"佗"为陈侯之名，"陈佗"本应该称为"陈侯"。然而陈侯在蔡国淫乱被杀，《春秋》认为，陈侯以国君之尊而有外淫之贱行，故"绝"之，称其为"陈佗"，表明他没有当国君的资格。可见《春秋》对于淫乱的处罚是很重的。更进一步说，男女之防最注重的，不是家庭外的不正当关系，而是家庭内部的乱伦行为。为此，丧服制度中有

---

[1]《春秋公羊传注疏》卷四，第148—149页。

"嫂叔无服"的规定。然而叔术"妻嫂",就犯了大忌,对于伦理造成的影响,要远远超过陈佗的"外淫"。"外淫"的处罚是"绝",乱伦的处罚应该更重。如果《公羊传》认为,叔术的让国之功,能够抵消他"妻嫂"的罪过,并明确将"妻嫂"的行为记录下来的话,那么肯定是有损伦理纲常的,《公羊传》也会因此被人攻击。而造成这个结果的人正是何休,所以魏源从义理的角度批评何休"以叔术妻嫂为应变"是合理的。

可惜的是,现存的《春秋繁露》对于叔术之事没有具体的论述,不能进行董、何之间的比较,但是魏源分别董、何的方法是可取的。董、何之异,应该从《春秋》学内部的解经方法以及义理两个方面来考察。

二 董、何不同的学术谱系

在解经方法上,董仲舒是"以义说经",而何休则是"以例注经",造成这种差异最直接的原因是学术传承的不同。董仲舒是西汉时期的《公羊》先师,同时期的经师还有胡毋生。《史记·儒林传》云:

> 董仲舒,广川人也。以治《春秋》,孝景时为博士……汉兴至于五世之间,唯董仲舒名为明于《春秋》,其传公羊氏也。
>
> 胡毋生,齐人也。孝景时为博士,以老归教授。

> 齐之言《春秋》者多受胡毋生，公孙弘亦颇受焉。[1]

由此可见，董仲舒与胡毋生，均为汉景帝时的博士。《汉书·儒林传》又云："（胡毋生）与董仲舒同业，仲舒著书称其德。"[2] 则董仲舒与胡毋生是"同业"，而不是师生关系。[3]

何休的学术渊源比较复杂，《后汉书·儒林列传》云："休善历筭，与其师博士羊弼，追述李育意以难二传，作《公羊墨守》《左氏膏肓》《穀梁废疾》。"[4] 则何休之学来自李育与羊弼。李育"少习《公羊春秋》"，而当时传《公羊》者有严、颜二家，皆为董仲舒后学，李育所习的是《公羊春秋》，区别于严、颜二家。此外，段熙仲先生考证，何休《春秋公羊经传解诂》所用的《公羊传》底本，不同于严、颜二家。[5] 则何休并非是董仲舒的后学。何休《解诂序》又云："往者略依胡毋生《条例》，多得其正。"[6] 则何休自言其学源自胡毋生。

胡毋生著有《春秋条例》，以"条例"解经。何休对经

---

[1]《史记》卷一二一，第3127—3128页。
[2] 王先谦，《汉书补注》卷八八，第5450页。
[3] 徐彦云："胡毋生本虽以《公羊》经传传授董氏，犹自别作《条例》。"（见《春秋公羊传注疏·序》，第9页）则徐彦认为胡毋生为董仲舒的老师，然与《汉书·儒林传》"同业"的记载矛盾，不可取。
[4]《后汉书》卷七九下，第2583页。
[5] 详见段熙仲，《春秋公羊学讲疏》，第14—23页。
[6]《春秋公羊传注疏·序》第9页。

文的解释,也是明显从"例"入手的。"以例解经"的特点是,首先是看文辞是否符合凡例,如果遇到变例,再探寻变例背后的义理,是严格按照辞例来探求义理。而董仲舒的《春秋繁露》是"以义解经",通过相似事件的对比,直接探寻背后的义理,而文辞本身的凡例是次要的。董仲舒"《春秋》无达辞""辞不能及,皆在于指""见其指者,不任其辞"等说法都是这个意思。

三 董、何义理之异

1 董义优于何

董仲舒与何休不同的解经方式,可以导致义理上的巨大差异,其中对待逢丑父的不同观点就是最明显的例子。逢丑父之事见于成公二年《公羊传》。

> 【春秋经】秋,七月,齐侯使国佐如师。己酉,及国佐盟于袁娄。
>
> 【公羊传】君不行使乎大夫,此其行使乎大夫何?佚获也。其佚获奈何?师还齐侯,晋郤克投戟,逡巡再拜稽首马前。逢丑父者,顷公之车右也。面目与顷公相似,衣服与顷公相似,代顷公当左。使顷公取饮,顷公操饮而至,曰:"革取清者。"顷公用是佚而不反。逢丑父曰:"吾赖社稷之神灵,吾君已免矣。"郤克

曰:"欺三军者,其法奈何?"曰:"法斩。"于是斩逢丑父。[1]

《公羊传》所记录的是鞌之战的事情,齐顷公因为骄横无礼,得罪了邻国,于是在成公二年六月,鲁、晋、卫、曹四国的大夫帅师与齐顷公战于鞌,齐军战败。齐顷公本人也被包围,与其卫士逢丑父互换了君臣之位,逢丑父通过使唤顷公去取水的方式,让顷公逃脱,而自己却被杀死了。在这件事情中,齐顷公作为一国之君,战败而逃脱,没有尽到国君应有的责任,故而《春秋》绝贱之。[2]历来对于齐顷公的评价是没有争论的,然而对于逢丑父的评价则出现了巨大的差异。何休云:

> 丑父死君,不贤之者,经有使乎大夫,于王法顷公当绝。如贤丑父,是赏人之臣,绝其君也。若以丑父故不绝顷公,是开诸侯战不能死难也。如以衰世无绝顷公者,自齐所当善尔,非王法所当贵。[3]

何休认为,《公羊传》本来应当褒奖逢丑父,之所以

---

[1]《春秋公羊传注疏》卷一七,第701—704页。
[2] 按照《春秋》之义,国君和大夫是不对等的,所以有"君不行使乎大夫"的书法。而这里却书"齐侯使国佐如师",这里的"师"是由四国大夫率领的,《春秋》记录齐侯向大夫派出使者,是把齐顷公等同于大夫,不承认他有当国君的资格。
[3]《春秋公羊传注疏》卷一七,第704页。

没有褒奖的文辞，是出于齐顷公的缘故。《公羊传》有"许人臣者必使臣，许人子者必使子"[1]的常例，所谓的"使子""使臣"，按照孔广森的说法，就是要"使全其为臣子之道"[2]。这个"臣子之道"，正如何休所云："缘臣子尊荣，莫不欲与君父共之。"[3]所以如果要褒奖臣子的话，就要连同他的君父一起褒奖。按照这个常例，如果要褒奖逢丑父的话，势必要连带褒奖齐顷公。但是齐顷公被俘虏而不死难，于王法当绝，如果褒奖齐顷公的话，就会"开诸侯战不能死难"的先例，所以不能对齐顷公进行褒奖，那么作为臣子的逢丑父虽然舍身护君，也不能得到褒奖。但何休又同情逢丑父，认为虽然在王法上不能褒奖，但是对于齐国而言，是可以私自褒奖逢丑父的，所谓"自齐所当善尔"。可见何休认为，不考虑齐顷公的因素，只论逢丑父一人之行为，是值得褒奖的。

然而董仲舒则认为，即使只论逢丑父一人的行为，也不能褒奖他，反而"当斫"。董仲舒云：

> 逢丑父杀其身以生其君，何以不得谓知权？丑父欺晋，祭仲许宋，俱枉正以存其君。然而丑父之所为，难于祭仲，祭仲见贤而丑父犹见非，何也？曰：是非难别者在此。此其嫌疑相似而不同理者，不可不

---

[1]《春秋公羊传注疏》卷二一，第890页。
[2] 孔广森，《春秋公羊经传通义》卷八，第621页。
[3]《春秋公羊传注疏》卷二一，第890页。

察。夫去位而避兄弟者,君子之所甚贵;获虏逃遁者,君子之所甚贱。祭仲措其君于人所甚贵以生其君,故《春秋》以为知权而贤之。丑父措其君于人所甚贱以生其君,《春秋》以为不知权而简之。其俱枉正以存君,相似也;其使君荣之与使君辱,不同理。故凡人之有为也,前枉而后义者,谓之中权,虽不能成,《春秋》善之,鲁隐公、郑祭仲是也。前正而后有枉者,谓之邪道,虽能成之,《春秋》不爱,齐顷公、逢丑父是也。夫冒大辱以生,其情无乐,故贤人不为也,而众人疑焉。《春秋》以为人之不知义而疑也,故示之以义,曰国灭君死之,正也。正也者,正于天之为人性命也。天之为人性命,使行仁义而羞可耻,非若鸟兽然,苟为生,苟为利而已。是故《春秋》推天施而顺人理,以至尊为不可以加于至辱大羞,故获者绝之。以至辱为亦不可以加于至尊大位,故虽失位弗君也。已反国复在位矣,而《春秋》犹有不君之辞,况其溷然方获而虏邪。其于义也,非君定矣。若非君,则丑父何权矣。故欺三军为大罪于晋,其免顷公为辱宗庙于齐,是以虽难而《春秋》不爱。丑父大义,宜言于顷公曰:"君慢侮而怒诸侯,是失礼大矣。今被大辱而弗能死,是无耻也而复重罪。请俱死,无辱宗庙,无羞社稷。"如此,虽陷其身,尚有廉名。当此之时,死贤于生。故君子生以辱,不如死以荣,正是之谓也。由法论之,则丑父欺而不中权,忠而不中义,以为不然?复察《春秋》。《春秋》之序辞也,置王于春正之间,非曰上奉天施而下正人,然后可以为王也云尔。

今善善恶恶,好荣憎辱,非人能自生,此天施之在人者也。君子以天施之在人者听之,则丑父弗忠也。天施之在人者,使人有廉耻。有廉耻者,不生于大辱。大辱莫甚于去南面之位而束获为虏也。曾子曰:"辱若可避,避之而已。及其不可避,君子视死如归。"谓如顷公者也。[1]

《春秋》之听狱也,必本其事而原其志。志邪者不待成,首恶者罪特重,本直者其论轻。是故逢丑父当斫。[2]

董仲舒评价逢丑父,直接从君臣大义出发,而不考虑"许人臣者必使臣,许人子者必使子"的常例。董仲舒认为,礼义的价值要高于生命,对于国君来讲,"国灭君死之"是正法,国君被俘虏非但对于自身来讲是奇耻大辱,而且还辱及社稷、宗庙。所以对于齐顷公来讲,应该在成为俘虏之前就自行了断,这样至少在战场上是不亏大节的。那么对于逢丑父来讲,最重要的是保全国君的大义,而非国君的生命。董仲舒甚至为逢丑父指明了"大义",即指出齐顷公落败的根源在于自身的失礼,然而在战败是

---

[1] 苏舆,《春秋繁露义证》卷二,第59—63页。
[2] 苏舆,《春秋繁露义证》卷三,第92页。

既成事实的前提下，应该劝国君自杀以保全大义。但逢丑父并没有这么做，而是认为国君的生命是最重要的，用计策使得齐顷公脱身。可是按照王法，齐顷公如果不死位的话，就失去了做国君的资格，并承受了莫大的耻辱。而造成齐顷公忍辱偷生有违礼义的，正是逢丑父。所以逢丑父本身的行为就不值得肯定，即使最后被处死了，也是应该的。

我们将董仲舒与何休的说法进行比较，显然董仲舒的说法要严正的多。而且将齐顷公与逢丑父的大义紧密结合在一起，不作两截来看。而何休不顾逢丑父之"陷君不义"，单方面肯定他舍身的行为，是不合理的。因为齐顷公即使回到齐国，也不再是君了，既然如此，则逢丑父所救之人"非君"，而逢丑父的行为在礼义上也便失去了意义。而何休这种论点，是援引《春秋》"许人臣者必使臣，许人子者必使子"之例得出的。这个常例是用于"尊荣其君"的，然而何休对于逢丑父到底是"尊荣其君"还是"陷君不义"缺乏考察。我们认为，逢丑父明明是"陷君不义"，而何休援引"尊荣其君"之例来解释传文，引例本身就是错误的，由此而造成了义理上的巨大错误。[1]

---

[1] 可惜的是，后世的学者大多取何休的观点，如徐彦云："成二年逢丑父代齐侯当左以免其主。《春秋》不非而说者非之，是背经也。"（见《春秋公羊传注疏·序》，第4页）徐彦所说的"说者非之"，很显然指的是董仲舒或者其后学的观点，而徐彦赞成的则是何休"不非"逢丑父的观点。

2 何义优于董

董、何之异的第二个例子,是辨别赵盾是否"加弑"的问题。所谓"加弑",就是《春秋》书写的"弑君者"并非是"亲弑者",然而《春秋》出于正君臣之义的考虑,将其定为"弑君者",同时又体察"弑君者"的心志,认为他并没有弑君之心,《春秋》又通过其他途径原谅了他。最显著的例子,就是许世子止弑君之事。

【春秋经】(昭公十九年)夏,五月,戊辰,许世子止弑其君买。[1]

【春秋经】(昭公十九年)冬,葬许悼公。

【公羊传】贼未讨,何以书葬?不成于弑也。曷为不成于弑?止进药而药杀也。止进药而药杀,则曷为加弑焉尔?讥子道之不尽也。其讥子道之不尽奈何?曰:乐正子春之视疾也,复加一饭则脱然愈,复损一饭则脱然愈;复加一衣则脱然愈,复损一衣则脱然愈。止进药而药杀,是以君子加弑焉尔。曰"许世子止弑其君买",是君子之听止也;"葬许悼公",是君子之赦止也。赦止者,免止之罪辞也。[2]

---

[1]《春秋公羊传注疏》卷二三,第972页。
[2]《春秋公羊传注疏》卷二三,第973—974页。

按照《公羊传》的讲法，许世子止并非弑君者，而是未能替父亲尝药。但是《春秋》认为，许世子未尽子道，从正君臣之义的角度，书"许世子止弑其君买"。然而许世子本人的确没有弑君之意，故而《春秋》通过书"葬许悼公"的方式原谅了许世子。[1] 书"弑"又书"葬"，《公羊传》明言这是"加弑"的书法。

董仲舒与何休对于许世子之"加弑"没有异义，但是对于赵盾是否属于"加弑"，则有不同的看法。赵盾弑君之事发生在宣公二年，而事件的详细过程则记录在宣公六年。

【春秋经】（宣公二年）秋，九月，乙丑，晋赵盾弑其君夷獳。[2]

【春秋经】（宣公）六年，春，晋赵盾、卫孙免侵陈。

【公羊传】赵盾弑君，此其复见何？亲弑君者，赵穿也。亲弑君者赵穿，则曷为加之赵盾？不讨贼也。何以谓之不讨贼？晋史书贼曰："晋赵盾弑其君夷獳。"赵盾曰："天乎！无辜！吾不弑君，谁谓吾弑君者乎？"史曰："尔为仁为义，人弑尔君，而复国不讨贼，此非弑君如何？"赵盾之复国奈何？灵公为无道，使诸大夫皆内朝，然后处乎台上，引弹而弹之，已趋

---

[1] 按照《春秋》的书法，君弑，贼不讨不书葬，以为无臣子也。而许世子是"弑君者"，在所谓的"弑君者"未受到诛讨的情况下，《春秋》有违常例而书"葬许悼公"，则表明原谅了许世子。
[2] 《春秋公羊传注疏》卷一五，第612页。

而辟丸，是乐而已矣。赵盾已朝而出，与诸大夫立于朝。有人荷畚，自闺而出者，赵盾曰："彼何也？夫畚曷为出乎闺？"呼之，不至，曰："子，大夫也，欲视之，则就而视之。"赵盾就而视之，则赫然死人也。赵盾曰："是何也？"曰："膳宰也。熊蹯不熟，公怒，以斗挚而杀之，支解，将使我弃之。"赵盾曰："嘻！"趋而入。灵公望见赵盾，愬而再拜。赵盾逡巡北面再拜稽首，趋而出。灵公心忸焉，欲杀之。于是使勇士某者往杀之。勇士入其大门，则无人门焉者；入其闺，则无人闺焉者；上其堂，则无人焉。俯而窥其户，方食鱼飧。勇士曰："嘻！子诚仁人也！吾入子之大门，则无人焉；入子之闺，则无人焉；上子之堂，则无人焉；是子之易也。子为晋国重卿，而食鱼飧，是子之俭也。君将使我杀子，吾不忍杀子也。虽然，吾亦不可复见吾君矣！"遂刎颈而死。灵公闻之，怒，滋欲杀之甚，众莫可使往者。于是伏甲于宫中，召赵盾而食。赵盾之车右祁弥明者，国之力士也，仡然从乎赵盾而入，放乎堂下而立。赵盾已食，灵公谓盾曰："吾闻子之剑，盖利剑也。子以示我，吾将观焉。"赵盾起，将进剑。祁弥明自下呼之曰："盾！食饱则出，何故拔剑于君所？"赵盾知之，躇阶而走。灵公有周狗，谓之獒。呼獒而属之。獒亦躇阶而从之。祁弥明逆而踆之，绝其颔。赵盾顾曰："君之獒，不若臣之獒也！"然而宫中甲鼓而起。有起于甲中者，抱赵盾而乘之。赵盾顾曰："吾何以得此于子？"曰："子某时所食，活我于暴桑下者也。"赵盾曰："子名为谁？"曰："吾君孰为介？子之乘矣！何问吾名？"赵盾驱而出，众无留之者。赵穿缘民众不说，起弑灵公，然后迎赵盾而入，与之立于朝，而立成公黑臀。[1]

晋灵公无道而且残暴，用"丸"弹击大臣以取乐，因"熊蹯不熟"而杀膳宰。对于赵盾的劝谏恼羞成怒，几次三番想要杀死赵盾。赵盾不得已而出逃，在此期间，赵穿弑了灵公，后又迎回赵盾。史官因为赵盾未诛讨弑君贼赵穿，而书"赵盾弑其君"。《春秋》亦书赵盾弑君，以正君臣之义。同时，《春秋》认为，赵盾并非"亲弑君者"，故而他在宣公六年又出现了。

董仲舒认为，赵盾之事与许世子止之事相似，故而也是"加弑"。董仲舒云：

> 《春秋》之好微与？其贵志也。《春秋》修本末之义，达变故之应，通生死之志，遂人道之极者也。是故君杀贼讨，则善而书其诛。若莫之讨，则君不书葬，而贼不复见矣。不书葬，以为无臣子也；贼不复见，以其宜灭绝也。今赵盾弑君，四年之后，别牍复见，非《春秋》之常辞也。古今之学者异而问之，曰：是

---

[1]《春秋公羊传注疏》卷一五，第620—627页。

弑君何以复见？犹曰：贼未讨，何以书葬？何以书葬者，不宜书葬也而书葬。何以复见者，亦不宜复见也而复见。二者同贯，不得不相若也。盾之复见，直以赴问，而辨不亲弑，非不当诛也。则亦不得不谓悼公之书葬，直以赴问而辨不成弑，非不当罪也。若是则《春秋》之说乱矣，岂可法哉。故贯比而论是非，虽难悉得，其义一也。今诛盾无传，弗诛无传，以比言之法论也。无比而处之，诬辞也。今视其比，皆不当死，何以诛之？《春秋》赴问数百，应问数千，同留经中。缗援比类，以发其端。卒无妄言而得应于传者。今使外贼不可诛，故皆复见，而问曰此复见何也，言莫妄于是，何以得应乎？故吾以其得应，知其问之不妄。以其问之不妄，知盾之狱不可不察也。夫名为弑父而实免罪者，已有之矣；亦有名为弑君，而罪不诛者。逆而距之，不若徐而味之。且吾语盾有本，《诗》云："他人有心，予忖度之。"此言物莫无邻，察视其外，可以见其内也。今案盾事而观其心，愿而不刑，合而信之，非篡弑之邻也。按盾辞号乎天，苟内不诚，安能如是？是故训其终始无弑之志。挂恶谋者，过在不遂去，罪在不讨贼而已。臣之宜为君讨贼也，犹子之宜为父尝药也。子不尝药，故加之弑父；臣不讨贼，故加之弑君。其义一也。所以示天下废臣子之节，其恶之大若此也。故盾之不讨贼，为弑君也，与止之不尝药为弑父无以异。盾不宜诛，以此参之。问者曰：

夫谓之弑而有不诛,其论难知,非蒙之所能见也。故赦止之罪,以传明之。盾不诛,无传,何也?曰:世乱义废,背上不臣,篡弑覆君者多,而有明大恶之诛,谁言其诛。故晋赵盾、楚公子比皆不诛之文,而弗为传,弗欲明之心也。问者曰:人弑其君,重卿在而弗能讨者,非一国也。灵公弑,赵盾不在。不在之与在,恶有厚薄。《春秋》责在而不讨贼者,弗系臣子尔也。责不在而不讨贼者,乃加弑焉,何其责厚恶之薄、薄恶之厚也?曰:《春秋》之道,视人所惑,为立说以大明之。今赵盾贤而不遂于理,皆见其善,莫见其罪,故因其所贤而加之大恶,系之重责,使人湛思而自悟以反道。曰:吁!君臣之大义,父子之道,乃至乎此,此所由恶薄而责之厚也。[1]

董仲舒认为,《春秋》书"赵盾弑其君"同许世子一样,也是"加弑"。然而赵盾宣公六年"复见"时,《公羊传》并没有像许世子之事那样写明"加弑"二字。但是董仲舒根据"以义解经"的原则,认定赵盾也是"加弑"。董仲舒观察到赵盾没有弑君的动机。按照《公羊传》的记载,赵盾平时非常节俭,经常劝谏晋灵公,在得知史官书"赵盾弑其君"的时候,曰:"天乎无辜!吾不弑君。"董仲舒认为,赵盾的"辞号乎天"出于内心之诚,"苟内不诚,安能

---

[1] 苏舆,《春秋繁露义证》卷一,第38—43页。

如是?"既然赵盾无弑君之志,则赵盾之"弑君",是《春秋》所加,责备赵盾之不讨贼,并非是诛赵盾。而且这一点可以通过与许世子之事比较而得出。因为按照《春秋》常例,君弑而贼未讨,则不书君之葬,且贼不复见。许悼公之"书葬"与赵盾之"复见",违背了同一条《春秋》常例,那么两者之间的比较是合法的。所以董仲舒云:"曰:弑君何以复见?犹曰:贼未讨何以书葬。""臣之宜为君讨贼也,犹子之宜为父尝药也。"董仲舒更进一步认为,意义相同的事件的比较不仅是合法的,而且是必要的。赵盾之事因为无"加弑"之传文,故必须与许世子之事比较,方可得出"不诛盾"的正确结论,所谓"贯比而论是非,虽难悉得,其义一也","无比而处之,诬辞也"。董仲舒所谓的"诬辞",就是认为"盾之复见,直以赴问,而辨不亲弑,非不当诛也",也就是说赵盾不属于"加弑",而要受到《春秋》的诛绝。这恰恰是何休的观点。

何休认为,赵盾之事是"去葬不加弑"[1],即不书晋灵公之葬,则赵盾之事并非是"加弑"。徐彦对此的解释是:

> 《春秋》之义,君弑贼不讨,则不书葬,所以责臣子不讨贼。若其加弑者,虽不讨贼,亦书其葬,以其不亲弑,不责臣子之讨贼。是以昭十九年夏"许世子止弑其君买","冬,葬许悼公",传云"贼未讨,何以

---

[1]《春秋公羊传注疏》卷一五,第621页。

书葬？不成于弑也。曷为不成于弑？止进药而药杀也。止进药而药杀，则曷为加弑焉尔？讥子道之不尽也"，"是以君子加弑焉尔"；"葬许悼公，是君子之赦止也。赦止者，免止之罪辞也"是也。然则此赵盾之弑君，与他亲弑者同文，皆去其葬，则赵盾不加弑。[1]

可见何休"以例解经"，认为有专门的"加弑"之例，"加弑"的前提是要书国君之葬，这一点在"葬许悼公"中得以体现。而赵盾之事没有书"葬晋灵公"，则不符合"加弑"之例。陈立也持相同的观点，《公羊义疏》云：

加弑者，虽不讨贼，亦书葬，明其非实弑也。晋灵去葬，则赵盾与亲弑者同文，既与亲弑者同，则与加弑者异，则盾即是贼。[2]

陈立的表达更为明显，认为不书晋灵公之葬，则赵盾非"加弑"，既然不是"加弑"，则赵盾是弑君贼，应该受到《春秋》的诛绝。何休、徐彦、陈立所论的"加弑例"是否正确姑且不论，但是由"以例解经"造成的义理上的差异是明显的。那么这种观点是不是如董仲舒所说，是"诬辞"呢？我们有必要对于赵盾、许世子止的心志再做考察。

---

[1]《春秋公羊传注疏》卷一五，第621页。
[2] 陈立，《公羊义疏》卷四五，第1694页。

许世子止之所以是"加弑"之文，原因是其确无弑君之心。而心志要靠行为来判定，许世子止的行为能够证明他的心志。何休认为，许世子止因为不尝药而导致许悼公的死亡，在此之后主动放弃继承君位[1]，这足以证明其确无弑君之心。而《穀梁传》明确记载了许世子止让位、自责而死之事。《穀梁传》云：

> 止曰："我与夫弑者，不立乎其位。"以与其弟虺。哭泣，歠饘粥，嗌不容粒，未逾年而死。[2]

由此可见许世子止确无弑君之动机。反过来讲，唯有自责且不继位，方可证明其无弑君之心，否则有害大义。孔广森云：

> 且唯止能自责，然后君子赦之，不然，进药而药杀，曰"非故也，药误也"，甚或曰"非药之误，疾不可为也"，设有不肖，欲速代其父，宜补故写之，宜写故补之，宜寒故温之，宜温故寒之，亦曰"药误也""疾不可为也"，是尚可道乎？[3]

---

[1] 许世子止主动放弃君位，何休认为是由"许男斯代立无恶文"见之。继承许悼公的是许男斯，而非许世子止。而且如果是篡位而登上国君之位的，《春秋》要书"立""纳""入"等"恶文"，"许男斯代立无恶文"，表明许世子止是主动放弃继位的，否则《春秋》会书许男斯之篡位。
[2] 《春秋穀梁传注疏》卷一八，第299页。
[3] 孔广森，《春秋公羊经传通义》卷一〇，第653页。

《春秋》是明义之书，为了预防乱臣贼子用药害死君父，故而在许世子止之事上要严正其义，不给乱臣贼子以借口，故而许世子止唯有让位、自责方能见其无弑君之心，如此才符合"加弑"之文。

赵盾之事亦须从赵盾的行为来看他的心志。董仲舒认为，以赵盾平时的品德，以及被史官书"赵盾弑其君"时的"辞号乎天"，能见其内心之诚；而赵盾的罪过在于"不遂去""不讨贼"而已。"不遂去"的原因比较复杂[1]，但构不成赵盾主要的罪过，然而"不讨贼"则是非常严重的问题。从何休对待许世子止的思路看来，赵盾平时之德与"辞号乎天"都不能作数，只要不讨贼（即诛杀赵穿），就不能证明其无弑君之心。因为赵盾不杀赵穿的话，就摆脱不了遥控赵穿弑君的嫌疑，给后世乱臣贼子以借口。所以在证明心志方面，许世子止和赵盾是不一样的。故而何休认为，晋灵公不书葬，则赵盾非"加弑"，与许世子止不同。那么对于赵盾的"复见"，我们推测何休的观点，应该与董仲舒所引的"辨不亲弑，非不当诛也"相近。

那么董仲舒是不是没有注意到晋灵公不书葬的问题呢？董仲舒也注意到了。《春秋繁露·王道》云：

---

[1] 在"不遂去"这一点上不能苛求赵盾，按照古礼，臣子去君，有"三年待放于郊"的制度，期待着君王能悔悟，将自己召回去。所以按礼，赵盾不可遂去。而且即使赵盾"遂去"，只要"反不讨贼"，也脱离不了弑君的嫌疑，故而"不遂去"并不是主要的罪过，赵盾之罪在于不讨贼。

诛赵盾，贼不讨者不书葬，臣子之诛也。[1]

董仲舒虽然注意到了晋灵公之"不书葬"，但是没有将其当成"加弑"例的必要条件。而是认为"不书葬"是"臣子之诛"。所谓"臣子之诛"指"赵盾弑其君夷獔"的书法。所以在董仲舒看来，书赵盾之"弑君"与晋灵公之"不书葬"表达的是同一个意思，即以君臣大义对于赵盾求全责备，以见臣子必须为君父讨贼。但是只要是赵盾"复见"，则之前的弑君就是"加弑"之文，《春秋》实际上不诛赵盾。所以即使董仲舒提及了晋灵公不书葬之事，也与何休的观点不同。

董仲舒"以义解经"，认为赵盾是"加弑"，何休"以例解经"，认为赵盾非"加弑"。我们认为，《春秋》是明义之书，何休的观点更加严正，在赵盾是否"加弑"的问题上，何休的"以例解经"更胜一筹。

3 董、何兼采，义始完备

董、何之异的第三个例子是对"纪季以酅入于齐"以及"纪侯大去其国"的不同阐释。这两条经文，都涉及齐襄公大复仇之事。齐襄公的远祖齐哀公，因为当时的纪侯向周懿王进谗言，而被煮杀。齐襄公为九世之祖复仇于纪国，把纪国灭了。然而在这之前，纪侯的弟弟纪季，却以酅这块封

---

[1] 苏舆，《春秋繁露义证》卷四，第117页。

地投靠了齐国,以延续纪国的祭祀。《春秋》记录了这两件事情。

> 【春秋经】(庄公三年)秋,纪季以酅入于齐。
> 【公羊传】纪季者何?纪侯之弟也。何以不名?贤也。何贤乎纪季?服罪也。其服罪奈何?鲁子曰:"请后五庙以存姑姊妹。"[1]

> 【春秋经】(庄公四年)纪侯大去其国。
> 【公羊传】大去者何?灭也。孰灭之?齐灭之。曷为不言齐灭之?为襄公讳也。《春秋》为贤者讳,何贤乎襄公?复仇也。[2]

何休认为,"纪季以酅入于齐"是自发的行为。何休云:

> 纪与齐为仇,不直,齐大纪小,季知必亡,故以酅首服。先祖有罪于齐,请为五庙后,以酅共祭祀,存姑姊妹。称字贤之者,以存先祖之功,则除出奔之罪,明其知权。言入者,难辞,贤季有难去兄入齐之心,故见之。[3]

---

[1]《春秋公羊传注疏》卷六,第214页。
[2]《春秋公羊传注疏》卷六,第217—218页。
[3]《春秋公羊传注疏》卷六,第214页。

按照何休的说法，纪季看到纪国与齐国实力差距太大，纪国必亡。基于这个判断，就在开战之前，先以酅邑投奔齐国，以此保存祭祀。这一切都是纪季自己的行为。何休认为，《公羊传》肯定纪季的做法，纪季有出奔的罪过，但也有保存纪国祭祀的功劳，在当时的形势下，保存祭祀之功可以抵消出奔之恶，故而《春秋》认为纪季"知权"，通过书字来表彰他[1]。同时，"入"是"难辞"，表明纪季在做出这番决定的时候是非常痛苦的，"有难去兄入齐之心"。何休之所以认定这是纪季的自主行为，是紧扣着《公羊传》"贤纪季"的说法来的，认为纪季"知权"，除此之外，未对其中的义理做进一步的分析。

董仲舒则根据义理推定，"纪季以酅入于齐"并非是纪季的自主行为，而是受了纪侯之命，《春秋》之"贤纪季"实际上是以"诡辞"而贤纪侯。《春秋繁露·玉英》云：

> 难纪季曰：《春秋》之法，大夫不得用地。又曰：公子无去国之义。又曰：君子不避外难。纪季犯此三者，何以为贤？贤臣故盗地以下敌，弃君以避难乎？曰：贤者不为是。是故托贤于纪季，以见季之弗为也。纪季弗为而纪侯使之可知矣。《春秋》之书事，时诡其实以有避也。其书人，时易其名以有讳也……然则

---

[1] 按照《春秋》的书法，诸侯之大夫"以名氏通"，纪为小国，在传闻之世只能称纪国大夫的"名"。但是"季"为字，非名。称字要高于称名，故而《春秋》是贤纪季的。

> 说《春秋》者，入则诡辞，随其委曲而后得之。今纪季受命乎君而经书专，无善一名而文见贤，此皆诡辞，不可不察。《春秋》之于所贤也，固顺其志而一其辞，章其义而褒其美。今纪侯《春秋》之所贵也，是以听其入齐之志，而诡其服罪之辞也，移之纪季……以酅入于齐者，实纪侯为之，而《春秋》诡其辞，以与纪季。[1]

董仲舒认为，《公羊传》只贤纪季本人的话，就违反了《春秋》三条"大义"。"纪季以酅入于齐"，首先就犯了"大夫不得用地"之罪（"用地"，苏舆认为当作"专地"）。酅虽然是纪季的封地，但归根到底还是属于纪侯的，纪季不能擅自处置。其次，纪季作为纪侯之弟，是"公子"，而"公子"作为同姓之臣，没有抛弃父母之邦的道理。再次，齐襄公要灭纪国，对于纪季来说是外难，《公羊传》认为"君子辟内难而不辟外难"[2]，纪季投敌，就是贪生怕死。如果纪季不能逃脱以上三条大罪，那么也就谈不上能够以存先祖祭祀之功抵消出奔之恶。而且董仲舒认为，《春秋》没有记录纪季其他的善行，所谓"无善一名"，那么《春秋》贤纪季只能是出于"以酅入于齐"之事。由此推断，只有纪侯命令纪季以酅入于齐，纪季才没有上述三条罪名，《春秋》方能贤之。

---

[1] 苏舆，《春秋繁露义证》卷三，第82—84页。
[2] 庄公二十七年《公羊传》之文，见《春秋公羊传注疏》卷八，第317页。

董仲舒甚至记录了纪侯命令纪季之事,这是超出《公羊传》的地方[1]。

> 难者曰:有国家者,人欲立之,固尽不听,国灭君死之,正也,何贤乎纪侯?曰:齐将复雠,纪侯自知力不加而志距之,故谓其弟曰:"我宗庙之主,不可以不死也。汝以酅往,服罪于齐,请以立五庙,使我先君岁时有所依归。"率一国之众,以卫九世之主。襄公逐之不去,求之弗予,上下同心而俱死之。故谓之大去。《春秋》贤死义,且得众心也,故为讳灭。以为之讳,见其贤之也。以其贤之也,见其中仁义也。[2]

可见"纪季以酅入于齐"是纪侯指使,《春秋》贤纪季是"诡辞",实际上是贤纪侯。为什么要用"诡辞"呢?董仲舒认为,纪侯作为一国之主,在国难临头的时候,只能与国家共存亡;而投敌以保存宗庙的事情,只能由纪季去做。但是读者通过义理上的推敲,也能明白"诡辞"背后的事实。比较董、何的说法,我们认为,董仲舒辞义严正,不给后世叛国者任何口实。

接下来就是"纪侯大去其国"的"讳灭"问题了。董仲舒认为,《春秋》书"纪侯大去其国"是为纪侯避讳国家

---

[1] 苏舆认为,董仲舒记录纪侯命令纪季之事,超出了《公羊传》的范围,其来源"盖得之师说"。
[2] 苏舆,《春秋繁露义证》卷三,第84页。

被灭一事。所谓的"大去",就是永远离开的意思[1],《春秋》用纪侯永远离开他的国家的方式,来表示纪国被灭了。之所以要为纪侯"讳灭",是因为纪侯能够死国,而且能得众心。[2] 从纪侯的角度来看,这样说固然不错,但是《公羊传》明言"曷为不言齐灭之?为襄公讳也",并非为纪侯避讳。这里的关键是对"灭"的理解。灭人之国是大恶,恶行才需要避讳。而"灭"字对于被灭的一方却没有贬义,《公羊传》认为:"灭者,亡国之善辞也。灭者,上下之同力者也。"[3] 对于被灭一方来说,《春秋》书"灭"是"善辞",表示国君得众心,而且能够死国,而这正是董仲舒称赞纪侯的原因。既然"灭"是"善辞",就不需要"讳灭",所以董仲舒的讲法是错误的。何休则发挥《公羊传》灭国之例,认为不书"灭"而书"大去",是为齐襄公讳,同时有两个意思:一是肯定齐襄公大复仇,另一个则是为齐襄公指明正确处理纪国的方式。何休云:

> 言大去者,为襄公明义,但当迁徙去之,不当取

---

[1] 孔广森云:"大去者,去不返之辞,其君出奔而国为敌有也。"见《春秋公羊经传通义》卷三,第341页。
[2] 《春秋繁露·灭国下》云"纪侯之所以灭者,乃九世之仇也。一旦之言,危百世之嗣,故曰大去"(见苏舆,《春秋繁露义证》卷五,第135页),以为书"大去"是因为纪侯谮齐哀公,导致了九世之后纪国被灭。这里强调的是灭国的原因,并不直接论述"纪侯大去其国"之事,所以我们不取这种解释。
[3] 《春秋公羊传注疏》卷一○,第400页。

而有，明乱义也。[1]

齐襄公复仇是得到《春秋》肯定的，但灭人之国是大恶，何休以为，"纪侯大去其国"也为齐襄公指明了正确的复仇方法，齐襄公把纪侯赶走，就已经算复仇了，如果将纪国吞并，就是恶行了。陈立发挥何休之说，谈到了具体的做法：

> 盖灭纪之后，当上之天子。诸侯不得盗有土地也。周天子择纪贤者立之，以奉其后，不得取谮者之子孙，庶近于义矣。[2]

所以我们认为，何休对于"纪侯大去其国"的解释符合《公羊传》原意，要优于董仲舒之说；而"纪季以酅入于齐"则是董仲舒的说法更好。巧合的是，我们可以各取所长，"以义解经"与"以例解经"可以很好地结合在一起。可见董、何虽然有差异，但是也有互补的地方。

四 董、何纯粹师法之异

何休之学源自胡毋生，而非董仲舒，因为师法、家法

---

[1]《春秋公羊传注疏》卷六，第220页。
[2] 陈立，《公羊义疏》卷一八，第691页。

不同,自然对于经传的解释有差异。这些差异中有的能从义理上进行决断,如上节所述,而有些差异则是纯粹的师法、家法之异,在义理上很难决断。

第一个例子,董、何对于襄公五年善稻之会"不殊卫"的理解不同。

【春秋经】仲孙蔑、卫孙林父会吴于善稻。[1]

《春秋》托王于鲁,故而辞有内外之分,凡是涉及鲁国的盟会,都要将鲁国与其他国家区分开来。就此条而言,本应书"仲孙蔑会卫孙林父,会吴于善稻"。然而《春秋》在鲁国大夫仲孙蔑与卫国大夫之间,并没有用"会"字将鲁国与卫国区分开来,这就是"不殊卫"。"不殊卫"的原因,何休云:"不殊卫者,晋侯欲会吴于戚,使鲁、卫先通好。见使卑,故不殊,盖起所耻。"[2] 何休以为善稻之会并不是鲁国自主的行为,是晋国想要与吴国会盟,先派鲁、卫两国传达会盟之意。作为《春秋》"托王"的鲁国,居然被他国使唤,这是莫大的耻辱。如果按照平常的书法,就看不出鲁国被他国使唤,所以通过"不殊卫"的书法作为"起文",让人看出鲁国被晋国驱使。董仲舒则认为:"卫俱诸夏也,善稻之会,独先内之,为其与我同姓也。"[3] 董氏以为,"不

---

[1]《春秋公羊传注疏》卷一九,第797页。
[2]《春秋公羊传注疏》卷一九,第797页。
[3] 苏舆,《春秋繁露义证》卷九,第273页。

殊卫",是因为卫国同鲁国一样,是姬姓,体现的是《春秋》"亲亲"的原则。董、何的说法都有道理。按照"三世"理论,襄公处在"所闻世",在内外关系上,是"内诸夏而外夷狄"。鲁、卫是同姓之国,立爱自亲始,故而先不殊之。而何休以"不殊卫"作为鲁国被他国驱使的"起文",同样也是说得通的。

第二个例子,董、何对于鲁哀公时,鲁国被攻打而《春秋》书"伐我"有不同的理解。

【春秋经】(哀公八年)吴伐我。[1]
【春秋经】(哀公)十有一年,春,齐国书帅师伐我。[2]

鲁国被其他国家攻打,一般要写具体的地点,如僖公二十六年,齐人伐我北鄙;襄公八年,莒人伐我东鄙;定公七年,齐国夏帅师伐我西鄙。然而哀公被伐,只书"伐我"而不言"鄙"。何休云:"不言鄙者,起围鲁也。不言围者,讳使若伐而去。"[3] 何休以为,书"伐我"而不言"鄙",是为鲁国讳"围"。《春秋》对于不同程度的战争,有着不同的记载。"伐"指的是"推兵入境",所以要写明具体的边境。"围"则是兵临首都城下,程度要比伐严重。鲁国被围,是很大的耻辱,书"伐"则耻辱减轻了,然而又不能掩盖事

---

[1]《春秋公羊传注疏》卷二七,第1164页。
[2]《春秋公羊传注疏》卷二八,第1175页。
[3]《春秋公羊传注疏》卷二七,第1164页。

实，故以不书"鄙"作为"起文"。董仲舒则云："当此之时，鲁无鄙疆，诸侯之伐哀[1]者皆言我。"[2]董仲舒认为，之所以仅书"伐"而不言"鄙"，是因为鲁国没有边境。事实上鲁国是有边境的，董仲舒为什么认为"鲁无鄙疆"呢？凌曙云："无鄙疆，言王化所及者远。"[3]根据《春秋》"三世"理论及"内外"理论，"所见世"应该是太平之世，没有内外之分，王化遍及天下，《春秋》托王于鲁，故而鲁国无鄙疆。董仲舒以"三世""内外"言"伐我"，何休以"讳围"言"伐我"，都能讲得通。[4]

---

[1] 杨济襄先生认为"哀"字为"衰"字之讹，"伐哀"疑作"伐衰"（见《董仲舒春秋学义法思想研究》，第401页）。杨先生的论据是《春秋》三世均有"伐我"之文，并非是"所见世"的专利，并以此分别董、何，认为"何休所言之'据乱世、升平世、太平世'，根本不见于《公羊传》，更非董氏春秋学之内容"，而且认为凌曙、苏舆依据何休三世说来注《春秋繁露》是对董仲舒思想的误解。然而杨先生对于"伐我"的理解是有偏差的。董仲舒所言的"伐我"重点在于"不言鄙疆"，"伐我"之文虽然见于"传闻世"和"所闻世"，但都是"伐我东鄙"之类，有言鄙疆。从《春秋》学的义例来看，"伐我"与"伐我东鄙"不是一个修辞，不能用"伐我东鄙"来证明"传闻世""所闻世"也有"伐我"之辞；相反地，董仲舒所要突出的，正是"伐我"而不言鄙疆。不言鄙疆，正是"太平世"的体现。在"三世"问题上，董、何没有差别，杨先生以此区别董、何，是值得商榷的。而且作"伐衰"也没有直接的文献学依据，既然按照凌、苏两家的注解，"伐哀"能够解释得通，那么没有改字的必要。何况"伐衰"还有不辞之嫌，所以我们还是不取"伐衰"的说法。
[2] 苏舆，《春秋繁露义证》卷九，第281页。
[3] 凌曙，《春秋繁露注》卷九，萤云阁丛书本，第10页。
[4] 刘逢禄则认为："董子《观德篇》云：'稻之会，先内卫。'《奉本篇》云：'诸侯伐哀者皆言我。'俱胜何氏注义。"（见《春秋公羊经何氏释例》，第8—9页）刘逢禄从"张三世例"的角度认为董优于何，但是何休的说法本身也没有错，仅仅是师法不同而已。

第三个例子,是董、何对于郑悼公不书葬的不同理解。

【春秋经】(成公六年夏六月)壬申,郑伯费卒。[1]

按照正常的书法,诸侯五月而葬,然而《春秋》却未书"葬郑悼公",何休云:"不书葬者,为中国讳。虫牢之盟,约备强楚。楚伐郑丧,不能救,晋又侵之,故去葬,使若非伐丧。"[2]何休认为,不书葬并不是出于郑悼公本人的原因,而是为中国讳伐丧。中国伐郑国之丧指的是同年冬,晋栾书率师侵郑之事。郑伯费卒于六月,按照诸侯五月而葬的礼制,则其葬礼应该在十一月,也就是周历的冬季。晋国在郑伯费下葬的时段去侵略郑国,是伐丧行为。伐丧不仅伤了孝子之心,而且对于礼制纲常也造成了极其恶劣的影响,所以《春秋》要为晋国避讳。如果《春秋》书"葬郑悼公",则伐丧与下葬都发生在成公六年的冬季,上下文之间触目惊心,所以通过不书"葬郑悼公",来为中国避讳。同时,按照孔广森"讳亦讥也"的说法,讳之越深,则讥之越甚。何休这个讲法是有道理的,因为按照《春秋》常例,国君不书葬有两种情况:一是国君本身是篡位上台的,而且没有明显的"篡文",故而通过不书葬来明其篡位;一是国君杀无罪之大夫,则不书其葬以责之。郑悼公没有这两种行为,所以

---

[1]《春秋公羊传注疏》卷一七,第721页。
[2]《春秋公羊传注疏》卷一七,第721页。

不是因为自身的原因而不书葬的。那么结合"冬,晋栾书率师侵郑"的经文,就可推断是因讳中国之伐丧,故而不书葬。

董仲舒则认为,郑襄公、郑悼公父子有"伐丧"或者"以丧伐人"的行为,都不重视丧礼,故而不书郑悼公之葬。《春秋繁露·竹林》云:

> 《春秋》曰:"郑伐许。"奚恶于郑而夷狄之也?曰:卫侯速卒,郑师侵之,是伐丧也。郑与诸侯盟于蜀,以盟而归诸侯,于是伐许,是叛盟也。伐丧无义,叛盟无信,无信无义,故大恶之。问者曰:"是君死,其子未逾年,有称伯不子法辞,其罪何?"曰:先王之制,有大丧者,三年不呼其门,顺其志之不在事也。《书》云:"高宗谅暗,三年不言。"居丧之义也。今纵不能如是,奈何其父卒未逾年即以丧举兵也。《春秋》以薄恩,且施失其子心,故不复得称子,谓之郑伯,以辱之也。且其先君襄公伐丧叛盟,得罪诸侯,诸侯怒之未解,恶之未已。继其业者,宜务善以覆之,今又重之,无故居丧以伐人。父伐人丧,子以丧伐人,父加不义于人,子施失恩于亲,以犯中国,是父负故恶于前,已起大恶于后。诸侯果怒而憎之,率而俱至,谋共击之。郑乃恐惧,去楚而成虫牢之盟是也。楚与中国侠而击之,郑罢疲危亡,终身愁辜。吾本其端,无义而败,由轻心然。孔子曰:"道千乘之国,敬事而信。"知

其为得失之大也，故敬而慎之。今郑伯既无子恩，又不熟计，一举兵不当，被患不穷，自取之也。是以生不得称子，去其义也；死不得书葬，见其穷也。〔1〕

董仲舒认为，居丧之人"志之不在事"三年，以伸孝子思慕之情。而郑悼公在父丧"未逾年"的情况下，举兵攻打许国，则是蔑视丧礼，完全没有孝心。既然这样，《春秋》顺着他的意思，不书其葬。同时，郑国由于特殊的地理位置，夹在晋楚之间，更需要戒慎恐惧，以礼自持。然而郑襄公、郑悼公父子，"父伐人丧，子以丧伐人"，而且还有叛盟的行为，可谓是"无义无信"，因此引起了众怒，受到了晋楚的夹攻，郑悼公的葬礼也受到了威胁，所以《春秋》不书郑悼公之葬，以见其"穷"。董仲舒论述的重点不在晋国进攻郑国本身，而是郑国被侵伐的自身原因，与何休的论点刚好是一体之两面，不妨并存。

第四个例子，董、何对于里克弑奚齐，《春秋》书"君之子"有不同的理解。

【春秋经】（僖公九年）冬，晋里克弑其君之子奚齐。

【公羊传】此未逾年之君，其言弑其君之子奚齐何？杀未逾年君之号也。〔2〕

---

〔1〕 苏舆，《春秋繁露义证》卷二，第63—66页。
〔2〕 《春秋公羊传注疏》卷一一，第416—417页。

按照《春秋》一般的书法，先君去世之后，嗣君之称谓随着时间的变化而变化，《公羊传》云："君存称世子，君薨称子某，既葬称子，逾年称公。"[1]然而"君之子"之称不同于上述称呼，何休根据传文"杀未逾年君之号也"，认为未逾年君被弑称"君之子"是常例。何休云：

> 欲言"弑其子奚齐"，嫌无君文，与杀大夫同；欲言"弑其君"，又嫌与弑成君同，故引先君冠子之上，则弑未逾年君之号定，而坐之轻重见矣。加"之"者，起先君之子……弑未逾年君，例当月，不月者，不正遇祸，终始恶明，故略之。[2]

何休从文辞区分的角度，认为未逾年君被弑称"君之子"，是为了与大夫和成君（即逾年之君）区别开来，是常例，没有别的含义在里面。董仲舒则以为称"君之子"并非常例，而是要表达特殊的意义。《春秋繁露·精华》云：

> 难晋事者曰：《春秋》之法，未逾年之君称子，盖人心之正也。至里克杀奚齐，避此正辞而称君之子，何也？曰：所闻《诗》无达诂，《易》无达占，《春秋》无达辞，从变从义，而一以奉人。仁人录其同姓之祸，

---

[1]《春秋公羊传注疏》卷九，第343—344页。
[2]《春秋公羊传注疏》卷一一，第417页。

固宜异操。晋,《春秋》之同姓也。骊姬一谋而三君死之,天下之所共痛也。本其所为为之者,蔽于所欲得位而不见其难也。《春秋》疾其所蔽,故去其正辞,徒言君之子而已。若谓奚齐曰:嘻嘻!为大国君之子,富贵足矣,何必以兄之位为欲居之,以至此乎云尔。录所痛之辞也。[1]

董仲舒认为,未逾年之君称"子"为正辞,即使是被弑,亦称"子"。然而奚齐称"君之子"则是"去其正辞",表示奚齐因得位不正而遇祸。奚齐是骊姬所生,当时的世子是申生,其次宜立者为公子重耳,奚齐本没有继位的资格,然而骊姬用诡计杀了申生,公子重耳被迫出奔,奚齐才得以上位。然而里克弑奚齐,所依据的理由就是"君(晋献公)杀正(申生)而立不正,废长(重耳)而立幼"。《春秋》称"君之子"是为奚齐指明正路,认为奚齐"为大国君之子,富贵足矣",不应贪图君位,以至于被弑。

从义理上讲,《春秋》记录奚齐之弑,就是要见其不正遇祸,董仲舒认为称"君之子"就体现了这点。何休则以为未逾年君被弑称"君之子"是常例,而奚齐之不正遇祸是通过时月日例体现的。何休以为,弑未逾年君当书"月",而奚齐则书"时"(冬),由此见其不正遇祸。我们认为,董、何所要表达的义理是一样的,但表达方式不同,不妨并存。

---

[1] 苏舆,《春秋繁露义证》卷三,第94—96页。

五 小结

董仲舒与何休作为公羊学大师,在公羊学的核心概念上是一致的,如何休"三科九旨"中的"三世""三统""内外"等概念,在董仲舒那里都有相应的表述;"王鲁""改制"等微言大义也存于《春秋繁露》中。所以清儒凌曙、苏舆援引何休《公羊解诂》来注释《春秋繁露》也是合法的。而在公羊学的核心概念上分别董、何是不合适的。董、何之间的差异主要是由于家法、师法之异造成的。其中最重要的差异,是由不同的经学诠释方式导致的,董仲舒是"以义解经",而何休则是"以例解经",两种解经方式有时会带来巨大的义理差异。《春秋》是明义之书,以义理为旨归,在碰到董、何之间有巨大差异的时候,需要我们做出取舍,择善而从,也可以融合两家。这是从《春秋》学内部看待董、何之异的方法。

参考书目

古籍及出土文献

《春秋公羊传注疏》，上海古籍出版社，2014
《春秋穀梁传注疏》，北京大学出版社，1999
《春秋左传正义》，北京大学出版社，1999
《礼记正义》，上海古籍出版社，2008
《睡虎地秦墓竹简》，文物出版社，1990
《岳麓书院藏秦简 四》，上海辞书出版社，2016
《张家山汉墓竹简〔二四七号墓〕》（释文修订本），文物出版社，2006
陈立，《白虎通疏证》，中华书局，1994
陈立，《公羊义疏》，中华书局，2017
陈寿祺，《五经异义疏证》，上海古籍出版社，2012
崔适，《春秋复始》，续修四库全书
崔适，《史记探源》，中华书局，1986
董天工，《春秋繁露笺注》，四库未收书辑刊
杜佑，《通典》，中华书局，2016
范晔，《后汉书》，中华书局，1965
龚自珍，《龚自珍全集》，上海人民出版社，1975
胡应麟，《少室山房笔丛》，上海书店出版社，2009
焦循，《焦循诗文集》，广陵书社，2009
康有为，《春秋董氏学》，上海古籍出版社，1990

康有为，《孔子改制考》，中华书局，1958
孔广森，《春秋公羊经传通义》，上海古籍出版社，2014
黎靖德编，《朱子语类》，中华书局，1986
李耀仙主编，《廖平选集》，巴蜀书社，1998
凌曙，《春秋繁露注》，蛰云阁丛书本
凌曙，《春秋公羊礼疏（外九种）》，上海古籍出版社，2015
刘宝楠，《论语正义》，中华书局，1990
刘逢禄，《春秋公羊经何氏释例 春秋公羊释例后录》，上海古籍出版社，2013
刘逢禄，《刘礼部集》，续修四库全书
陆德明，《经典释文》，中华书局，1983
皮锡瑞，《经学历史》，中华书局，1959
皮锡瑞，《经学通论》，中华书局，2018
石光瑛，《新序校释》，中华书局，2001
沈家本，《历代刑法考》，中华书局，1985
司马迁，《史记》，中华书局，1959
苏舆，《春秋繁露义证》，中华书局，1992
苏舆，《翼教丛编》，上海书店出版社，2002
王利器，《盐铁论校注》，中华书局，1992
王先谦，《汉书补注》，上海古籍出版社，2008
向宗鲁，《说苑校证》，中华书局，1987
许维遹，《韩诗外传集释》，中华书局，1980
阎振益、钟夏，《新书校注》，中华书局，2000

研究专著

陈其泰，《清代公羊学》，东方出版社，1997
陈苏镇，《〈春秋〉与汉道：两汉政治与政治文化研究》，中华书局，2011
陈柱，《公羊家哲学》，台湾力行书局，1970

程发轫,《春秋要领》,兰台书局,1981

程树德,《九朝律考》,中华书局,2006

重泽俊郎,《春秋董氏传》,崇文书局,2018

戴君仁,《春秋辨例》,中华丛书编审委员会,1964

邓红,《董仲舒的春秋公羊学》,中国工人出版社,2001

邓红,《董仲舒思想研究》,文津出版社,2008

丁亚杰,《清末民初公羊学研究:皮锡瑞、廖平、康有为》,台湾万卷楼,2002

丁耘、陈新主编,《思想史的元问题》,广西师范大学出版社,2005

段熙仲,《春秋公羊学讲疏》,南京师范大学出版社,2002

傅隶朴,《春秋三传比义》,中国友谊出版公司,1984

桂思卓,《从编年史到经典——董仲舒的春秋诠释学》,中国政法大学出版社,2010

何勤华、魏琼编,《董康法学文集》,中国政法大学出版社,2004

洪涛、曾亦、郭晓东主编,《经学、政治与现代中国》,上海人民出版社,2007

胡楚生,《经学研究论集》,台湾学生书局,2002

黄静嘉,《中国法制史论述丛稿》,清华大学出版社,2006

黄开国,《公羊学发展史》,人民出版社,2013

黄开国,《清代今文经学的兴起》,巴蜀书社,2008

黄朴民,《何休评传》,南京大学出版社,1998

黄源盛,《汉唐法制与儒家传统》,元照出版社,2009

黄肇基,《汉代公羊学灾异理论研究》,文津出版社,1998

蒋庆,《公羊学引论》,辽宁教育出版社,1995

金春峰,《汉代思想史》,中国社会科学出版社,1997

赖庆鸿,《董仲舒政治思想之研究》,文史哲出版社,1981

李威熊,《董仲舒与西汉学术》,文史哲出版社,1978

李新霖,《春秋公羊传要义》,文津出版社,1989

栗玉仕,《儒术与王道:董仲舒伦理政治思想研究》,中国社会科学出版

社，2012

林义正，《春秋公羊传伦理思维与特质》，台湾大学出版中心，2003

刘国民，《董仲舒的经学诠释及天的哲学》，中国社会科学出版社，2007

刘家和，《古代中国与世界》，北京师范大学出版社，2010

刘家和，《史学、经学与思想》，北京师范大学出版社，2005

刘俊文，《唐律疏议笺解》，中华书局，1996

刘黎明，《〈春秋〉经传研究》，巴蜀书社，2008

刘师培，《刘师培史学论著选集》，上海古籍出版社，2006

陆宝千，《清代思想史》，华东师范大学出版社，2009

学位论文

崔涛，《董仲舒政治哲学发微》，浙江大学，2004

高瑞杰，《汉末经学的分殊与融会》，清华大学，2019

林苏闽，《西汉儒学的自然主义转型董仲舒哲学研究》，复旦大学，2011

张文英，《董仲舒政治哲学研究》，吉林大学，2008

期刊论文

蔡方鹿，《蒙文通对晚清〈公羊〉学及董仲舒的批评——兼论社会转型时期政治对经学的影响》，《孔子研究》，2006，第5期

陈其泰，《董仲舒与今文公羊学说体系的形成》，《孔子研究》，1998，第1期

陈其泰，《今文公羊学说的独具风格和历史命运》，《北京大学学报》，1997，第6期

陈治国，《张家山汉简〈奏谳书〉"杜泸女子甲和奸"案年代探析》，《中国历史文物》2009，第5期

崔大华，《董仲舒的春秋公羊学》，《中国社会科学院研究生院学报》，1983，第6期

段熙仲,《公羊春秋"三世"说探源》,《中华文史论丛》第4辑,中华书局,1963

段熙仲,《礼经十论》,《文史》第1辑,中华书局,1962

韩树峰,《汉魏无"亲亲相隐"之制论》,《中国古代法律文献研究》第6辑,社会科学文献出版社,2012

韩织阳,《再议秦简中的"公室告"——兼论"亲亲相隐"制度化起源》,《简帛》第18辑,上海古籍出版社,2019

黄开国,《"公羊学"的历史哲学》,《孔子研究》,2005,第6期

黄开国,《董仲舒〈公羊〉学方法论》,《哲学研究》,2001,第11期

黄开国,《公羊学的大一统》,《人文杂志》,2004,第1期

刘国民,《董仲舒之"元"的重新诠释》,《广西社会科学》,2003,第4期

吕绍纲,《董仲舒与春秋公羊学》,《天津社会科学》,1986,第1期

宋杰,《汉代"弃市"与"殊死"辨析》,《中国史研究》,2015,第3期

唐眉江,《汉代公羊学"大一统"概念辨析》,《学术研究》,2006,第1期

周桂钿,《董仲舒哲学与〈公羊传〉》,《管子学刊》,1994,第1期

周桂钿,《董仲舒哲学与西汉政治》,《福建论坛》,1994,第3期

周桂钿,《董仲舒政治哲学的核心——大一统论》,《中国哲学史》,2007,第4期

后 记

这本小书是在博士论文的基础之上改写而成的，主要是增加了"《春秋》决狱"部分。当初选择董仲舒的《春秋》学作为博士论文的题目，是非常偶然的。2007年，我向徐洪兴老师请教治学之方，徐老师认为应该专治一经。恰逢曾亦、郭晓东两位老师组织了《公羊传》读书班，我未经介绍便冒昧前往，不想两位老师愉快地接纳了我。刚加入的时候，已经是襄公中段了，其实直到读完整本《公羊传》，我都不明白到底在讲什么，只是觉得冲击力特别大。接下来读的是《仪礼注疏·丧服》。慢慢就感觉到，相对其他经典，《公羊传》和《丧服传》用"亲亲""尊尊""决嫌疑"等观念来辨析儒家伦理，可能是更为原生态的思维方式。

读书会间隙，两位老师谈及董仲舒的《春秋》学可以好好研究，我就萌生了以此作为研究方向的想法。现在看来，真是无知者无畏，以为一册《繁露》是可以啃下来的。殊不知董子之学，极为弘深，其中论《春秋》的文字，尤为难读。最终勉强拼凑成这本小书，离不开三位老师的帮助与鼓励。在此表示衷心的感谢。同时也感谢中哲教研室所有老师的教导。感谢本科班主任丁耘老师，辅导员盛情老师，历史系高智群老师、邓志峰老师,以及复旦、同济所有师友的关心与照顾。

感谢重庆大学博雅学院的知遇之恩,并允许我开设《春秋公羊传》《董仲舒》两门课程,使教学与研究能够结合在一起。小书在写作过程中,曾向慕容浩老师请教过简牍方面的问题,在此表示感谢。

小书的研究是极其浅薄的,只能视为阶段性的小结,督促我不断地恶补功课。衷心感谢"古典与文明"丛书主编的厚爱,感谢钟韵老师的信任和帮助。

特别感谢徐老师和曾老师在百忙之中赐序。尤为感激的是,徐老师是在陪护师母的病房中写就序文的。

最后,感谢家人对我的支持与理解,亲恩至深,无以回报。

壬寅年春　黄铭记于山城仰蘧斋

"古典与文明"丛书

第 一 辑

义疏学衰亡史论　乔秀岩　著

文献学读书记　乔秀岩　叶纯芳　著

千古同文:四库总目与东亚古典学　吴国武　著

礼是郑学:汉唐间经典诠释变迁史论稿　华喆　著

唐宋之际礼学思想的转型　冯茜　著

中古的佛教与孝道　陈志远　著

《奥德赛》中的歌手、英雄与诸神　〔美〕查尔斯·西格尔　著

奥瑞斯提亚　〔英〕西蒙·戈德希尔　著

希罗多德的历史方法　〔美〕唐纳德·拉泰纳　著

萨卢斯特　〔新西兰〕罗纳德·塞姆　著

古典学的历史　〔德〕维拉莫威兹　著

母权论:对古代世界母权制宗教性和法权性的探究
〔瑞士〕巴霍芬　著